权威·前沿·原创

皮书系列为
"十二五""十三五"国家重点图书出版规划项目

BLUE BOOK

智库成果出版与传播平台

薪酬蓝皮书

BLUE BOOK OF REMUNERATION

中国薪酬发展报告（2021）

ANNUAL REPORT ON CHINA REMUNERATION DEVELOPMENT (2021)

刘　军　刘军胜　主编

社会科学文献出版社
SOCIAL SCIENCES ACADEMIC PRESS (CHINA)

图书在版编目（CIP）数据

中国薪酬发展报告.2021/刘军，刘军胜主编. ——
北京：社会科学文献出版社，2021.10
（薪酬蓝皮书）
ISBN 978-7-5201-9034-3

Ⅰ.①中… Ⅱ.①刘… ②刘… Ⅲ.①劳动报酬-研
究报告-中国-2021 Ⅳ.①F249.24

中国版本图书馆 CIP 数据核字（2021）第 187687 号

薪酬蓝皮书

中国薪酬发展报告（2021）

主　　编／刘　军　刘军胜

出 版 人／王利民
组稿编辑／恽　薇
责任编辑／宋淑洁　陈凤玲　李真巧
责任印制／王京美

出　　版／社会科学文献出版社·经济与管理分社（010）59367226
　　　　　地址：北京市北三环中路甲 29 号院华龙大厦　邮编：100029
　　　　　网址：www.ssap.com.cn
发　　行／市场营销中心（010）59367081　59367083
印　　装／天津千鹤文化传播有限公司

规　　格／开　本：787mm×1092mm　1/16
　　　　　印　张：16　字　数：236 千字
版　　次／2021 年 10 月第 1 版　2021 年 10 月第 1 次印刷
书　　号／ISBN 978-7-5201-9034-3
定　　价／198.00 元

本书如有印装质量问题，请与读者服务中心（010-59367028）联系

《中国薪酬发展报告（2021）》
编委会

主　　编　　刘　军　刘军胜

编委会成员　（按文序排序）

聂生奎　贾东岚　常风林　肖婷婷

贾建强　宋　艳　韦家立　高国庆

彭道鑫　郭权深　邓基涛　才　华

杨艳玲　钱　诚　郝国庆　张东红

王延娟　高玉茹　许英杰　石　颖

窦盛冉　王　宏

主要编撰者简介

刘 军 中国劳动和社会保障科学研究院副院长,研究员,毕业于中国人民大学,获法学博士学位。长期从事劳动保障政策科研工作,主要研究领域为人口与劳动经济、劳动就业与职业培训、劳动关系与收入分配、性别平等与女性发展等。主持或参与过多项劳动保障领域重要课题(项目)研究工作,一些研究成果直接转化为政策,发挥政策决策支持作用。2009 年被中国就业促进会授予"中国就业改革发展 30 年作出重要贡献的就业工作者"荣誉称号。2020 年获国务院政府特殊津贴。

刘军胜 中国劳动和社会保障科学研究院薪酬研究室主任,研究员,中国劳动学会薪酬专业委员会副会长,清华大学工商管理硕士。主要研究领域为工资收入分配、劳动关系、人力资源管理。主持、参与 20 多项国家重大课题研究,科研成果运用于《保障农民工工资支付条例》等重要法律法规文件的制定。出版《薪酬管理实务手册》等著作,发表文章 170 多篇,其中 20 多篇由中国人民大学复印报刊资料转载。曾为 60 多家大中型企业提供薪酬绩效管理体系改革咨询方案,应邀提供薪酬绩效、劳动关系、EVA、股权激励及相关课程培训数百场。

摘　要

《中国薪酬发展报告（2021）》主要汇集了中国劳动和社会保障科学研究院及兄弟单位科研团队工资收入分配最新的研究成果。本报告由总报告和四个专题篇组成，共16篇报告，对我国工资收入分配情况做了全景展示和深入剖析。

总报告《两个百年交汇点的中国工资收入分配研究》站在"十三五"收官、"十四五"开局和两个百年历史交汇这样一个重要而关键的时间节点，对我国工资收入分配进行回顾、审视和展望，主要研究结论可以概括为"三二一"，即三个重要亮点、两个基本同步和一个重大转变。三个重要亮点，就是2020年中国是全球主要经济体中工资增速最快的国家之一，是在严重疫情下唯一实现城镇就业规模显著扩大和工资收入较快增长的国家，也是世界上唯一提前10年实现联合国2030年可持续发展议程减贫目标的国家。两个基本同步，就是2000年以来，我国居民收入增长与经济增长基本同步，城镇单位就业人员工资增长与劳动生产率增长基本同步。一个重大转变，就是进入新时期，我国收入分配格局特别是城乡居民可支配收入与GDP比值关系发生积极趋势性转变，进入"十四五"时期，面向高质量发展，我国工资收入分配将进一步向着公平效率内在有机统一、"做大蛋糕""分好蛋糕"协同共进方向发展，我国工资收入分配的人本化治理将被提上重要日程。

规划与政策篇回顾了我国"十三五"时期企业工资分配制度改革取得的主要成就，深入分析了"十四五"时期我国企业工资分配工作面临的形势和挑战，提出在新发展阶段要发挥市场在工资分配中的决定性作用，强化收入分配政策的激励导向,加强和改进工资收入分配宏观调控,理顺工资收入分配关系,优化收入分配格局;要坚持分群体精准施策,提高劳动报酬占比和职工工资水平,着力增加低收入者工资收入;要从组织、管理、制度、信息化等各个方面全面发力,切实完善农民工工资支付保障机制。同时,报告还对应对疫情工资收入分配政策效果进行了分析评估,提出了进一步完善相关政策措施的意见建议。

区域与产业篇重点介绍了一些地区和企业在完善薪酬激励机制方面的行之有效的做法和经验,如部分典型地区和企业在科技人才薪酬激励、中长期激励、多元化激励、数字化激励等方面的创新做法。同时,对部分企业人工成本投入产出效能和技术创新的有效性进行了实证研究,对劳动者假期制度对企业成本的影响进行了评估分析,为企业深化内部工资收入分配改革、强化人工成本投入产出管理提供了示范和参考。

群体篇分析了提高最低工资对性别工资差距的影响,对农民工工资保证金制度进行了评估,提出了改进完善的政策建议。

国际借鉴篇重点介绍了日本提高一线劳动者劳动报酬的政策经验、新加坡累进式工资模式和国外假期制度及薪酬支付的经验,为促进提高低工资群体工资收入、完善假期工资支付政策提供借鉴。

关键词: 工资收入分配 薪酬激励 人工成本 最低工资 工资决定机制

目 录 ◺ ▦▦▦

Ⅳ 群体篇

Ⅴ 国际借鉴篇

皮书数据库阅读**使用指南**

总 报 告
General Report

B.1
两个百年交汇点的
中国工资收入分配研究

刘 军[*]

摘　要： 本报告分析了我国工资收入分配近况，2000年以来我国工资收
入分配格局优化以及未来我国工资收入分配发展的基本走向，
主要内容可以用三个重要亮点、两个基本同步和一个重大转变
来概括。三个重要亮点，就是2020年中国是全球主要经济体中
工资增速最快的国家之一；是严重疫情下唯一同步实现城镇就
业规模显著扩大和工资较快增长的主要经济体；是世界上唯一
提前10年实现联合国2030年可持续发展议程减贫目标的国家。
两个基本同步，就是2000年以来，我国居民收入增长与经济增
长实现基本同步，城镇单位就业人员工资增长与劳动生产率增
长基本同步。一个重要转变，就是进入"十四五"时期，面向

---

* 刘军，中国劳动和社会保障科学研究院副院长、研究员，主要研究领域为人口与劳动经济、
劳动就业与职业培训、劳动关系与收入分配、性别平等与女性发展等。

新时代高质量发展，我国工资收入分配将向着公平效率内在有
机统一、"做大蛋糕""分好蛋糕"协同共进方向发展，工资
收入分配人本化治理将被提上重要日程。

关键词： 两个百年交汇点　中国　工资　收入分配

工资收入分配是民生之源，也是发展活力之源。提高全社会工资收入水
平，优化工资收入分配格局，关系到人民群众最关心、最直接、最现实的利
益，关系到改革发展稳定大局，也是构建双循环新发展格局，实现高质量发
展的关键。2020 年是我国两个"一百年"的战略交汇点。进入"十四五"
时期，站在新的历史起点，回顾历史，审视现在，展望未来，把握我国工资
收入分配历史发展大势，具有重要意义。

2020 年是我国历史上极不平凡的一年。在以习近平同志为核心的党中
央的坚强领导和全国人民的共同努力下，疫情防控与经济社会发展统筹推
进。国内生产总值比上年增长 2.3%，居民人均可支配收入快于人均 GDP 增
速。脱贫攻坚战取得全面胜利。同时，我国工资收入分配领域还存在不少困
难和问题，特别是工资收入分配方面的不平衡不充分问题日益成为整个经济
社会发展的矛盾焦点。构建新发展格局，实现更高质量、更有效率、更加公
平、更可持续、更为安全的发展，客观上对进一步做好工资收入分配工作提
出了更高的要求。

一　中国工资收入分配近况

（一）一道亮丽的风景

1. 全球主要经济体中工资增速最快的国家之一
工资收入分配不平等是一个全球性的问题。过去几十年，科技革命和全

球化有力地推动了世界经济增长。然而，在这个过程中，工资收入不平等进一步加剧，工资收入差距呈现扩大化态势。根据全球工资报告①，在过去 20 年中，尤其是在一些高收入国家，工资增长与劳动生产率增长存在较大差距。1999～2019 年，劳动生产率增长速度为 21.8%，实际工资增长速度仅为 14.3%，实际工资增长速度显著落后于劳动生产率的增长速度。同时，还有很多发展中国家在发展的道路上步履维艰，工资收入增长缓慢，一些国家工资收入水平甚至下降。

全球工资报告表明，2016～2019 年，全球经济增长减速，全球工资增速在 1.6% 和 2.2% 之间波动。中国以外全球其他国家和地区的工资增速在 0.9% 和 1.5% 之间波动。二十国集团中的发达经济体实际工资增速在 0.4% 和 0.9% 之间波动，二十国集团中的新兴经济体国家增速较快，每年在 3.5% 和 4.5% 之间。中国是全球主要经济体中工资增速最快的国家之一，过去 10 年，我国的实际工资数额增长了 1 倍多。

2. 严重疫情背景下实现就业规模和工资水平同时增长

2020 年上半年，由于出现新冠肺炎疫情危机，在全球国内生产总值 1 万亿美元以上的主要经济体中，除中国外所有主要经济体经济发展均出现负增长。多数国家平均工资增长率呈下降趋势，一些国家平均工资虽然增加，但低薪劳动者大量失业，为维持就业，一些国家采取了强有力的稳岗措施从而缓和了失业率的激增，在这些国家，危机的影响更多地体现在工资的下行压力上②。与国外情况不同，我国的疫情防控富有成效，复工复产进展顺利，受疫情冲击较大的行业和群体得到较有效的保护。经济恢复走在世界前列，走出了一条令世界惊叹的 V 形曲线，实现了经济增长、就业扩大、收入提高的协同共进。全年国内生产总值比上年增长 2.3%，城镇新增就业 1186 万人，全国城镇非私营单位和私营单位就业人员年平均工资分别增长

---

① 指国际劳工组织《2020～2021 年全球工资报告》，国际劳工组织网站，https：//www.ilo. org/global/research/global－reports/global－wage－report/2020/lang－－en/index. htm，下同。

② 《2020～2021 年全球工资报告》，国际劳工组织网站，https：//www.ilo.org/global/research/global－reports/global－wage－report/2020/lang－－en/index. htm。

5.2%和5.3%。经济内生动力和市场主体活力不断增强,为下阶段收入增长提供了有力支撑。2021年上半年的经济和收入增长情况进一步印证了这一判断。2021年上半年,全国居民人均可支配收入延续恢复性增长态势,农村居民收入增速继续快于城市,城乡居民收入相对差距继续缩小。

最近10年,我国劳动报酬占比温和上升,这里面既有国家政策导向的作用,也有我国产业结构转型升级、创新创业活力增强的助力。从去年和今年上半年情况看,工资性收入较快增长是带动我国居民收入增长的重要因素,其中,"三新"经济和高技术产业成为我国工资性收入增长的"领头羊"。2020年以来,新产业、新业态、新商业模式继续保持较快增长,全年"三新"经济增加值占比17.08%①,比上年提高了0.7个百分点;"三新"经济增加值比上年名义增长了4.5%,比同期GDP增速高1.5个百分点。从2021年上半年情况看,"三新"经济和高技术产业快速发展的态势得到了延续。这样一种态势,对加快构建新发展格局提供强有力的战略支撑,同时也使我国居民收入增长的内生动力进一步增强。

3. 提前10年实现联合国2030年可持续发展议程减贫目标

2020年,决胜全面建成小康社会,决战脱贫攻坚取得全面胜利,现行标准下农村贫困人口全部脱贫,区域性整体贫困得到解决,绝对贫困现象历史性消除,创造了人类减贫史上的奇迹。"十三五"时期,5575万农村贫困人口实现脱贫,年均减贫1115万人。脱贫攻坚取得历史性成就,为接续推进乡村振兴,实现高质量发展打下了良好基础,创造了有利条件。

(二)收入分配发展的充分性和平衡性发生积极改变

2020年,我国宏观经济与劳动力市场形势总体保持稳定,为城乡居民收入增长和劳动者工资增长提供了基本保障。

---

① 《2020年我国"三新"经济增加值占GDP比重达17.08%》,新浪网转引自新华社客户端,https://k.sina.cn/article_213815211_0cbe8fab020018t6x.html?from=news&subch=onews,2021年7月6日。

1. 城乡居民收入继续增长，居民收入增长与经济增长基本同步

2020 年，全国居民人均可支配收入 32189 元，比上年增长 4.7%，快于人均国内生产总值增速（2.38%）。农村居民人均可支配收入 17131 元，名义增长 6.9%，实际增长 3.8%；城镇居民人均可支配收入 43834 元，名义增长 3.5%，实际增长 1.2%。农村居民人均可支配收入名义增速和实际增速分别快于城镇居民 3.4 个百分点和 2.6 个百分点。城乡居民收入比值由上年的 2.64 缩小至 2.56。①

工资性收入增速回升。2020 年全国居民人均工资性收入 17917 元，增长 4.3%。其中，城镇居民人均工资性收入增长 3.2%，农村居民人均工资性收入增长 5.9%。转移净收入快速增长，全国居民人均转移净收入 6173 元，增长 8.7%。其中，全国居民人均养老金或离退休金增长 7.8%，居民人均社会救济和补助收入增长 18.7%，人均政策性生活补贴收入增长 12.7%。全国居民人均经营净收入 5307 元，增长 1.1%。其中，农村居民人均经营净收入 6077 元，增长 5.5%。随着疫情防控的常态化，城镇居民经营活动逐步好转，全年城镇居民人均经营净收入 4711 元，下降 2.7%，降幅比前三个季度收窄 4.2 个百分点。2021 年上半年，城乡居民经营净收入呈现恢复性增长态势。②

2. 劳动者工资收入继续保持增长

城镇单位就业人员平均工资是表征全社会劳动者工资收入情况和发展趋势的一个重要指标。总体上看，2020 年全国城镇单位就业人员平均工资继续增长。伴随我国 GDP 增长率由上年的 6.1% 下降至 2.3%，我国城镇单位就业人员工资增速有所回落，但回落幅度小于经济增速。据国家统计局公布信息，城镇非私营单位就业人员年平均工资趋近 10 万元关口（97379 元），城镇私营单位就业人员年平均工资 57727 元，农民工就业月均收入 4072 元，比上年增加 110 元。

---

① 《中华人民共和国 2020 年国民经济和社会发展统计公报》，国家统计局网站，http://www.stats.gov.cn/tjsj/zxfb/202102/t20210227_1814154.html，2021 年 2 月 28 日。

② 《2020 年居民收入和消费支出情况》，国家统计局网站，http://www.stats.gov.cn/tjsj/zxfb/202101/t20210118_1812425.html，2021 年 1 月 18 日。

（三）我国工资收入分配政策工作最新进展

1. 建立健全工资收入分配宏观调控体系有序推进

企业工资分配宏观指导得到加强，指导各地根据经济、就业形势变化合理发布企业工资增长指导意见，促进职工工资随经济效益提高稳步增长。制定和发布中央企业工资指导线和调控线，指导企业搞好内部工资分配。完善最低工资标准调整评估机制。企业薪酬调查和信息发布制度逐步健全完善。国家层面公开发布从业人员工资价位信息，国家、省、市三级调查发布体系基本形成。

2. 深化国有企业工资分配制度改革取得重大进展

与中国特色现代国有企业制度相适应的国有企业工资分配制度体系基本形成，分配秩序进一步规范。制定出台了一系列国有企业负责人薪酬政策，基本实现企业负责人薪酬水平适当、结构合理、管理规范、监督有效的目标。国有企业工资决定机制改革取得重大突破，中央和地方普遍制定和发布工资决定机制改革实施办法，进一步健全完善了工资总额确定和调整机制。加强对国有企业工资分配监督检查，促进工资分配和谐有序。

3. 突出技能导向，贯通技术技能发展通道，积极推动技能人才薪酬待遇提升

技能人才是我国人才队伍的重要组成部分，是中国制造、中国创造的中坚力量。最近，人力资源和社会保障部印发《技能人才薪酬分配指引》（人社厅发〔2021〕7号，以下简称《指引》）和《关于进一步加强高技能人才与专业技术人才职业发展贯通的实施意见》（人社部发〔2020〕96号，以下简称《意见》）等重要政策文件，从人才评价制度创新和强化技能导向等方面，拓展技能劳动者发展空间，提高技能劳动者薪酬待遇。《指引》站在服务高质量发展、为全面建设社会主义现代化国家提供强有力人才保障的高度，瞄准激发人才创新活力和扩大中等收入群体，针对制约技能人才发展的关键问题，在引导企业建立多层级的技能人才职业发展通道、完善体现技能价值激励导向的工资分配制度等方面，提出了可参考的方式方法。《意见》

旨在深入贯彻党的十九届五中全会精神，进一步深化推进技能人才体制机制改革，适应新技术革命带来的人才队伍融合发展趋势，推动技能人才评价工作与产业发展和企业实际用人需求紧密协同，拓展技术技能人才发展空间，最大限度激发人才活力和释放发展动力，是改革完善技能人才评价制度的创新实践。

4. 出台应对疫情影响的工资分配政策措施效果良好

新冠肺炎疫情自 2020 年以来蔓延一年有余，严重冲击企业生产经营，企业营业收入和利润明显下降，对城乡居民工资性收入正常增长构成严重不利影响。为此，国家出台了一系列应对疫情的工资收入分配政策，主要包括人力资源和社会保障等部门出台的一系列与工资分配直接相关的政策组合，也包括各级政府部门出台的减税降费等通过政策传导机制对城乡居民工资性收入增长有显著影响的宏观政策。具体包括对疫情防控相关机构人员的特殊工资激励政策、对受疫情影响经济效益显著降低企业的工资总额支持政策、疫情期间稳定劳动关系保证工资正常支付的工资保障政策、暂缓发布企业工资指导线暂缓调整最低工资标准等政策、稳岗补贴相关政策、就业补助技能提升资金支出等保就业稳工资政策、减税降费政策七个方面的政策措施。这些政策措施，有力促进了城乡居民工资收入保持合理增长，对疫情可能导致工资收入分配差距拉大的趋势起到了抑制作用，规范了疫情期间的工资收入分配秩序，促进形成劳动者工资收入正常增长和促进企业发展的良性互动机制。

5. 根治拖欠农民工工资工作步入法治化轨道

保障农民工工资支付制度逐步完善，2020 年 1 月出台了《保障农民工工资支付条例》（国令第 724 号），根治欠薪工作协调机制全面建立。监察执法力度持续加大，依法开展重大欠薪违法行为社会公布，强化失信联合惩戒，严厉打击恶意欠薪。积极发挥信息和大数据技术对农民工工资拖欠治理的支撑作用。国家统计局农民工监测调查显示，2020 年末被拖欠工资的农民工比重下降到 0.16%，达到 2018 年有统计以来最低水平，基本实现了农民工工资无拖欠目标。

二 优化收入分配格局成效明显

观察和分析收入分配形势，除了要把握收入分配的现状外，还要重视从长期运行中把握其基本趋势，特别是重要的趋势变化。在此，我们以2000～2020年为观察时段，通过分析收入分配相关指标的变化，来把握我国收入分配运行中的重要内在趋势特征。

（一）长期、强劲、持续的增长势头

1. 改革开放增强发展内生动力，支撑居民收入持续较快增长①

2000～2020年，我国国内生产总值由100280亿元增加到1015986亿元，增长9.13倍，年均增长12.28%；人均国内生产总值由7846元增至72000元，增长8.18倍，年均增长11.72%；扣除物价因素，人均国内生产总值由7815元增加到45322元，增长4.80倍，年均增长9.19%。城镇居民人均可支配收入由6280元提高到43834元，增长了5.98倍，年均增长10.20%；扣除物价因素，年均增长7.7%。农村居民人均可支配收入由2388.56元提高到17131元，增长6.2倍，年均增长10.35%；扣除物价因素，年均增长7.85%。20年来，我国城乡居民人均实际可支配收入持续以年均8%左右的速度递增，应该说，对于一个十几亿人口的大国来说，取得这样的成就是非常了不起的。

从城乡居民收入增长看，总体上呈现增速前高后低但绝对增幅逐年增加态势。"十五""十一五""十二五""十三五"时期，城镇居民人均可支配收入分别年递增11.21%、12.91%、9.36%、6.86%，平均增长绝对数分别为908.35元、1837.53元、2346.25元、2554.43元，农村居民人均可支配收入分别年递增8.30%、13.34%、11.48%、8.5%，同期平均绝对收入增长分别为235.45元、617.97元、1006.52元、1191.90元。"十三五"时

---

① 历年《中国统计年鉴》，国家统计局网站，http：//www.stats.gov.cn/tjsj/ndsj/。

期，我国国内生产总值的年均名义增量达到 6.5 万亿元，比"十二五"时期多 1.0 万亿元。全国居民人均可支配收入年均名义增长 2092 元，比"十二五"时期多增 297 元。可见，后半程虽然经济增速回落，但居民绝对收入增幅仍然是可观的。

2. 居民可支配收入与 GDP 比值螺旋式上升

2000~2020 年，全国居民人均可支配收入与人均 GDP 比值维持在 0.40 以上 0.50 以下的水平，总体上呈现两头高中间低的特征。从 21 世纪最初的 0.48 左右的水平温和下降，2011 年达到 0.41 左右的最低位，此后开始逐步回升，2020 年达到 0.45（见表 1）。全国居民人均可支配收入与人均 GDP 比值止跌回升，是我国收入分配格局和发展趋势正在发生积极变化的重要信号。

表 1　2000 年以来全国居民人均可支配收入与人均 GDP 比值变化

年份	全国居民人均可支配收入（元）	人均 GDP（元）	全国居民人均可支配收入与人均 GDP 比值
2000	3798.03	7845.90	0.4841
2001	4147.01	8686.49	0.4774
2002	4627.14	9475.64	0.4883
2003	5086.76	10634.16	0.4783
2004	5747.32	12450.40	0.4616
2005	6477.86	14325.84	0.4522
2006	7330.68	16693.94	0.4391
2007	8700.99	20452.16	0.4254
2008	10066.81	24059.54	0.4184
2009	11124.27	26158.22	0.4253
2010	12685.36	30802.24	0.4118
2011	14785.80	36315.46	0.4071
2012	16893.74	39907.79	0.4233
2013	18310.80	43744.81	0.4186
2014	20167.10	47080.32	0.4284
2015	21966.20	50126.73	0.4382
2016	23821.00	53600.55	0.4444
2017	25973.80	59043.67	0.4399

年份	全国居民人均 可支配收入（元）	人均 GDP（元）	全国居民人均可支配收入与 人均 GDP 比值
2018	28228.00	65880.34	0.4285
2019	30732.80	70773.55	0.4342
2020	32189.00	72000	0.4471

资料来源：根据国家统计局公布的有关数据计算。

3.城镇单位就业人员工资增长与劳动生产率增长基本同步

我国名义全员劳动生产率由 2000 年的 13911 元/人提高到 2020 年的 135349 元/人，增长 8.73 倍，年均增长 12.1%。同期城镇非私营单位在岗职工平均工资由 2000 年的 9371 元增加到 2020 年的 97397 元，年均增长 12.4%。分时段看，"十五""十一五""十二五""十三五"四个时期，全员劳动生产率的年均增速分别为 15.9%、16.7%、8.6%、9.1%，相应时段的非私营单位在岗职工平均工资的年均增速分别为 14.0%、15.3%、10.5%、9.0%。可以看出，前两个五年，职工工资增长速度略慢于全员劳动生产率增长速度，而后两个五年，职工工资增长速度略快于全员劳动生产率增长速度。总体上看，在岗职工平均工资增长略快于全员劳动生产率的增长速度，二者基本同步。

（二）我国收入分配方面存在的问题和挑战突出

我国收入分配既有发展不充分问题，也有发展不平衡问题，二者彼此交织、互为因果。当前，公平效率矛盾统一问题已经构成经济社会健康发展的重要瓶颈，成为制约收入持续增长的突出因素。

1.我国还有相当数量人口收入水平较低

据《中华人民共和国 2020 年国民经济和社会发展统计公报》，2020 年，全国居民按五等分收入分组，低收入组人均可支配收入仅为 7869 元，意味着全国 14.11 亿人口中，有大约 2.8 亿人口全年人均可支配收入不到 8000元。2020 年贫困地区农村居民人均可支配收入 12588 元，换算成月人均可支配收入，仅仅只有 1049 元。在教育、医疗、住房等消费价格居高不下情况下，低收入人群无疑面临较大生活压力。

2. 低收入人群增收困难，居民收入绝对值差距呈扩大之势

2000 ~ 2020 年，城乡居民名义人均可支配收入比值由 2000 年的 2.63 倍上升到 2009 年的 3.14 倍，此后开始逐年回落，2020 年降至 2.56 倍。但另一方面，城乡居民人均可支配收入的绝对差距在持续扩大，由 2000 年的 3891.44 元扩大到 2020 年的 26703 元。

表2 2000 ~ 2020 年城乡居民收入差距发展变化

年份	农村居民人均可支配收入（元）	城镇居民人均可支配收入（元）	城镇和农村居民人均可支配收入比值	城镇和农村人均可支配收入差值(元)
2000	2388.6	6280	2.63	3891.4
2001	2508.3	6859.6	2.73	4351.3
2002	2624.1	7702.3	2.94	5078.2
2003	2779.5	8472.2	3.05	5692.7
2004	3112.7	9421.6	3.03	6308.9
2005	3450.1	10493	3.04	7042.9
2006	3802.2	11759.5	3.09	7957.3
2007	4388.8	13785.8	3.14	9397.1
2008	5046.2	15730.8	3.12	10684.6
2009	5462.3	17174.7	3.14	11712.4
2010	6274.0	19109.6	3.05	12835.6
2011	7395.6	21809.8	2.95	14414.2
2012	8391.5	24564.7	2.93	16173.2
2013	9429.6	26467.0	2.81	17037.4
2014	10488.9	28843.9	2.75	18355.0
2015	11421.7	31194.8	2.73	19773.1
2016	12363.4	33616.2	2.72	21252.8
2017	13432.4	36396.2	2.71	22963.8
2018	13617.0	39250.8	2.88	25633.8
2019	16020.7	42368.8	2.64	26348.1
2020	17131.0	43834	2.56	26703.0

资料来源：根据国家统计局相关数据计算。

3. 全国居民人均可支配收入占人均 GDP 比值尚有提升空间

2000 年以来，居民收入虽然有了很大的增长，但总体上看，在较长时间内居民收入的增长速度落后于 GDP 的增长速度，导致全国居民人均可支配收入与人均 GDP 的比值下降。2000～2011 年，比值由 0.48 下降到 2011 年的 0.42，此后缓慢回升，到 2020 年上升到 0.45，仍未超过 2000 年水平。

三 "蛋糕" 做得更大同时分得更好是未来我国工资收入分配发展的基本走向

习近平总书记高度重视收入分配问题，对收入分配问题多次做出重要指示，强调 "'蛋糕'不断做大了，同时还要把'蛋糕'分好"，"要在不断发展的基础上尽量把促进社会公平正义的事情做好"，强调 "促进全体人民共同富裕是一项长期任务，也是一项现实任务，必须摆在更加重要的位置，脚踏实地，久久为功，向着这个目标作出更加积极有为的努力"，强调 "要处理好政府、企业、居民三者分配关系，通过加大再分配调节力度，适当提高居民收入比重，合理降低政府和企业收入比重。要健全以税收、社会保障、转移支付等为主要手段的再分配调节机制"，强调 "必须坚持发展为了人民、发展依靠人民、发展成果由人民共享，作出更有效的制度安排，使全体人民朝着共同富裕方向稳步前进，绝不能出现'富者累巨万，而贫者食糟糠'的现象"。习近平总书记关于收入分配问题的重要讲话和指示，指明了我国收入分配工作的方向，是新时期我国收入分配工作的行动指南。

收入分配是激励机制、动力机制、保障机制，也是分享机制、平衡机制和循环机制。深化收入分配制度改革，完善收入分配机制，优化收入分配格局，是实现人口再生产与物质资料生产有机衔接的关键，是促进人力资源开发与产业转型升级协同推进的关键，是打通供给侧与需求侧 "任督二脉" 的关键。

未来已来，我们已经能够触摸到未来的轮廓。未来立足于今天现实中，成长于发展趋势中，实现于全国人民的奋斗中。回望历史，审视现实，展望未来，我们对中国未来收入分配发展前景能够做出一个基本判断，这就是，我国收入分配的未来发展走向，将体现于三个"更加"中。

一是工资收入分配工作在我国经济社会发展中的战略地位将更加重要。无论是有效应对和解决我国经济社会发展存在的深层次矛盾和问题，还是着力于推进高质量发展，实现高质量就业，构建国内大循环为主体、国内国际双循环相互促进新发展格局，做好工资收入分配工作，解决好工资收入分配问题都是重中之重、关键的关键。发展制约瓶颈的消除，发展新优势、新潜力、新空间的再造，不平衡不充分矛盾的纾解，人民群众主动性、积极性、创造性的增强，都离不开工资收入分配改革发展的有效推进。在未来时期，工资收入分配工作的重要性，无论如何强调都不为过。从某种意义上说，工资收入分配工作是今后整个经济社会发展工作的"牛鼻子"，开展的好坏是高质量发展的试金石。工资收入分配的底色和成色将在根本上决定着中国社会主义市场经济发展的成败，检验我国社会主义制度优势和竞争力。

二是公平效率统一将不断走上新的高度，"做大蛋糕"与"分好蛋糕"将逐步实现相互促进、协同共进，工资收入分配人本化治理将提上更加重要日程。公平效率内在统一，"做大蛋糕""分好蛋糕"有机结合，是社会主义制度的本质要求，也是新时期我国工资收入分配发展实践的重要特点。发展不平衡问题在发展矛盾中的地位进一步上升。更好坚持以人为本，以公平促进效率，以效率保障公平，在建立完善公平效率统一机制中实现更高质量、更加平衡、更加充分的发展，是未来时期我国经济社会发展的根本要求。破解当前工资收入分配领域的突出矛盾和问题，必须从协调公平效率关系入手，建立公平促进效率、效率保障公平、人尽其才劳有所得的尊重劳动、尊重创造、维护公平的人文环境。未来时期，将是我国城乡居民收入与经济增长更加同步、劳动者报酬与劳动生产率提高更加同步的时期，也是"做大蛋糕"与"分好蛋糕"更加协同的时期。通过面向高质量发展不断优化收入分配机制和收入分配格局，国家发展动力活力将不断增强，发展质量和循环水平将不断提高，发展的平衡性、稳定性、协调性将不断增进。

三是人民群众的主动性、积极性、创造性将得到更加充分有效的激发，人民群众的获得感、幸福感、安全感将极大增强。目前我国还处于社会主义初级阶段，发展不平衡不充分问题还很突出，现代化、工业化、城镇化还有很长的路要走。构建国内大循环为主体、国内国际双循环相互促进新发展格局，推进乡村振兴加快农村农业现代化，建设教育强国、科技强国，以科技创新实现高水平自立自强，加快建设创新型国家，积极推进人类命运共同体建设，这些实践行动将有力推动我国实现高质量发展，有效解决我国发展不平衡不充分问题。市场机制的基础性决定性作用将更充分发挥，同时政府作用将更好发挥。"十四五"以至今后更长时期，我国创新创业创造环境将不断优化，人尽其才、才尽其用的人力人才资源开发格局将不断完善，同时社会公平、社会稳定、社会和谐将不断优化。在这个过程中，人民群众将拥有创造奉献的广阔空间，也将不断强化自身的主动性、积极性、创造性，不断增强自身获得感、幸福感、安全感。

在工资收入分配改革和调控方面，"十四五"时期要坚持劳分配为主体、多种分配方式并在，提高劳动报酬在初次分配中的比重。要完善工资制度，健全工资合理增长机制，改善工资收入分配结构，着力增加一线劳动者劳动报酬，着力提高低收入群体收入，不断扩大中等收入群体，更加积极有为地促进共同富裕。

参考文献

[1] 刘学民主编《中国薪酬发展报告（2011 年）》，中国劳动社会保障出版社，2012。

[2] 谭中和等：《中国工资收入分配改革与发展（1978～2018）》，社会科学文献出版社，2019。

[3] 《2020～2021 年全球工资报告》，国际劳工组织网站，https：//www.ilo.org/global/research/global - reports/global - wage - report/2020/lang - - en/index.htm。

[4] 《2020 年居民收入和消费支出情况》，国家统计局网站，http：//www.stats.

gov. cn/tjsj/zxfb/202101/t20210118_ 1812425. html，2021 年 1 月 18 日。

［5］《中国人力资源和社会保障年鉴（工作卷）2020》，中国劳动社会保障出版社、中国人事出版社，2020。

［6］《中华人民共和国 2020 年国民经济和社会发展统计公报》，国家统计局网站，http：//www. stats. gov. cn/tjsj/zxfb/202102/t20210227_ 1814154. html，2021 年 2 月 28 日。

规划与政策篇

Planning and Policy Reports

B.2
人社事业发展"十四五"规划
企业工资分配内容解读

摘　要：　本报告回顾了我国"十三五"期间企业工资分配制度改革取得
的主要成就，集中表现为企业工资分配制度机制不断健全、国
有企业工资分配制度改革全面推进、解决拖欠农民工工资问题
取得重大进展、企业职工工资水平逐步提高等。同时，报告从
宏观经济形势、地区发展差异、企业经济效益、劳动者能力素
质等方面深入分析了"十四五"时期我国企业工资分配工作面
临的形势和挑战，并提出了在新发展阶段要发挥市场在工资分
配中的决定性作用，强化收入分配政策的激励导向；加强和改
进工资收入分配宏观调控，理顺工资收入分配关系；坚持分群
体精准施策，着力增加低收入者工资收入等政策措施。

---

* 聂生奎，人力资源和社会保障部劳动关系司司长。

关键词: "十四五"规划 企业工资分配 收入分配

　　企业工资分配是社会收入分配的重要组成部分，是初次分配的重要内容，涉及广大职工切身利益，关系到共同富裕的实现、经济的健康发展和社会和谐稳定。《中华人民共和国国民经济和社会发展第十四个五年规划和2035年远景目标纲要》（以下简称《纲要》）明确了"十四五"时期全体人民共同富裕要迈出坚实步伐，提出了优化收入分配结构的目标和任务。《人力资源和社会保障事业发展"十四五"规划》（以下简称《规划》）进一步细化了深化企业工资分配制度改革的主要任务和政策措施。做好"十四五"时期企业工资分配工作，必须要在认真总结"十三五"时期经验的基础上，准确把握"十四五"时期经济社会发展的新形势新要求，全面贯彻落实《纲要》和《规划》要求，在促进共同富裕行动中深入推进企业工资分配制度改革。

一　"十三五"时期企业工资分配工作取得的成绩

　　"十三五"时期，市场机制对企业工资分配的决定性作用进一步发挥，政府对企业工资分配的指导和调节力度不断加大，企业职工工资水平进一步提高，为促进实现共同富裕奠定了坚实基础。

（一）企业工资分配制度机制不断健全

　　积极推行工资集体协商制度，深入推进实施集体合同制度攻坚计划、集体协商"稳就业促发展构和谐"行动计划，促进工资集体协商提质增效，企业工资决定机制逐步建立。落实《中华人民共和国促进科技成果转化法》等法规文件，对科研人员实行更加灵活的薪酬制度；研究制定《技能人才薪酬分配指引》（人社厅发〔2021〕7号），引导企业合理评价技能要素贡献，以增加知识、技能价值为导向的工资收入分配政策进一步确立。完善最低工资标准调整机制，2016～2020年，全国逐年分别有9个、20个、16个、8个、3个地区调整了最低工资标准，最低工资标准调整与经济社会发展协调性和区域平衡性不断提高。建立全国企业薪酬调查和信息发布制度，30个地区已经建立制度，国家、省、市三级调查和信息发布体系基本形成，国家层面连续两次发布薪酬价位信息，为引导企业合理确定职工工资水平提供信息参考。定期开展制造业人工成本季度监测，为形势研判和宏观决策提供支撑。

（二）国有企业工资分配制度改革全面推进

按照党中央、国务院深化国有企业改革和收入分配制度改革的要求，以增强国有企业活力、提升国有企业效率为中心，积极推进国有企业工资分配制度改革。国有企业负责人薪酬制度改革全面实施，薪酬分配监管体制进一步健全，不合理的偏高、过高收入得到调整，薪酬分配秩序得到有效规范，基本实现国有企业负责人薪酬水平适当、结构合理、管理规范、监督有效的目标。国有企业工资决定机制改革取得重大突破，初步建立与中国特色现代企业制度相适应的国有企业工资分配制度体系，国有企业工资分配指导调控逐步加强，国有企业职工工资实现平稳有序增长，有效激发了国有企业的创造力和提升了市场竞争力。

（三）解决拖欠农民工工资问题取得重大进展

健全工资支付保障长效机制，推动出台《保障农民工工资支付条例》（国令第724号），为保障农民工工资支付工作提供了有力的法治保障。扎实推进根治欠薪工作，拖欠农民工工资问题高发多发态势得到有效遏制。5年来，各级劳动保障监察机构查处工资类违法案件数量和涉及人数均实现了大幅下降。

（四）企业职工工资逐步提高

城镇非私营单位从业人员平均工资从2015年的62029元提高到2020年

的 97379 元，年均增长 9.4%，扣除价格因素，实际年均增长 7.1%。城镇私营单位就业人员年平均工资，从 2015 年的 39589 元增加到 2020 年的 57727 元，年均增长 7.8%，扣除价格因素，实际年均增长 5.5%，企业职工工资逐步提高。

二 "十四五"时期企业工资分配工作面临的形势

中共中央、国务院高度重视收入分配工作。习近平总书记指出，共同富裕是社会主义的本质要求，是人民群众的共同期盼。党的十九届四中、五中全会、《纲要》将收入分配工作摆在更加重要的位置，提出了明确要求，这些都为做好企业工资分配工作指明了方向，提供了遵循原则。我国经济长期向好的发展趋势没有变，经济的高质量发展和劳动生产率提高将为企业职工工资收入增长提供有力支撑。我国劳动年龄人口数量下降，新增劳动力平均受教育年限也在不断延长，有利于企业职工工资实现稳步提高。但是还要看到，"十四五"时期，做好企业工资分配工作仍面临较大挑战。

一是受国际形势复杂严峻、新冠肺炎疫情等因素影响，我国经济恢复基础尚不牢固，制约着企业职工工资收入增长。城乡、区域经济发展的不充分、不均衡，使劳动力和各种生产要素持续向发达地区、城市群集中，城乡、行业、地区劳动报酬差距可能拉大。二是中小微企业是吸纳就业的主要渠道，但是劳动密集型小微企业经济效益和劳动生产率提高存在一定困难，人工成本承受能力不强，从根本上制约了相关劳动者工资增长。三是新技术、新经济的快速发展，打破了劳动、技术、管理等生产要素既有的分配格局，虽然为劳动者拓宽了收入来源渠道，但也带来普通劳动者提升自身能力素质的动力不足、就业稳定性降低、收入持续性不足等问题。"数字鸿沟"的存在对受教育程度低以及农村劳动者收入增长带来更多挑战。

这些挑战，一方面是市场机制天然作用的结果。经济发展方式、经济结构等导致经济增长效率差别较大，不同地区、行业发展不平衡和不同群体人力资本差别等，制约着工资收入的增长及差距的缩小。另一方面要素分配的市场化机制不完备也是重要的制度因素。当前平衡资本和劳动要素收益的决定机制尚不健全，体现劳动、知识、技术、管理等不同要素特点的贡献评价机制还不完善，人力资源的"人才红利"释放不够，工资集体协商机制的有效性有待进一步加强。

三 "十四五"时期做好企业工资分配工作的主要任务和措施

"十四五"时期要在把握新发展阶段、贯彻新发展理念、构建新发展格局中进一步谋划定位企业工资分配工作，在发挥市场决定作用的同时更好发挥政府的作用，继续深化企业工资分配制度改革，健全企业工资分配宏观调控体系，努力实现劳动报酬增长与劳动生产率提高基本同步，更加积极有为地促进共同富裕，让改革发展成果更多更公平惠及全体劳动者。

（一）发挥市场在工资分配中的决定性作用，强化收入分配政策的激励导向

一是进一步健全劳动、知识、技术、管理等要素按贡献决定报酬的机制，完善更好体现人力资本价值贡献的工资收入分配办法。二是以非公有制企业为重点推动工资决定机制改革，探索提高工资集体协商形式的多样性和灵活性，突出集体协商的实效性，促进小微企业、非公企业劳动者工资增长与劳动生产率增长协调。三是持续深化国有企业工资分配制度改革，加强国有企业工资分配宏观指导和调控。加快推进国有企业市场化分配机制改革，实现工资能增能减、收入能高能低。开展国有企业职业经理人薪酬制度改革试点，建立国有企业职业经理人薪酬制度。研究完善国有企业科技人才激励政策，支持和促进国有企业科技创新。四是维护新就业形态劳动者劳动报酬权，促进其合理分享经济社会发展红利。

（二）加强和改进工资收入分配宏观调控，理顺工资收入分配关系

一是完善最低工资制度，健全最低工资标准调整机制，创新评估机制，增强调整的科学性、合理性，充分发挥最低工资功能作用，保障低收入职工分享经济社会发展成果。二是健全工资指导线制度，强化工资指导线应用，发挥指导企业在经济增长基础上与职工成果共享的积极作用。三是完善企业薪酬调查和信息发布制度，探索建立健全包括薪酬调查、招聘平台和上市公司等薪酬数据在内的全国各类企业工资收入分配大数据系统，为企业合理确定工资水平提供更具针对性的信息引导。四是规范工资收入秩序，全面贯彻落实《保障农民工工资支付条例》，加强对国有企业内外工资收入分配的监督检查。

（三）坚持分群体精准施策，着力增加低收入者工资收入

一是创新宏观调控指导方式，强化对不同行业、不同群体工资分配的事前指导，探索发布体现不同行业、不同群体特征的薪酬分配指引，着力增加劳动者特别是一线劳动者劳动报酬，促进中等收入群体扩大，推动形成合理的工资收入分配关系。二是研究有利于促进劳动密集型企业提高职工工资的扶持政策，促进增加低收入者收入。

B.3
协调推进工资分配改革
稳步提高职工工资水平分析

刘军胜*

摘　要： 提高职工工资水平是落实党的十九届五中全会精神的重要战略任务。本报告指出了我国职工工资水平不断提高，但整体水平仍然偏低的问题，分析了我国未来时期提高职工工资会面临经济增速放缓、企业经济下滑、低工资群体人力资本积累有限增资困难等挑战，提出了建立提高劳动报酬占比机制、健全宏观调控机制、完善提低限高扩中政策实施体系、健全工资决定和合理调整机制、完善深化企业内部工资分配改革指导体系、健全工资分配秩序规范体系、建立工资分配改革协调推进机制等政策建议，供有关部门参考和借鉴。

关键词： 工资分配改革　工资分配调控　提高职工工资

　　党的十九届五中全会明确提出要提高人民收入水平。劳动者是人民群众的主体，工资是收入的主要组成部分。协调推进工资分配改革，稳步提高职工工资水平，是落实五中全会精神的重要战略任务。

---

* 刘军胜，中国劳动和社会保障科学研究院薪酬研究室主任、研究员，主要研究领域为工资收入分配、劳动关系、人力资源管理。

一 我国职工工资水平不断提高，但整体水平仍然偏低

20 世纪 90 年代和 21 世纪第一个十年，我国工资增长长期滞后于劳动生产率的提高，劳动报酬在国民收入中的份额下降。近年来，随着社会主义市场经济体制的逐步完善，我国工资分配制度改革稳步推进。符合市场经济体制运行要求的工资分配制度框架基本建立，企业工资市场化、机关事业单位工资国家统一管理的运行模式基本形成，职工工资水平逐年提高，工资增长与经济发展联动机制逐步建立。根据统计数据推算，"十三五"期间，我国城镇单位就业人员实际工资年均增长 6.7% 左右，略超过同期全员劳动生产率 6.6% 的增幅；历年劳动报酬占初次分配的比重约为 52%，相比"十二五"时期 50% 的平均水平虽然有了明显提高，但总体水平仍然偏低。同时，工资增长不平衡问题比较突出。国家统计局的数据显示，2019 年，城镇非私营单位职工平均工资最低地区仅相当于最高地区的 40.33%；私营单位职工平均工资最低地区仅相当于最高地区的 43.01%。城镇非私营单位农林牧渔业（为工资最低行业）职工月平均工资 3278 元，仅相当于信息传输、软件和信息技术服务业（为工资最高行业）的 24.38%；城镇私营单位农林牧渔业职工月平均工资 3147 元，仅相当于信息传输、软件和信息技术服务业的 44.27%。农民工、私营企业职工月平均工资分别为 3962 元和 4467 元，仅分别相当于城镇非私营单位职工的 52.53% 和 59.23%。全国企业薪酬调查数据显示，全国全行业企业职工工资报酬，10% 最低工资群体平均值仅相当于 10% 最高工资群体平均值的 9.45%。

工资分配差距近些年还呈拉大趋势。从 2015 年到 2019 年，城镇地区非私营单位职工平均工资最高值与最低值之比，从 2.45 倍扩大至 2.48 倍；私营单位职工平均工资最高值与最低值之比，从 2.11 倍扩大至 2.32 倍。国民经济行业门类城镇非私营单位职工平均工资最高值与最低值之比，从 3.59 倍扩大至 4.1 倍；私营单位职工平均工资最高值与最低值之比，从 2.0 倍扩

大至 2.26 倍。2016～2018 年我国的基尼系数分别为 0.465、0.467、0.468，逐年有微幅提高，并在国际警戒线 0.4 之上。全国企业薪酬调查数据显示，全国全行业企业职工工资报酬，10% 最高工资群体平均值和 10% 最低工资群体平均值之比，2018 年为 10.19 倍，2019 年扩大到 10.59 倍。

中低收入群体增资乏力，劳动密集型中小企业职工增资困难，职工获得感、幸福感、安全感不强。2016～2019 年，城镇非私营单位农林牧渔业、住宿和餐饮业等低工资行业职工平均工资年均增长幅度分别为 5.34%、5.39%，均明显低于 9.9% 的全国全行业平均增幅；城镇私营单位农林牧渔业、住宿和餐饮业等行业职工平均工资年均增长幅度分别为 6.94%、7.4%，也均低于 7.87% 的全国全行业平均增幅。

工资差距大、中低收入群体增资缓慢，导致我国中等收入群体扩增困难、占比偏低。按国家统计局的标准，以全国企业薪酬调查数据测算，我国中等收入工薪劳动者占比仅为 35.1%，与西方成熟市场经济国家占比超 70% 的中等收入群体相比，我国中等收入群体占比偏低。因此协调推进工资分配制度改革，稳步提高职工工资特别是一线职工工资成为落实好党的五中全会精神的重要任务。

二 提高职工工资面临的形势与挑战

经济发展是提高工资水平的重要条件。未来时期，依托丰富的人力资源和广阔的市场空间，我国经济增速仍有望保持全球重要引擎的地位，这将为提高人民收入水平奠定雄厚的物质基础。与此同时，也要看到，提高职工工资水平也面临诸多现实的挑战。

一是我国经济发展由高速转入中高速甚至中低速，对提高职工工资形成制约。未来五年我国经济社会发展仍将持续，但受经济增长短板和增长方式转型影响，经济增速将进一步放缓，工资增幅总体收窄，这就要求工资分配工作在注意"做大蛋糕"同时要"切好蛋糕"。不仅要将有限的工资增幅放在刀刃上，充分调动关键生产要素积极性，而且要重视工资收入二次、三次分配作用，切实提高低工资群体工资，调节过高工资，缩小工资分配差距。因此未来五年工资分配改革综合配套性强，协调难度高，挑战性大。

二是中小微企业经济实力弱，对提高职工工资形成制约。中小微企业吸纳了80%以上的城镇劳动就业，是扩大中等收入群体的最大来源，但中小微企业资源占有相对贫乏、市场空间狭窄、经济效益相对较差，缺乏给职工提薪的实力，常成为职工提薪洼地。因此提高中小微企业职工的工资将成为未来五年落实好五中全会精神的最大挑战。

三是发展不平衡不充分，经济困难地区、行业和企业增资困难。有的地区、行业和企业发展好，经济基础雄厚，深化工资分配改革和提高职工工资的难度不大；有的地区、行业和企业发展不好，经济条件不充分，提高职工工资经济效益不允许，缺乏财力基础。

四是技术进步加快了产业转型升级的步伐，对产业转型升级企业提高职工工资形成制约。未来五年，随着移动互联网、云计算、大数据等技术的应用与发展，技术进步将进一步加快，产业转型升级将成为必然趋势，企业跟随产业转型升级是求得生存的必由之路。企业处于产业转型升级的过程中，不仅要加大研发资金投入，而且要加大人工成本投入和人才引进力度，吸引产业内前沿的研发技术人员，这可能导致企业资金相对紧张，难以腾出足够资金用于深化工资分配改革，提高职工工资。

五是市场竞争加剧导致"双重"市场挤压，对持续提高职工工资形成制约。市场竞争加剧，产品和服务市场竞争日趋激烈，销售价格不断受到挤压而总成本却刚性增加，在销售价格不变甚至下滑的情况下，不变成本相对提高严重挤压作为可变成本的工资的提高空间。另外企业利润下滑，有可能导致投资减少，进而导致劳动力市场需求减少，影响职工工资水平的提高。

六是低工资群体职工人力资本积累有限，对提高其工资形成制约。全国企业薪酬调查数据显示，落入10%最低工资群体的职工，大专以上学历占比24.93%；而落入10%最高工资群体的职工，大专以上学历占比90.07%，低工资群体学历明显低于高工资群体。近年来，我国职工受教育年限明显提高，2018年我国职工平均受教育年限为10.6年，比2000年提高2.63年，但与发达国家12年平均受教育年限相比仍有较大差距。平均受教育年限相对少，意味着人力资本投入相对少，这一定程度上制约了职工的议价能力、维权能力的提高。

三　因势利导，协同推进，稳步提高
我国职工工资水平

习近平总书记指出，要尊重劳动，努力让劳动者实现体面劳动、全面发展。当前，职工工资问题已成为我国经济发展各种矛盾的焦点，是打通公平效率"任督二脉"的关键。稳步提高职工工资水平，对于促进双循环新发展格局形成，增强发展内生动力，破解发展不充分不平衡的难题，实现高质量发展和高质量就业，推进国家现代化，具有重要战略意义。

稳步提高职工工资水平，必须坚持改革发展相结合，"做大蛋糕"与"分好蛋糕"并重。积极推进劳动力供给侧改革，为新时期促进经济持续稳定发展提供人力资源基础。通过深化工资分配制度改革，增强职工主动性、积极性和创造性，增强创新发展内生动力，提高经济增长潜能。健全工资分配宏观调控体系，发挥市场决定作用的同时更好发挥政府作用，努力实现提高劳动报酬占初次分配比重和促进工资总额增长与经济效益增长同步，职工平均工资增长与劳动生产率增长同步，不断完善工资分配结构，促进提高低工资群体工资，限制非充分竞争领域过高工资，扩大中等收入群体，有效激发生产要素创值活力竞相迸发，强化工资法制建设，规范工资分配秩序，全面、协调、持续提高职工工资。

建立提高劳动报酬占初次分配比重机制。建立全国、地区、行业劳动报酬占初次分配比重评估机制，科学合理确定劳动报酬占比；通过税费减免、税前列支、工资抵扣、工资奖补等措施，鼓励企业加大对劳动者的工资分配，逐步提高劳动报酬占比。

健全以薪酬调查为支撑的工资分配宏观调控机制。完善企业薪酬调查和信息发布制度，定期发布劳动力市场价位和行业人工成本信息，强化企业薪酬信息挖掘与分析，为工资分配重大决策提供支撑。以薪酬信息为依据制定和发布工资指导线，强化指导线的科学性和指导价值；丰富指导线的内涵，将针对特殊时期、工种、人群、地区、行业等的工资分配指引纳入指导线发布范围，指导企业制定和调整职工工资，促进工资增长和经济社会发展相协调；出台指导线管理办法，规范指导线的发布和适用。强化最低工资标准评估、适时调整和执行，完善评估指标和评估方法，并根据评估结果适时调整最低工资标准；探索制定行业和人群最低工资标准，强化最低工资标准适用的针对性。

完善以提高低工资群体工资为重点的提低限高扩中政策实施体系。分析低工资群体岗位特性，分类施策指导企业提升其岗位价值度；强化对低工资群体职业技能培训，鼓励开展职业教育与技工培训，夯实提高职工工资的人力资本，促进部分低工资群体稳定升格进入中等工资收入群体。对于部分确实无法通过职业技能培训提高人力资本的低工资职工，发挥政府托底保障功能，在精准识别的基础上采取现金补贴等形式增加其工资。加强对自然垄断企业工资分配的监督与管理，合理调控其职工工资水平，有效调节其职工工资增长幅度，缩小行业工资差距。

健全以工资集体协商为主要手段的工资决定和合理调整机制。完善工资集体协商机制，以非公有制企业为重点推动工资决定机制改革。强化工资集体协商主体建设，着重在新经济、新业态、新模式、小微企业、非公企业等经济类型企业中加强协商双方主体培育，注重从劳务派遣、基层一线生产、低工资岗位人员等低工资群体中培养选拔集体协商代表。采取购买指导工资集体协商服务等方式，大力推行行业性、区域性工资集体协商，促进小微企业、非公企业职工工资增长与劳动生产率增长相协调。抓紧制订《工资集体协商条例》，强化工资集体协商的法律位阶和法律效力。

完善以薪酬分配指引为主要工具的深化企业内部工资分配改革指导体系。工资分配指引是市场经济条件下政府指导微观工资分配的重要工具，以工资分配指引的形式指导企业完善劳动、管理、技术、知识、数据按创值贡献参与分配机制。制订企业内部薪酬分配指引，指导企业建立健全以岗位工资为主的基本工资制度；岗位工资要向关键岗位、生产一线岗位、高价值度和高业绩岗位倾斜。制订研发技术人员薪酬分配指引，指导企业建立健全更好体现技术要素创值贡献的工资分配办法，加大中长期激励力度，完善多元激励机制。制订技能人员薪酬分配指引，指导企业对技能人才实行岗位工资、计件奖励、协议工资、岗位分红、股权激励等多种分配形式，调动其积极性。

健全以工资立法为核心的工资分配秩序规范体系。强化工资立法，结合当前企业工资分配管理实际特别是新经济、新业态、新模式下工资支付特点，完善新时代工资支付制度。贯彻落实好《保障农民工工资支付条例》，加强立法后评估，指导制定好条例实施办法和工程建设领域特别措施实施细则，切实维护农民工合法工资权益。进一步评估和修改完善个人所得税法，建立个税起征点适时动态调整机制，完善专项扣除政策并加大宣传贯彻力度，降低普通职工特别是农民工的税收负担。修订完善国有企业工资内外收入监督检查办法，依法查处违规发放、超发、滥发工资等行为。

建立国家层面工资分配改革协调推进机制。为解决工资分配管理职能分散、相关部门统筹不够、政策不衔接等问题，建议建立国家层面工资分配改革协调推进机制，负责组织提出、评估论证和宣传贯彻国家工资分配规划和工资分配宏观政策；协调推进机关和企事业单位工资分配重大改革；协调处理国家与地方之间、地区之间、行业之间、群体之间工资分配重大关系以及工资分配与其他相关领域之间重大关系；组织实施工资分配重大立法活动；就国家工资分配重大问题进行研讨并做出决议，更好地协调推进工资分配改革工作。

促进中小微企业改善经济效益，为其深化工资分配改革、提高职工工资奠定物质基础。切实落实好"放管服"政策，改善其营商环境；切实解决其融资难、融资贵问题，降低其融资成本；在资金支持、招投标、政府采购、市场准入等方面给予其公平公正待遇，促进其增收。通过深化工资分配制度改革，充分调动职工积极性，促进中小微企业改善经济效益，形成改革与发展良性互动机制。

参考文献

[1] 刘军胜:《依法治理拖欠农民工工资正当其时》,《中国人力资源社会保障》 2020 年第 3 期。

[2] 聂生奎:《积极完善企业薪酬调查和信息发布制度》,《中国人力资源社会保障》2020 年第 8 期。

[3] 聂生奎:《企业工资收入分配改革进行时》,《中国人力资源社会保障》2021 年第 3 期。

[4] 聂生奎:《完善企业职工收入分配机制要用好政府之"手"》,《中国党政干部论坛》2014 年第 6 期。

[5] 张赢方:《深化收入分配改革满足人民美好生活向往——访中国劳动和社会保障科学研究院企业薪酬研究室主任刘军胜》,《中国劳动保障报》2019 年 6 月 12 日,第 3 版。

B.4

完善工资保障机制报告

——基于 2020 年湖北省恩施州《保障农民工工资支付条例》 实施情况的调查*

刘军胜　刘　军　贾东岚**

摘　要：　《保障农民工工资支付条例》的颁布实施开启了依法保障农
民工工资支付的法治时代。本报告通过对湖北省恩施州《保
障农民工工资支付条例》实施情况的调查，了解到恩施州于
2015 年率先实施保障农民工工资支付"4 + 3"模式，《保障农
民工工资支付条例》颁发后又改造升级了工程建设领域保障
农民工工资支付管理信息系统，实施效果良好；分析了《保
障农民工工资支付条例》实施的总体效果尚待提升等问题，
及对市场经济条件下保障农民工工资支付的规律的认识尚待
深化、制度体系尚待健全等原因，提出了构牢组织基础、夯
实管理基础、强化制度基础、拧住制度"紧箍咒"、提升制
度威慑力等健全农民工工资支付保障的对策建议，对修订完
善《保障农民工工资支付条例》及地方制订实施办法具有重
要借鉴价值。

＊　本报告为国家社会科学基金项目"工资支付保障机制研究"（项目批准号：17BJY005）的阶
段性研究成果。
＊＊　刘军胜，中国劳动和社会保障科学研究院薪酬研究室主任、研究员，主要研究领域为工资收
入分配、劳动关系、人力资源管理；刘军，法学博士，中国劳动和社会保障科学研究院副院
长、研究员，主要研究领域为人口与劳动经济、劳动就业与职业培训、劳动关系与收入分
配、性别平等与女性发展等；贾东岚，中国劳动和社会保障科学研究院薪酬研究室副研究
员，主要研究领域为工资收入分配。

关键词：　工资保障机制　工程建设　《保障农民工工资支付条例》
　　　　　恩施

　　农民工工资支付保障是党和政府重视、群众关切、社会关注的重要问
题。2020 年 5 月 1 日，由国务院制定并在此前颁布的《保障农民工工资支
付条例》（国令第 724 号，以下简称《条例》）生效实施，标志着农民工工
资支付保障工作步入法制化轨道。为了了解《条例》实施情况、存在问题
及原因，为《条例》的修订完善及地方制订实施办法提供参考，最近，课
题组对湖北省恩施州进行了一次解剖麻雀式的实地调研。现将有关情况报告
如下。

一　调研的基本情况

　　恩施州建筑业较发达，建筑领域农民工数量较多，农民工工资支付保障
工作在政府工作中具有特殊的重要性。该州农民工工资支付保障工作在全国
尤其在中西部地区具有较强的代表性。多年来，恩施州保障农民工工资支付
工作形成了典型做法，为《条例》的制订提供了宝贵的实践经验；《条例》
生效实施后，恩施州制度建设继续迭代创新，对全国具有示范价值。
　　调研期间，课题组通过开座谈会、发放调查问卷等方式对恩施州相关政
府部门、建设单位、施工总承包单位、分包单位、农民工等进行了调查。对
政府部门的调查，主要了解《条例》规定的人力资源社会保障、住房城乡
建设、交通运输、水利、发展改革、财政、公安等部门保障农民工工资支付
的职责的落实，当地政府农民工工资支付监控预警平台的搭建，以及劳动保
障守法诚信等级评价、拖欠农民工工资失信联合惩戒和应急周转金等制度规
范的落实情况；对建设单位的调查，主要了解《条例》规定的工程建设项
目资金落实、工程款支付担保、工程款和人工费用分账管理及拨付等制度规
范的落实情况；对施工总承包单位和分包单位的调查，主要了解《条例》

规定的农民工工资专用账户、农民工实名制、劳资专管员、劳动用工管理台账、分包单位农民工工资委托施工总承包单位代发、工资保证金存储、维权信息告示等制度规范的落实情况；对农民工的调查，包括开座谈会和随机到当地工地发放 500 份调查问卷，主要了解农民工工资支付保障权利意识培育及《条例》实施前后农民工工资被拖欠的变化情况。整个调研持续了一周，调研结束后，课题组对调研所取得的材料进行了整理，对问卷结果进行了分析；随后，又通过电话、书面沟通、线上交流等方式进行了补充调查，进一步深入了解了全年工作推进情况及存在的突出问题。

二 《条例》实施情况及存在问题

（一）实施情况

恩施州农民工工资支付保障工作走在全国前列，有较好的工作基础。恩施州于 2015 年率先实施保障农民工工资支付"4＋3"模式。"4"是指实施四项制度：一是实施农民工工资准备金制度，建设单位工程项目开工之前须按规定比例将部分工程款拨入施工企业的专用账户，专项用于支付农民工工资，破解"无钱发"的难题；二是实施农民工工资银行代发制度，农民工工资须按实名制要求由银行直接代发给农民工本人，破解"怎么发"的难题；三是实施农民工实名制信息化管理制度，破解"发给谁"的难题；四是实施农民工欠薪银行代偿制度，破解"追欠"难题。"3"是指建立三项机制，包括部门联席会议机制、追责问责机制、失信惩戒机制等。"4＋3"模式使恩施州取得了"三降四清零"的效果，"三降"，即拖欠农民工工资案件、欠薪总额和欠薪人数大幅下降；"四清零"，即因欠薪引发的重大群体性事件为零、因欠薪引发的农民工进京赴省上访事件为零、因欠薪引发的极端事件为零、落实"四项制度"的建设工程项目农民工欠薪问题为零。《条例》颁发后，恩施州出台了《建设领域保障农民工工资支付动态信用管理实施细则》，改造升级了工程建设领域保障农民工工资支付管理信息系统，对农民工工资支付情况进行实时动态监控。截至 2020 年 12 月底，管理系统采集全州在建工程项目 1137 个，其中开设农民工工资专户的项目 1056 个，占比 93%；落实了实名制的项目 1030 个，占比 91%；通过银行连续发放 3 个月以上工资的项目 496 个，占比 44%。在开设农民工工资专户的项目中，落实了农民工工资保证金的项目 1056 个，占比 100%；落实了施工现场维权公示制度的项目 1056 个，占比 100%。

调研中，各类市场主体对贯彻落实《条例》表示支持。建设单位表示，按照《条例》要求做好工程款和人工费用分账管理，虽然增加了工作量，但对自身权利也是一种保护。施工总承包单位认为，《条例》虽然强调其对农民工工资支付负总责，强化了责任，但也为规范工程建设项目用工管理、加强对分包单位用工管理监督提供了法律依据。分包单位也认为，《条例》虽然对其劳动用工和工资支付行为提出了更高的规范要求，也为其更好理顺与施工总承包单位监督与被监督，以及与农民工的工资支付关系提供了基本遵循。

参加座谈会的农民工表示，《条例》为其维护工资权提供了法律依据。调研结果显示，截至调研时，92% 的受调查农民工通过手机网络、电视、报纸、电脑网络以及其他途径对《条例》有所了解；92.6% 的受调查农民工表示愿意好好学习《条例》，以提高自身的维权能力。如果政府举办《条例》培训班，参加座谈会的 15 名农民工都表示愿意参加。课题组还到工程项目施工现场随机访谈了 10 位长期在恩施州打工的农民工，他们反映自 2015 年起就没有遭遇过工资拖欠问题。

（二）存在问题

《条例》的颁布实施得到了恩施州社会各界的认可，也取得良好的社会反响。但调研中也反映出一些问题，具体体现在以下五点。

1.《条例》实施的总体效果尚待提升

《条例》牵涉的法律关系过于复杂，体现为四点。一是涉及主体繁杂。牵涉建筑、水利、交通等多个行业，每个行业又牵涉建设单位、施工总承包单位、分包单位、班组长及农民工等众多主体。二是监管内容冗杂。既牵涉工程款支付担保、工资保证金、农民工工资专用账户、农民工实名制、劳资专管员、劳动用工管理台账、分包单位农民工工资委托总承包单位代发、维权信息公示、农民工工资支付监控预警平台、劳动保障守法诚信等级评价、失信联合惩戒对象名单、应急周转金等多项制度的监管，又牵涉行业主管部门对安全生产、质量保障、工作协同等的监管。三是法律责任规范复杂。《条例》规范既牵涉支付责任主体应承担的行政处罚和民事刑事追究，又牵涉清偿、追偿、先行垫付、先行追偿等追责约束。四是监管主体多。湖北省根治农民工工资问题工作领导小组有 23 个部门，各地也有相应的设置，这些部门均承担着相应的监管责任，组织协调难度较大。由于牵涉的法律关系复杂，加大了《条例》实施的难度，也使其实施效果打了折扣。截至 2020 年 12 月底，恩施州在建的 1137 个工程项目中，有 306 个项目专户为空户，未落实实名制通道或考勤设备的 448 个，连续 6 个月通过银行代发农民工工资的仅 51 个。可见，各项制度的落实情况离《条例》的执法要求尚有较大差距。

2. 工程建设领域特别规定落实难度大

《条例》的最大特点是专章设立"工程建设领域特别规定"，就拖欠农民工工资最严重的工程建设领域治欠保支提出特别措施，由于受各种主客观条件的掣肘，实践中落实难度较大。

一是资金保障存在重复设置、降低资金使用效率之嫌。《条例》规定没有满足施工所需要的资金安排的，工程项目不得开工建设；同时规定建设单位应当向施工单位提供工程款支付担保；还规定施工总承包单位应按有关规定存储工资保证金。三种专项资金安排是并列关系且均为应然义务，存在加重工程建设领域资金负担、降低资金总体运作效率之嫌。

二是实行工程款和人工费分账管理面临一些主客观条件制约。当前作为格式合同的工程建设施工合同并没有分账管理的约定条款，不便于合同主体双方进行分账管理约定；同时行业工程建设主管部门也并没有将工程施工合同审查作为审批建设单位施工许可证的法定前置条件，也不存在对工程施工合同的法定审查义务，因此建设单位和施工总承包单位缺乏进行分账管理约定的动力。客观上讲，一些小型的工程建设项目，时间要求紧，工期短，作为分账管理必备条件的农民工工资专用账户的开立则需要一些时日，账户开通时间接近项目完工时间，分账管理没有意义。对政府投资项目，资金支出牵涉预算、申报、审批等诸多环节，时间接续难以把握和控制，分账管理后按月拨付人工费用实际操作性差。

三是规范劳动用工管理面临农民工维权意识差、维权能力弱的障碍。实名制管理方面，占94.8%的农民工已将个人信息告知单位并进行实名登记，但仍有一小部分农民工不愿意办理实名登记；还有些农民工常常在多个工地进行实名登记，以便不同工地农民工之间互相帮衬着领取工资、避免按月领取的工资超过个税起征点。另外，对于交通和水利等路途长、地理位置偏远的工程建设项目，实行实名制，进行静态的个人信息录入问题不大，但是实施动态的进出场地登记和考勤管理就有难度。劳动合同管理方面，大部分农民工已经认识到劳动合同对自身维权的价值，占86.6%的农民工与单位签订了劳动合同，但仍有占12.2%的农民工不愿意与单位签订劳动合同，误认为签订劳动合同会给自身带来约束和伤害。工资支付管理方面，尽管占74.8%的农民工表示当前单位在支付其工资时也提供工资条，但仍有不少农民工缺乏索取和保存工资清单的意识，甚至有占13.4%的农民工将与自身银行账户绑定的社保卡或者银行卡交给分包单位或者班组长保存。

四是分包单位农民工工资委托施工总承包单位通过银行代发面临班组长套取工资和农民工工资虚发易致工资拖欠等风险。调研反映，班组长编制的工资支付表中的工作量并非实际工作量，其中的差额所测算的工资进了班组长的腰包，这是班组长套取工程款的惯常手段。农民工不愿意缴纳个人所得税，也考验着工资支付保障的效果。实践中为了避税，农民工工资常常采取每个月按约定发放，农民工需要缴纳的税款由公司另行负担；或者每个月按个税起征点5000元发放，实际月工资多于5000元的部分以现金方式发给农民工；或者农民工月工资高于5000元的，就虚增工作月数或虚列人员，人为制造月分摊额或人月分摊额小于等于5000元以达到避税的目的。参加座谈的农民工一致表示，让他们缴纳个人所得税既不公平也不合理，并且绝大多数农民工事实上都采取上述方式规避缴税，而对据实缴纳个人所得税持不配合态度。在农民工普遍消极抵制的情况下，作为《条例》核心内容的实名制和工资专户制度的落实不可避免发生变形。如此不规范的工资发放方式本身也隐含巨大的支付保障风险，是造成欠薪发生的重要原因，对《条例》的落实构成严重挑战。

五是现行工资保证金制度受到合法性质疑，亟待重建。《条例》出台前，全国 31 个省份都颁布实施了工资保证金制度。《条例》虽然也规定了工资保证金制度，但没有规定保证金的具体存储比例，使得一些地方按照原有制度要求有关单位存储工资保证金就受到了合法性质疑。《条例》生效实施后，实施前颁布的《恩施州建设领域劳动者工资支付保障实施办法》有关工资保障金按工程中标价的 1% 由建设单位在申领施工许可证或办理施工许可手续前代缴的规定，再难以执行。

3. 保障农民工工资支付监管机制尚待健全

《条例》强化了保障农民工工资支付的政府监管职能，提出了一系列监管制度。实施情况表明，这些监管制度也需要完善，具体体现在五个方面。

一是治理拖欠农民工工资部门联席会议尚待扩容。调研反映，检察院具有监督办案、督促履职职能，对治理欠薪案件有重要作用，但当前尚未进入部门联席会议，缺乏信息共享渠道，缺乏案源，无法实施有效监督。

二是地方人民政府保障农民工工资支付监控预警平台的搭建面临数据获取难题。《条例》提出根据水电燃气供应、物业管理、信贷、税收等反映企业生产经营相关指标的变化情况，及时监控和预警工资支付隐患并做好防范工作。而上述指标的变化情况牵涉企业商业秘密，相关部门是否愿意提供、能否提供，考验着预警平台搭建的可行性。

三是《条例》规定的一些工资支付保障监管手段的落实面临障碍。《条例》规定人力资源社会保障行政、行业工程建设主管部门和其他有关部门应加强对保障农民工工资支付情况的监督检查，实践中一些规格较高的央企、开发区对基层劳动保障监察持不配合甚至抵触态度。另外，《条例》规定了人力资源社会保障行政部门对有关单位金融账户和相关当事人房产、车辆等信息的查询权，但如何查询以及查询后的冻结、划拨等环节问题如何处理，都缺乏细化流程，难以落实。再次，《条例》对公安机关提前介入欠薪案件的处理提出了要求，但公安机关立案前介入欠薪案件缺乏法定事由，因此可能面临障碍。

四是信用监管软硬件条件建设滞后。保障农民工工资支付信息化管理系统建设滞后，目前只有恩施等少数城市完成了信息化管理系统改造可实现实时动态监管，全国范围的推广尚需时日。另外信用监管到位最重要的是要强化信用信息共享和应用，当前这方面的工作还很薄弱，不仅缺乏共识，更是缺乏相应的制度安排，尚停留在倡导层面。

五是处理农民工工资纠纷的机制尚待完善。当前主要有调解和立案两种处理机制，施工单位倾向立案处理，以达到继续拖延支付农民工工资的目的；农民工倾向调解解决以实现快速处理的目标，但实践中调解机制很少被采用，同时由于缺乏公安和检察等司法权威机构介入，调解机制也很难发挥作用。

4. 法律责任追究机制尚待加强

《条例》尽管加大了对拖欠农民工工资案件的处罚力度，但由于违法获利和违法成本严重不对等，法律的震慑作用受到削弱。调研反映，对建设单位法律责任的规定太单一，处理不到位，仅罚款 5 万 ~ 10 万元，这样一笔罚款对于获利颇丰的建设单位可以天天缴纳。因此调研结果显示，占41.2%的农民工表示外出打工最担心的一件事是被老板拖欠工资，仅次于担心找不活干的43.6%，远高于担心没有技术干不了的22.4%。

5. 工资支付保障基础规范尚待完善

一是《条例》的适用对象尚待具体化。《条例》规定的适用对象是为用人单位提供劳动的农村居民，那么属同一欠薪案件的城镇职工是否适用；《条例》有关工程建设领域特别规定，对娱乐、宾馆等单位雇佣的农民工，属于农民工身份的网络直播、网络营销、挖掘机操作手以及家政服务人员，在装饰装潢领域的农民工等是否适用，都缺乏具体明确的界定。二是《条例》规定的部分责任追究程序尚待健全。《条例》规定了用人单位工资清偿责任、建设单位先行垫付责任和施工总承包单位的先行清偿责任，并对承担责任的情形做了明确规定，但未明确相应的执法程序，影响责任追究的具体落实。

总体看，《条例》的有效实施是一个系统工程，也是一个需要长期推进的过程。

（三）原因分析

产生上述问题的原因是多方面的，有主观的，也有客观的；有历史的，也有现实的；有国家层面的，也有地方层面、行业层面的，还有用工单位层面的；有制度建设因素，也有实践操作因素，概括地讲，主要包括以下几个方面。

（1）对市场经济条件下保障农民工工资支付的规律的认识尚待深化，制度体系尚待健全。近些年，各地都颁布了一些农民工工资支付保障制度，出台了一些治欠保支政策措施，但系统性、配套性不够，科学性、规范性不足，运行效果打了折扣。

（2）将对拖欠农民工工资的治理经验提高到法律制度层面的能力尚待提升。突出表现在立法体制机制尚待健全，立法理念尚待改进，立法技术尚待突破，立法质量尚待提升。另外，近些年国家总体保障农民工工资支付制度建设能力在提升，但地方制度建设能力发展不平衡，反向制约了国家总体制度建设能力的提升。

（3）制度建设本身所具有的从无到有、从初建到成熟、从不完善到完善的发展规律决定了保障农民工工资支付制度建设不会是一蹴而就，而是有一个逐步修订乃至逐步健全完善的过程。

（4）保障农民工工资支付是一项系统的、复杂的社会工程，特别是工程建设领域牵涉保障主体多、保障对象复杂、保障监管难度大，而工资支付保障机制的建设、监察执法体系的健全、信息系统的完善等都有一个过程，加大了保障农民工工资支付制度建设的复杂性和难度。

（5）突如其来的新冠肺炎疫情对《条例》的落实客观上带来了一定困难。疫情蔓延打乱了《条例》实施准备的节奏，在疫情没有得到有效控制的情况下，对企业和农民工的宣传、教育、培训也难以顺利推进，湖北省作为疫情的中心地区，影响更为突出。同时，为有效应对疫情，加强"六稳""六保"工作，恩施州与全国其他很多地区一样，暂缓缴存农民工工资保证金，直接影响到《条例》的落实。

（6）《条例》本身存在一些深层次的问题需要解决，其中十分突出的就是农民工个税征缴问题。作为劳动者，农民工也应依法缴纳个税，但农民工有其特殊性，简单适用目前的个税政策又值得商榷。调查反映，农民工的工作时间受天气和工程进度安排影响大，如遇阴雨连绵天气，往往连续很长时间不能正常上工，也就没有工资。而在工期紧时又要连续超强度赶工，一天工作十几个小时是常事。如果通过工资专户发放工资，会扣不少税，而这对他们来说又欠合理。受农民工流动性强和各种主客观因素影响，落实农民工个税抵扣政策难度大、成本高。所有这些问题亟待有关部门深入研究，妥善处理。

三　对策建议

健全保障农民工工资支付机制要以习近平新时代中国特色社会主义思想为指导，全面贯彻依法治国、依法执政理念，以保障农民工工资及时足额发放为目标，以指导和督促用工单位规范用工管理和工资支付为基础，以细化工程建设领域特别规定为前提，以加强保障农民工工资支付监控预测预警为手段，以强化信用监管和健全失信联合惩戒为保障，促进保障农民工工资支付治理体系和治理能力现代化，促进社会和谐稳定。要切实提高政治站位，加强组织领导，深入调查研究，不断完善政策法律体系和运行机制，提高执法能力，标本兼治，多措并举，综合治理。

（一）加强组织领导，筑牢组织基础

《条例》的落实，关键在领导。一要坚持高位推进，各级党委、政府高度重视，一把手亲自抓。二要坚持部门联动。各级政府要建立健全由人力资源社会保障行政部门牵头、行业工程建设主管部门及其他相关部门参与的保障农民工工资支付工作协调机制。要落实好工作协调机制议事、统筹、督导职能，明确部门职责，坚持齐抓共管、整体推进。三要坚持以考促责。将保障农民工工资支付纳入各级党政领导班子专项考核，将考核结果与各级党政领导班子职务晋升、评优评先等挂钩联动。

（二）规范用工管理和工资支付行为，夯实管理基础

提高农民工的维权意识是规范用工管理的基础。一要加强对农民工的培训，强化其劳动合同和工资权维护意识的培育。二要制订针对农民工的专用简易劳动合同文本，简化劳动合同条款和内容，结合农民工实际灵活安排社保条款的约定，促进提高农民工劳动合同签订率。要深入探讨《条例》针对同一工资拖欠案件下城镇职工、非工程建设领域农民工以及网约车、快递员、网络销售、网上直播等新业态下的农民工的适用问题。三要完善工程建设领域农民工实名制管理操作办法，规定农民工实名制的内容、形式、操作流程以及法律责任，全面推进实名制落实。四要制订工程建设领域班组长管理办法，充分发挥班组长对工程建设领域用工管理的积极作用，剔除不合法成分；推行工程建设领域班组长职业准入制度，班组长经过培训取得相应资质才能上岗，促进提升用工管理规范化水平。五要会同行业工程建设主管部门协商提高工程款的管理费占比，为工程项目部增设劳资专管员、强化分包单位用工管理监管提供经费支持。六要制订劳资专管员管理办法，明确其职责、权限，完善劳动用工管理规范化监管流程，明确其法律责任。七要完善工程建设领域农民工工资支付办法，要结合农民工的工作性质和特点，考虑实际可操作性，合理安排农民工工资结构、考核方式及工资结算办法，进一步规范农民工工资支付行为。

（三）细化《条例》工程建设领域特别规定，强化制度基础

一是研究工程建设领域专项资金保障的替代关系，促进提高资金的使用

效率。研究具有满足工程建设项目施工所需要的资金安排、工程款支付担保、存储工资保证金等专项资金的替代性，合理、高效安排保障资金。规范工程款支付担保行为，明确提供工程款支付担保的程序、资金比例及有关要求，建立依业主单位信用情况实行差别担保的制度，切实减轻市场主体的经济负担。

二是健全工程建设领域分账管理细则，提高其可操作性。从制度上认可分账管理，为工程建设领域分账管理创造条件。制修订工程建设项目施工合同文本，为工程建设项目甲乙方协商工程款和人工费用分列预留空间。规定工程款中的人工费用应按满足月按月支付农民工工资要求及时足额拨入农民工工资专用账户；建设单位不得将人工费用混合拨入施工总承包单位工程款账户。制定农民工工资专用账户管理办法，细化账户开立、使用、撤销的条件及流程，规定施工总承包单位开设和使用农民工工资专用账户的权利义务及相应的法律责任。

三是指导完善施工总承包单位农民工工资代发制度。规范班组长对农民工的考勤考核，班组长应按时向施工总承包单位提交农民工考核表和工资支付表。指导工程项目部完善工程项目施工质量管理制度，强化对农民工施工质量、进度、安全等方面的考核，并与其工资发放挂钩。工程项目部通过施工质量管理制度对农民工进行制度性奖罚，而不是任意扣留农民工工资作为质保。强化金融机构银行卡的互联互认，方便农民工绑定银行卡存储工资。深入研究农民工个税征缴问题，妥善处理保障农民工工资支付和个税征缴的关系，在暂时缺乏相关法律政策的情况下，研究过渡期变通办法。

四是修订完善工资保证金制度。按照放管服和优化营商环境的总体要求，建议改变工资保证金存储方式，将《条例》出台前由人社部门或行业主管部门收取工资保证金存到财政专户保管的方式改为由企业直接在银行设立农民工工资保证金专户，根据差异化缴存原则，按照工程建设项目合同造价的一定百分比存入一定量资金，由监管部门、缴存单位和银行三方监管，专款专用。对信用良好、连续两年不发生拖欠工资行为的企业实行减半缴存，对连续三年不发生拖欠工资行为的免缴存。推行银行保函替代缴存资金方式。对信用良好的企业，可使用银行保函替代存储工资保证金。

（四）健全监管机制，拧住制度"紧箍咒"

信用是市场经济条件下市场主体的生存法宝，信用评价是对市场主体行为最有效的制约。要建立以社会信用信息系统实时动态监管为主，保障农民工工资支付监控预警平台监管为辅，人力资源社会保障行政部门、相关行业工程建设主管部门和其他有关部门日常监督检查为补充的保障农民工工资支付监管机制。

一要健全信用监管机制。完善劳动保障守法诚信等级评价制度，量化评价指标。强化社会信用体系建设，整合工程建设领域各行业工程建设主管部门信用评价制度，规范评价行为，协调平衡量化评价标准。强化劳动保障守法诚信等级评价和社会信用评价的管理信息系统建设，变主观手工评价等级为客观自动生成等级，减少人为操纵和干预，提高实时动态监控水平。完善社会信用信息共享管理办法，强化社会信用信息共享，确保社会信用信息为相关政府部门无障碍全面知晓。

二要完善县级以上地方人民政府保障农民工工资支付监控预警平台操作办法。要细化监控预警平台的操作，发挥部门专业优势，形成部门合力，实现部门信息及时共享。对水电燃气供应、物业管理、信贷、税收等反映企业生产经营相关指标的异常变化设定预警底线，突破底线，即进行预警，纳入保障农民工工资支付重点监控对象。鼓励地方结合自身实际推进农民工工资支付保障信息化建设，切实降低相关管理成本，提高运行效率和便捷性；同时要加强顶层设计和总体规划，总结集成各地经验、做法，逐步形成覆盖全国、与地方系统兼容、纳入国家治理整体框架的功能完善的信息保障系统。

三要健全保障农民工工资支付监督检查办法。把功夫下在平时，强化日常监督检查，规范监督检查行为，细化监督检查的职责、权限、操作程序和法律责任，确保《条例》规定的人力资源社会保障行政部门对保障农民工工资支付情况的监督检查权，对相关单位金融账户和相关当事人房产、车辆等信息的查询权，在查处拖欠农民工工资案件时发生用人单位拒不配合调查、清偿责任主体及相关当事人无法联系等情形请求公安机关和相关部门的协助处理权等落到实处。

四要完善农民工工资纠纷基层调解机制。要强化调解机制处理农民工工资纠纷的地位和作用，根据需要和可能针对性吸纳基层检察机关和公安机关参与调解组织，提升调解组织的权威性和公信力；要规范调解流程，快速处理好农民工工资纠纷，实现劳资双方"共赢"。

（五）完善责任追究机制，提升制度震慑力

失信联合惩戒是对欠薪市场主体最具威慑力的处罚措施。要健全以失信联合惩戒为主、经济处罚为辅、资质处罚为补充的欠薪法律责任追究机制。一要完善欠薪失信联合惩戒管理办法，要对纳入欠薪失信联合惩戒对象的用人单位及责任人员，在政府资金支持、政府采购、招投标、融资贷款、市场准入、税收优惠、评先评优、交通出行等方面依法依规予以限制的具体适用情形、操作程序及取消限制的条件、程序做出明确的操作规范，确保欠薪失信联合惩戒落实到位。二要完善处罚流程，提高对违反保障农民工工资支付法律行为的处罚的可操作性。进一步细化罚款处罚具体适用情形及相应的处罚标准，把握处罚尺度，规范处罚行为。健全用人单位工资清偿责任、建设单位先行垫付责任和施工总承包单位的先行清偿责任的执法流程，强化用工单位的"兜底"责任与追责程序，避免因程序不明而产生执法风险。三要进一步细化责令停工、限制新建项目、限制承接新工程、降低资质等级、吊销资质证书等资质处罚的具体适用情形和操作流程，协调平衡好保障农民工工资支付和保证经济社会持续有序发展的关系。

参考文献

[1] 常凯：《保障工程建设领域农民工工资支付的系统工程——〈保障农民工工资

支付条例〉解读》，司法部政府网，http：//www. moj. gov. cn/news/content/2020 – 01/07/zcjd_ 3239279. html，2020 年 1 月 7 日。

［2］刘军胜：《依法治理拖欠农民工工资正当其时》，《中国人力资源社会保障》2020 年第 3 期。

［3］刘军胜：《中国工资支付保障立法研究》，法律出版社，2014。

［4］王文珍：《加强监管　加重责任——保障农民工工资支付的有力举措》，司法部政府网，http：//www. moj. gov. cn/news/content/2020 – 01/07/zcjd_ 3239277. html，2020 年 1 月 7 日。

［5］王显勇：《建立健全法治化的农民工工资支付保障制度》，司法部政府网，http：//www. moj. gov. cn/news/content/2020 – 01/07/zcjd_ 3239276. html，2020 年 1 月 7 日。

［6］赵大程、张义全主编《保障农民工工资支付条例释义》，中国民主法制出版社，2020。

B.5
应对疫情工资收入分配政策效果评估

常风林　肖婷婷　刘　军　刘军胜*

摘　要：　本报告对应对疫情的七个方面工资收入分配政策效果进行了分析评估。肯定了其对居民工资收入的增长、缩小工资收入分配差距及工资收入与企业良性发展等存在积极作用的同时，又提出进一步完善相关政策措施的意见建议，包括适度延长相关政策的实施时限，保持相关政策的连续性；疫情防控期间出台的工资收入分配政策应赋予地方及基层部门结合实际自主分配的相应权限，确保相关政策落实的灵活性；进一步研究出台多措并举增加居民收入并通过提高居民收入显著提升居民消费水平的宏观政策组合，加大需求牵引供给的政策力度；研究出台促进中等收入群体增收扩容的收入分配政策等，为工资收入分配政策的进一步优化提供了参考和借鉴。

关键词：　工资收入分配政策　特殊工资　城乡居民工资性收入

在新冠肺炎疫情发生一年多的时间里，国家出台了一系列应对疫情的工

＊　常风林，经济学博士，中国劳动和社会保障科学研究院薪酬研究室副主任、副研究员，主要研究领域为收入分配、公司治理等；肖婷婷，中国劳动和社会保障科学研究院薪酬研究室助理研究员，主要研究领域为收入分配、企业薪酬管理等；刘军，法学博士，中国劳动和社会保障科学研究院副院长、研究员，主要研究领域为人口与劳动经济、劳动就业与职业培训、劳动关系与收入分配、性别平等与女性发展等；刘军胜，中国劳动和社会保障科学研究院薪酬研究室主任、研究员，主要研究领域为工资收入分配、劳动关系、人力资源管理。

资收入分配政策。本报告对应对疫情的工资收入分配政策效果进行分析评估，在此基础上提出进一步完善相关政策措施的意见建议。

一 新冠肺炎疫情对我国工资收入分配的影响

疫情短期内严重抑制供给与需求，直接影响正常生产生活秩序，对我国经济社会发展带来前所未有的冲击。从全年情况看，虽然我国2020年经济增长率达到2.3%，成为全球唯一实现GDP正增长的主要经济体，但相对于前几年6%~7%的中高速增长而言，降幅较大。疫情对经济的巨大冲击，不可避免对工资分配带来严重影响。

（一）疫情对城乡居民工资性收入增长构成严重不利影响

疫情严重冲击企业生产经营，企业营业收入和利润明显下降，对城乡居民工资性收入正常增长构成严重不利影响。2020年1~2月，全国规模以上工业企业营业收入同比下降17.7%，工业企业利润同比下降38.3%[1]。疫情导致企业用工需求减少、招聘延迟或取消，城镇调查失业率有所上升。2020年2月，全国城镇调查失业率达到6.2%，比上年同期上升0.9个百分点[2]。疫情对企业生产经营和就业市场的严重冲击，快速影响到城乡居民工资收入，短期内造成城乡居民工资性收入快速下降。2019年全国居民工资性收入名义增长8.6%（其中第一季度名义增长8.7%），但2020年第一季度居民工资性收入仅名义增长1.2%[3]，增幅较上年同期下降7.5个百分点。

① 《1~2月份工业企业利润受疫情影响明显下降——国家统计局工业司副司长张卫华解读工业企业利润数据》，国家统计局网站，http://www.stats.gov.cn/tjsj/sjjd/202003/t20200327_1735115.html，2020年3月27日。
② 《〈党委中心组学习〉发表宁吉喆署名文章：对冲克服新冠肺炎疫情影响，巩固发展经济长期向好趋势》，国家统计局网站，http://www.stats.gov.cn/tjgz/tjdt/202004/t20200414_1738742.html，2020年4月14日。
③ 《2020年一季度居民收入和消费支出情况》，国家统计局网站，http://www.stats.gov.cn/tjsj/zxfb/202004/t20200417_1739334.html，2020年4月17日。

2020 年第一季度，全国居民人均可支配收入比上年同期名义增长 0.8%，实际下降 3.9%①。

（二）疫情拉大收入分配差距，进一步加剧分配不公

国际货币基金组织研究结果表明，疫情等重大外部冲击发生后，尽管各国政府努力促进收入从富人到穷人的再分配，以缓解疫情影响，但不平等仍然在加剧，疫情或其他重大冲击发生五年后，基尼系数平均上升近 1.5%②。疫情也造成我国城乡居民工资性收入差距拉大，进一步加剧了收入分配不平等。2019 年，城镇居民人均工资性收入名义增长 7.5%，农村居民人均工资性收入名义增长 9.8%③，城镇、农村人均工资性收入差距有所缩小；2020 年第一季度，城镇居民人均工资性收入名义增长 1.3%，农村居民人均工资性收入下降 0.6%④，城镇、农村人均工资性收入差距有所扩大。此外，受疫情影响，不同地区、行业、群体、企业之间的工资收入分配差距也可能有所扩大，进一步加剧社会的不公平，从而对经济社会发展形成更大安全风险隐患。

二 应对疫情的工资收入分配主要政策措施

应对疫情工资分配相关政策主要包括人力资源社会保障等部门出台的一系列与工资分配、劳动关系直接相关的政策组合，由于"六稳""六保"政

---

① 《2020 年一季度居民收入和消费支出情况》，国家统计局网站，http：//www.stats.gov.cn/tjsj/zxfb/202004/t20200417_ 1739334.html，2020 年 4 月 17 日。

② 《疫情如何让穷人更加落后》，国际货币基金组织网站，https：//www.imf.org/zh/News/Articles/2020/05/11/blog051120 – how – pandemics – leave – the – poor – even – farther – behind，2020 年 5 月 11 日。考虑到基尼系数这一指标随时间推移变化缓慢，这是一个很大的影响。

③ 国家统计局住户调查办公室编《中国住户调查年鉴 2020》，中国统计出版社，2020，"2019 年全国住户收支与生活状况调查主要结果综述"。

④ 《2020 年一季度居民收入和消费支出情况》，国家统计局网站，http：//www.stats.gov.cn/tjsj/zxfb/202004/t20200417_ 1739334.html，2020 年 4 月 17 日，"表 2 2020 年一季度城乡居民收支主要数据"。

策最根本目的在于稳收入、保收入，因此也包括各级政府部门出台的减税降费等通过政策传导机制对城乡居民工资性收入增长有显著影响的宏观政策。综合看，主要有七方面相关政策。

（一）对疫情防控相关机构、人员的特殊工资激励政策

2020 年 2 月 13 日，人力资源和社会保障部、财政部印发《关于新型冠状病毒肺炎疫情防控期间事业单位人员有关工资待遇的通知》（人社部发〔2020〕9 号），要求各级人力资源社会保障、财政部门向承担新型冠状病毒肺炎疫情防控任务重、风险程度高的医疗卫生机构核增一次性绩效工资总量。2020 年 2 月 23 日，中央应对新型冠状病毒感染肺炎疫情工作领导小组《关于全面落实进一步保护关心爱护医务人员若干措施的通知》（国发明电〔2020〕5 号）进一步提出，提高疫情防治人员薪酬待遇。各地要按规定向参与疫情防治的医务人员发放临时性工作补助（补助标准为每人每天 300、200、100、50 元四个档次[①]）、核增一次性绩效工资总量、对卫生防疫人员落实卫生防疫津贴政策（津贴标准为每人每月 560 元、450 元、350 元、260元四个档次[②]）。在此基础上，疫情防控期间，将湖北省（含援鄂医疗队）一线医务人员临时性工作补助相应标准提高 1 倍；及时核增医疗卫生机构一次性绩效工资总量，将湖北省一线医务人员薪酬水平提高 2 倍；扩大卫生防疫津贴发放范围，确保覆盖全体一线医务人员。湖北省在执行国家政策的同时，对医疗卫生机构非一线医务人员也给予临时性工作补助（区分疫情防控岗位情况，设置每人每天 150 元、200 元两个执行标准），对医务人员以外其他疫情防控一线人员也给予临时性工作补助（标准为每人每天 150元），得益于国家和湖北省及时出台一系列应对疫情的工资分配政策，湖北省事业单位年平均工资水平 2020 年比 2019 年有所提升，全省卫生事业单位特别是公立医院人员工资水平增幅相对较大（黄冈市卫生事业单位、公立

[①] 《人力资源社会保障部财政部关于建立传染病疫情防治人员临时性工作补助的通知》（人社部规〔2016〕4 号）。

[②] 《人力资源社会保障部财政部关于调整卫生防疫津贴标准的通知》（人社部发〔2020〕13 号）。

医院 2020 年编制内人员年平均工资较 2019 年分别增长 1% 、6.48%）[①]。

对疫情防控相关机构、人员核增绩效工资总额、发放临时性工作补助及卫生防疫津贴政策等特殊工资激励政策，直接增加了相关人员的工资性收入。

（二）对受疫情影响经济效益显著降低企业的工资总额支持政策

受疫情影响，2020 年部分行业及企业经济效益显著下降。在 2020 年全国 GDP 增长 2.3% 的背景下，住宿和餐饮业、租赁和商务服务业、批发和零售业三个行业 GDP 增速分别比上年同期降低 13.1% 、5.3% 、1.3%[②]。2020 年，全国 41 个工业大类行业中有 15 个行业利润总额同比减少，其中，石油和天然气开采业下降 83.2% ，石油、煤炭及其他燃料加工业下降 26.5% ，煤炭开采和洗选业下降 21.1% ，黑色金属冶炼和压延加工业下降 7.5%[③]。

为应对疫情冲击，人力资源和社会保障部及时出台了支持疫情防控期间做好国有企业工资分配的重要政策措施。2020 年 2 月 20 日，《人力资源社会保障部办公厅关于支持新冠肺炎疫情防控做好国有企业工资分配的意见》（人社厅发〔2020〕14 号）印发实施，其中明确对因承担政府防控疫情保障任务导致 2020 年度经济效益大幅减少影响工资分配的国有企业，履行出资人职责机构（或主管部门）应根据疫情对其当期损益的影响程度进行认定，可将经认定的影响部分视为已完成的经济效益，允许其 2020 年度工资总额和企业负责人薪酬分配按认定调整后的相关经济效益进行联动计算。对其中贡献突出的国有企业，按照工资效益联动机制仍不能解决在疫情防控期间临时性工资

---

① 2021 年 6 月 10 日至 12 日，中国劳动和社会保障科学研究院课题组对湖北省、武汉市、黄冈市进行了"新冠肺炎疫情对人社领域影响与对策"专项调研，除特别说明外，本文中有关湖北省数据资料均来自本次专项调研数据。

② 《2020 年全国规模以上工业企业利润增长 4.1%》，国家统计局网站，http：//www.stats.gov.cn/tjsj/zxfb/202101/t20210127_1812514.html，2021 年 1 月 27 日。

③ 《2020 年全国规模以上工业企业利润增长 4.1%》，国家统计局网站，http：//www.stats.gov.cn/tjsj/zxfb/202101/t20210127_1812824.html，2021 年 1 月 27 日。2020 年，全国规模以上工业企业利润增长 4.1% ，在 41 个工业大类行业中，26 个行业利润总额同比增加。

支出的，履行出资人职责机构可允许其一次性据实核增。对受疫情影响较大的住宿餐饮、文体娱乐、交通运输、旅游等困难行业的国有企业，因 2020 年度经济效益大幅下降造成工资降幅过大的，在其有工资支付能力的情况下，履行出资人职责机构可允许其 2020 年度工资总额少降，按周期制的原则予以处理。

人力资源和社会保障部有关部门出台的上述支持疫情期间做好国有企业工资分配政策，有力保障了受疫情影响较大行业国有企业职工 2020 年工资的正常合理增长。

（三）疫情期间稳定劳动关系、保证工资正常支付的工资保障政策

2020 年 1 月 23 日，人力资源和社会保障部办公厅发布《关于妥善处理新型冠状病毒感染的肺炎疫情防控期间劳动关系问题的通知》（人社厅明电〔2020〕5 号），从政策上保证对新型冠状病毒感染的肺炎患者、疑似病人、密切接触者在其隔离治疗期间或医学观察期间以及因政府实施隔离措施或采取其他紧急措施导致不能提供正常劳动的企业职工，企业正常支付职工在此期间的工作报酬。企业因受疫情影响导致生产经营困难的，可以通过与职工协商一致采取调整薪酬、轮岗轮休、缩短工时等方式稳定工作岗位，尽量不裁员或者少裁员。

2020 年 2 月 7 日，人力资源和社会保障部、中华全国总工会、中国企业联合会/中国企业家协会、中华全国工商业联合会联合发布《关于做好新型冠状病毒感染肺炎疫情防控期间稳定劳动关系支持企业复工复产的意见》（人社部发〔2020〕8 号），支持企业与职工协商未返岗期间的工资待遇，支持困难企业协商工资待遇，保障职工工资待遇权益。随后，《人力资源和社会保障部办公厅关于订立电子劳动合同有关问题的函》（人社厅函〔2020〕33 号）、人力资源和社会保障部等七部门发布的《关于妥善处置涉疫情劳动关系有关问题的意见》（人社部发〔2020〕17 号）也相继印发实施，进一步补充细化了疫情期间稳定劳动关系有关政策。此外，国务院及多

个省市还发布了延长春节假期、延迟复工的政策，保障延长春节假期及延迟复工期间正常工资支付。

上述政策保障了企业正常生产经营秩序，确保了疫情期间职工的正常工资支付，切实维护了职工的合法权益，有效维护了劳动关系和谐稳定。

（四）暂缓发布企业工资指导线、暂缓调整最低工资标准政策

疫情期间企业用工、折旧等成本及各项费用刚性支出不减，同时防疫成本却在增加。2020 年 1～2 月，规模以上工业企业每百元营业收入中的成本费用同比增加约 1%①。为缓解疫情期间企业成本费用上升压力，人力资源和社会保障部指导各地人社部门（包括受新冠肺炎疫情影响最大的湖北省，也没有发布拟调整的最低工资标准和企业工资指导线）采取暂缓发布企业工资指导线②、暂缓调整最低工资标准等政策③，统筹处理维护劳动者权益和促进企业发展的关系，支持企业应对疫情冲击。

（五）稳岗补贴相关政策

为应对疫情冲击，中央及各地方政府实施了主要针对中小微等困难企业的贷款贴息、援企稳岗、补贴补助等直接助企纾困的稳岗补贴政策。2020年 3 月，国务院办公厅印发实施《关于应对新冠肺炎疫情影响强化稳就业举措的实施意见》（国办发〔2020〕6 号），指导各地统筹推进新冠肺炎疫情防控和经济社会发展工作，加快恢复和稳定就业。以北京市为例，对采取有效措施不裁员、少裁员、稳定就业岗位的企业，由失业保险基金给予相关

---

① 《1～2 月份工业企业利润受疫情影响明显下降——国家统计局工业司副司长张卫华解读工业企业利润数据》，国家统计局网站，http://www.stats.gov.cn/tjsj/sjjd/202003/t20200327_1735115.html，2020 年 3 月 27 日。2020 年 1～2 月，规模以上工业企业每百元营业收入中的成本费用为 94.19 元，同比增加 0.85 元。

② 针对《广西壮族自治区人力资源和社会保障厅关于测算企业工资指导线有关问题的函》，人力资源社会保障部劳动关系司于 2020 年 7 月 27 日作出《关于企业工资指导线有关问题的复函》。

③ 人力资源和社会保障部劳动关系司明确 2020 年疫情后最低工资政策答复口径，明确原则上 2020 年不宜调整最低工资标准。

稳定岗位补贴①。

稳岗补贴政策的主要导向是保市场主体稳定就业，通过保就业，间接起到了保企业职工工资收入的政策效应。截至 2020 年 10 月底，中央及地方援企稳岗补贴政策资金支出达到 1060 亿元②，将该项政策进行简单年化估算，全年资金支出额度约为 1300 亿元③。从受疫情影响最大的湖北省专项调研情况看，2020 年湖北省实施最大力度失业保险稳岗返还，对参保企业全覆盖，职工人数 500 人以下企业免申报、直接返还，500 人以上企业放宽条件返还，全年返还 34.16 亿元，同比增长 181.85%，惠及企业 16.29 万家次，稳定岗位 659. 万个次。

（六）就业补助、技能提升资金支出等保就业稳工资政策

为应对疫情冲击，中央及各地方政府加大了对就业补助、职业技能提升行动等方面的资金支出力度。就业补助、技能提升资金支出等扶持政策的直接目的是保就业，但间接也起到了稳定职工工资收入的政策效果。

截至 2020 年 10 月底，中央及地方用于就业补助、职业技能提升行动的资金支出 460 亿元④，将该项政策进行简单年化估算，全年资金支出额度约为 600 亿元⑤。

---

① 主要包括：岗位补贴和社会保险补贴、困难企业失业保险费返还、一次性社会保险补贴、一次性技能培训补贴、以训稳岗补贴、临时性岗位补贴等。

② 《1.7 万亿！2.5 万亿！这些数字，与你有关》，中国政府网，http：//www. gov. cn/zhengce/2020－11/13/content_ 5561240. htm，2020 年 11 月 13 日。截至 2020 年 10 月底，累计支出惠企资金 5800 亿元，惠及各类市场主体 74 万家，累计 140 万家次，其中贷款贴息、援企稳岗、补贴补助等直接助企纾困的政策资金支出 1060 亿元，惠及中小微企业近 34 万家、个体工商户近 25 万户。

③ 《总书记带来幸福年：就业稳了》，央视网，http：//m. news. cctv. com/2021/02/09/ARTIVy1bfEyD6ZQ3516sg31i210209. shtml，2021 年 2 月 12 日。2020 年，向 608 万户企业发放稳岗返还 1042 亿元。

④ 《1.7 万亿！2.5 万亿！这些数字，与你有关》，中国政府网，http：//www. gov. cn/zhengce/2020－11/13/content_ 5561240. htm，2020 年 11 月 13 日。

⑤ 《1.7 万亿！2.5 万亿！这些数字，与你有关》，中国政府网，http：//www. gov. cn/zhengce/2020－11/13/content_ 5561240. htm，2020 年 11 月 13 日。另外，根据央视网，http：//m. news. cctv. com/2021/02/09/ARTIVy1bfEyD6ZQ3516sg31i210209. shtml，2021 年 2 月 12 日，"支出就业补助和专项奖补资金千亿元"。

（七）减税降费政策

2020 年，为应对疫情冲击、保市场主体发展，党中央、国务院及时出台了一系列阶段性、有针对性的减税降费政策，全年预计新增减税降费超过 2.5 万亿元①（其中社保"免减缓降"政策为企业减负 1.54 万亿元②）。

减税降费政策直接降低企业的用工、税收等成本，使市场主体负担持续下降。2020 年，规模以上工业企业每百元营业收入中的成本为 83.89 元，比上年下降 0.11 元③。其中，第四季度每百元营业收入中的成本同比下降 0.52 元，比第三季度下降 0.65 元，连续两个季度同比、环比均下降，企业赢利能力明显提升。减税降费政策使得市场主体活力逐步增强、利润逐步恢复并增长，从而带动了职工工资平稳增长。

三　应对疫情工资收入分配政策效果分析与主要经验

总的来看，疫情期间出台的工资分配相关政策，有力促进了城乡居民工资收入保持合理增长，确保了居民收入增长与经济增长基本同步，对疫情可能导致工资收入分配差距拉大的趋势起到了抑制作用，规范了疫情期间的工资收入分配秩序，促进形成劳动者工资收入正常增长和促进企业发展的良性互动机制。

（一）促进疫情期间居民工资收入合理增长

基于现有可获取数据，可粗略估算 2020 年疫情防控工资分配相关政策

---

① 《2020 年工业利润实现增长　质量效益稳步提升——国家统计局工业司高级统计师朱虹解读工业企业利润数据》，国家统计局网站，http：//www.stats.gov.cn/tjsj/sjjd/202101/t20210127_1812826.html，2021 年 1 月 27 日。

② 《总书记带来幸福年：就业稳了》，央视网，http：//m.news.cctv.com/2021/02/09/ARTIVy1bfEyD6ZQ3516sg31i210209.shtml，2021 年 2 月 12 日。2020 年社保"免减缓降"政策为企业减负 1.54 万亿元。

③ 《2020 年工业利润实现增长　质量效益稳步提升——国家统计局工业司高级统计师朱虹解读工业企业利润数据》，国家统计局网站，http：//www.stats.gov.cn/tjsj/sjjd/202101/t20210127_1812826.html，2021 年 1 月 27 日。

的量化效果，以便对相关政策效果进行更为直观的评估。

1. 对疫情防控相关机构、人员的特殊工资激励政策预计可带来约569亿元工资总额增长

2019年全国卫生系统人员总数为1292.8万人，其中湖北省全省卫生系统人员为52.6万人①。2019年全国城镇非私营单位卫生和社会工作就业人员平均工资为108903元，其中湖北省为93189元②。

根据上述对疫情防控相关机构、人员的特殊工资激励政策，按湖北全省卫生人员54万人③、各地支援湖北卫生人员约4万人④、其他地方疫情一线卫生人员约124万人（按除湖北省外其他地方卫生人员总数10%推算⑤），特殊工资激励政策增加的绩效工资及相关津贴补贴按其2019年度工资总额的30%⑥估算，预计可带来约569亿元工资总额增量⑦。

2. 对受疫情影响经济效益显著降低企业的工资总额支持政策预计可带来约217亿元工资总额增长

① 国家统计局：《中国统计年鉴2020》（电子版），中国统计出版社，http：//www.stats.gov.cn/tjsj/ndsj/2020/indexch.htm，第699页"表22-2 卫生人员"。

② 国家统计局：《中国统计年鉴2020》（电子版），中国统计出版社，http：//www.stats.gov.cn/tjsj/ndsj/2020/indexch.htm，第126页"表4-15 按行业分城镇非私营单位就业人员平均工资"。

③ 湖北省财政厅：《湖北财政2021年政府预算概览》，http：//czt.hubei.gov.cn/bmdt/dtyw/202101/t20210125_3304012.shtml，2021年1月25日。其中，根据湖北省财政厅数据，湖北省投入54亿元来落实医务人员关爱补助政策。

④ 习近平：《在全国抗击新冠肺炎疫情表彰大会上的讲话》（2020年9月8日），中国政府网，http：//www.gov.cn/xinwen/2020-10/15/content_5551552.htm。

⑤ 国家统计局：《中国统计年鉴2020》（电子版），中国统计出版社，http：//www.stats.gov.cn/tjsj/ndsj/2020/indexch.htm，第699页"表22-2 卫生人员"，2020年全国卫生人员1292.8万人，其中湖北省52.6万人，其他地方卫生人员1240.2万人。

⑥ 2020年1~4月，落实医务人员关爱补助政策时间占全年时间约为1/3。根据《关于全面落实进一步保护关心爱护医务人员若干措施的通知》（国发明电〔2020〕5号），疫情防控期间，将湖北省（含援鄂医疗队）一线医务人员临时性工作补助相应标准提高1倍，并确保发放到位；及时核增医疗卫生机构一次性绩效工资总量，将湖北省一线医务人员薪酬水平提高2倍。据此将特殊工资激励政策增加的绩效工资及相关津贴补贴按其2019年度工资总额的30%进行推算。

⑦ 推算过程是：工资总额增量为（54×93189×30%+4×108903×30%+124×108903×30%）/10000=569（亿元）。

按照人力资源和社会保障部相关部门出台的扶持政策，石油和天然气开采业，煤炭开采和洗选业，黑色金属冶炼和压延加工业，石油、煤炭及其他燃料加工业，住宿和餐饮业，租赁和商务服务业等行业国有企业受疫情冲击利润总额等经济效益下降较大的，符合条件的可通过合理剔除疫情影响等非经营性因素而享受工资总额支持政策。

石油和天然气开采业，煤炭开采和洗选业，黑色金属冶炼和压延加工业，石油、煤炭及其他燃料加工业，住宿和餐饮业，租赁和商务服务业，批发和零售业，交通运输、仓储和邮政业 8 个行业国有企业 2018 年度工资总额分别为 38.8 亿元、58.4 亿元、19.9 亿元、21.9 亿元、142.4 亿元、685.9 亿元、558.4 亿元、2346.2 亿元[1]，合计约为 3872 亿元，如果按上述行业国有企业工资总额本来因经济效益下降（下降幅度 1.3% ~ 83.2%[2]，按最小下降幅度 1.3% 简化计算）但因政策支持反而保持 4.3%[3]（与 2020 年全国居民人均工资性收入增速 4.3% 持平）的增长率来推算，那么对受疫情影响经济效益显著降低企业的工资总额支持政策预计可至少带来约 217 亿元的工资总额增长[4]。

3. 就业补助、技能提升资金支出等保就业稳工资政策预计可带来约37亿元工资总额增长

2020 年，全国就业补助、技能提升资金支出等保就业稳工资政策资金投入约为 600 亿元。

简单起见，按以下方法推算就业补助相关政策对职工工资增长的贡献程度：假设就业补助相关政策资金全部转为企业营业收入，营业收入部分转化为企业利润，部分转化为职工工资，考虑到当前工业企业工资利润率一般为

---

① 国家统计局人口和就业统计司、人力资源和社会保障部规划财务司编《中国劳动统计年鉴 2019》，中国统计出版社，第 233 ~ 236 页，"表 4 - 1　分行业国有单位就业人员和工资总额（2018 年）"。

② 《2020 年全国规模以上工业企业利润增长 4.1%》，国家统计局网站，http：//www.stats.gov.cn/tjsj/zxfb/202101/t20210127_1812824.html，2021 年 1 月 27 日。

③ 相当于工资较上年度增长了 4.3% + 1.3% = 5.6%。

④ 推算过程：3872 × 5.6% = 216.832（亿元）。

100%左右①（工资总额与利润总额的比率），以规模以上工业企业利润总额占营业收入比重（2019年为6.2%②，下文同此数）作为全行业企业利润总额占营业收入比重的统一标准，可推算出600亿元就业补助、技能提升资金支出等保就业稳工资政策可带来约37亿元工资总额增量。

4. 稳岗补贴相关政策预计可带来约81亿元工资总额增量

2020年，各地方出台的稳岗补贴、以工代训等相关政策资金支出额度约为1300亿元。

简单起见，参照上述就业补助政策的推算方法，可推算出1300亿元稳岗补贴相关政策可带来约81亿元工资总额增量。

5. 减税降费政策预计可带来约1550亿元工资总额增长

2.5万亿元减税降费直接降低了企业的生产经营成本，相当于间接提高了企业的营业收入（根据国家税务总局数据，2020年全国企业销售收入同比增长6%③）及其盈利水平，企业营业收入增加进一步转换为职工工资收入、企业利润等。

简单起见，仍参照上述就业补助政策的推算方法，可推算出2.5万亿元减税降费可带来约1550亿元工资总额增量。

---

① 2019年全国规模以上工业企业利润总额为65799亿元［《中国统计年鉴2020》（电子版），第405页"表13-1 规模以上工业企业主要指标（2019年）"］，其中工业包括：采矿业、制造业、电力热力燃气及水的生产和供应业。2019年，采矿业、制造业、电力热力燃气及水的生产和供应业城镇非私营单位就业人员工资总额分别为3388.2亿元、30197.5亿元、4030.1亿元（合计为37615.8亿元）［《中国统计年鉴2020》（电子版），第117页"表4-11 按行业分城镇非私营单位就业人员工资总额"］。2019年，制造业私营企业和个体就业人数为5907.4万人［《中国统计年鉴2020》（电子版），第112页"表4-6 分地区按行业分工商注册的私营企业和个体就业人数（2019年底）"］，城镇私营单位制造业就业人员平均工资为52858元［《中国统计年鉴2020》（电子版），第127页"表4-16 按行业分城镇私营单位就业人员平均工资"］，由此推算私营单位制造业工资总额为5907.4×52858/10000=31225.3（亿元）。规模以上工业企业工资总额为31225.3+37615.8=68841.1（亿元）。工资利润率为65799/68841×100%=96%。

② 《中国统计年鉴2020》（电子版），http://www.stats.gov.cn/tjsj/ndsj/2020/indexch.htm，第405页，"表13-1 规模以上工业企业主要指标（2019年）"，2019年规模以上工业企业营业收入总额为1067397.2亿元，利润总额为65799.0亿元，利润总额占营业收入比重约为6.2%。

③ 国家税务总局网站：《企业负担减轻 市场活力释放》，转引自光明日报网，http://www.chinatax.gov.cn/chinatax/n810219/n810780/c5161036/content.html，2021年1月25日。

上述疫情期间相关工资分配政策对工资总额增长的总带动作用合计约为 2454 亿元（见表 1）。

2019 年，全国居民人均可支配收入 30732.8 元，其中工资性收入人均 17186.2 元①（工资性收入占比为 55.9%），据此可计算出 2019 年全国居民工资性收入总量约为 240613 亿元②。

2020 年，全国居民人均可支配收入 32189 元，比上年名义增长 4.7%，实际增长 2.1%，与经济增长基本同步③。2020 年全国居民人均工资性收入 17917 元，增长 4.3%④，假设 2020 年全国人口数增量与上年增量相同（2020 年人口增长约为 500 万人），据此，2020 年全国居民工资性收入增量约为 11128 亿元⑤。

综合看，2020 年疫情期间相关工资分配政策对全国城乡居民工资性收入增长的贡献率约为 22.1%（如表 1），相当于拉动 2020 年全国居民人均工资性收入增长 0.95 个百分点⑥。

表 1　疫情期间相关工资分配政策对工资增长带动作用的量化估算

编号	工资分配政策	对工资增长的带动作用(亿元)
①	对疫情防控相关机构、人员的特殊工资激励政策	569
②	对受疫情影响经济效益显著降低国有企业的工资总额支持保障政策	217

① 《中国统计年鉴 2020》（电子版），http：//www. stats. gov. cn/tjsj/ndsj/2020/indexch. htm，第 181 页"表 6 – 18　分地区居民人均可支配收入来源（2019 年）"。

② 《中国统计年鉴 2020》（电子版），http：//www. stats. gov. cn/tjsj/ndsj/2020/indexch. htm，第 31 页"表 2 – 1 人口数及构成"，2019 年全国总人口为 140005 万人。计算过程为：17186.2 × 140005/10000 = 240615（亿元）。

③ 《方晓丹：全国居民收入比 2010 年增加一倍　居民消费支出稳步恢复》，国家统计局网站，http：//www. stats. gov. cn/tjsj/zxfb/202101/t20210119_ 1812592. html，2021 年 1 月 19 日。

④ 《方晓丹：全国居民收入比 2010 年增加一倍　居民消费支出稳步恢复》，国家统计局网站，http：//www. stats. gov. cn/tjsj/zxfb/202101/t20210119_ 1812592. html，2021 年 1 月 19 日。

⑤ 计算过程为：2020 年全国居民新增工资性收入是 17917 ×（140005 + 500）/10000 – 240615 = 11128（亿元）。

⑥ 计算过程为：贡献率 = 2454/11128 × 100% = 22.1%。拉动工资增长 = 22.1% × 4.3 = 0.95 个百分点。

续表

编号	工资分配政策	对工资增长的带动作用(亿元)
③	就业补助、技能提升资金支出等保就业稳工资政策	37
④	稳岗补贴相关政策	81
⑤	减税降费政策	1550
⑥	合　计	2454
⑦	2020年全国城乡居民工资性收入总增量	11128
⑧	疫情期间相关工资分配政策对全国城乡居民工资性收入增长的贡献率(%)	22.1

备注：⑥＝①＋②＋③＋④＋⑤；⑧＝⑥/⑦。

（二）对疫情可能导致工资收入分配差距进一步拉大的趋势起到了一定的抑制作用

上述就业补助、技能提升资金支出等保就业稳工资政策、稳岗补贴相关政策以及疫情期间稳定劳动关系、保证工资正常支付的工资保障政策等都不同程度对于确保低收入群体工资增长起到了政策托底作用，从而对疫情可能导致工资收入分配差距拉大的趋势起到了一定的抑制作用。另外，为应对疫情可能带来的低收入群体的失业及收入下降压力，各级政府采取多种政策措施增加农村就业岗位，确保农村贫困人口等低收入群体收入增长。仅2020年前8个月，邮政快递业就为农村地区新增就业岗位15万人，帮助504个国家级贫困县的10万户贫困户增收1亿多元[①]。

（三）规范了疫情期间的工资收入分配秩序

疫情期间一些地方对延长假期休息、工作、休息日加班等情形下的工资支付存在一些政策误区，有的甚至有一些错误解读，导致一些混乱现象。通

---

① 《总书记带来幸福年：就业稳了》，央视网，http://m.news.cctv.com/2021/02/09/ARTIVy1 bfEyD6ZQ3516sg31i210209.shtml，2021年2月12日。

过下发上述关于妥善处理疫情防控期间劳动关系问题、订立电子劳动合同有关问题、妥善处置涉疫情劳动关系有关问题等疫情期间稳定劳动关系、保证工资正常支付的工资保障政策组合相关文件，规范了工资支付行为，理顺了工资支付秩序，切实保证了就业人员的工资正常支付，有效规范了疫情期间的工资收入分配秩序。

（四）降低了人工成本，促进形成劳动者工资收入正常增长和促进企业发展的良性互动机制

疫情期间，人力资源和社会保障部指导各地人社部门采取暂缓发布企业工资指导线、暂缓调整最低工资标准加之减税降费等政策，有效降低了企业人工成本，缓解了企业成本费用上升压力，增强了市场主体和劳动者共同合作抗疫的信心和决心，促进形成劳动者工资收入正常增长和促进企业发展的良性互动机制。

（五）应对疫情政策实施中存在的问题

应对疫情工资分配相关政策在实践中产生了良好的效果，但实施过程中也存在一些问题，主要表现在两方面。

1. 促进居民工资性收入增长的疫情政策力度仍显保守，部分收入分配政策赋予基层单位结合实际进行自主分配的权限不够

2020 年，全国居民人均工资性收入、人均可支配收入分别名义增长4.3%、4.7%，但其中居民工资性收入、经营净收入增速（分别为 4.3%、1.1%）显著低于财产净收入、转移净收入（分别为 6.6%、8.7%）①，表明居民可支配收入增长更多受益于资产价格上涨和政府转移收入，导致居民对疫情期间工资性收入及经营净收入增长的预期不尽乐观，因此，尽管人均可支配收入有所增长但居民消费意愿低迷，2020 年全国居民人均消费支出

---

① 《2020 年居民收入和消费支出情况》，国家统计局网站，http://www.stats.gov.cn/tjsj/zxfb/202101/t20210118_1812425.html，2021 年 1 月 18 日。

名义下降1.6%，实际下降4.0%。从这个角度而言，疫情期间促进居民工资性收入增长的政策力度仍有提升空间。

从湖北省新冠肺炎疫情影响专项调研来看，对于国家出台的一次性绩效工资总额政策，卫生健康部门和医疗卫生机构普遍反映较难落实，主要原因相关政策赋予基层单位结合实际进行自主分配的权限不够，具体表现为：一是绩效工资增量所需资金需按现行渠道安排，但疫情期间医疗卫生机构收入情况受到较严重影响，暂时无法落实；二是一线医务人员总量按政策要求以本人2019年度日工资作为基数，由于不同医务人员日工资水平差距较大，造成政策落实时可能造成较为突出的内部矛盾①。

2. 疫情政策对居民收入差距的调控不尽到位

尽管疫情期间采取了抑制居民收入差距扩大的相关政策，最终全国城乡居民收入差距有所缩小，但对高收入群体、中低收入群体之间的收入差距调控力度仍不到位。2020年，全国居民人均可支配收入中位数27540元，中位数是平均数的85.6%，较上年（86.3%）下降了0.7个百分点②，中位数与平均数之间差距有所扩大，说明高收入群体与中低收入群体之间的收入差距拉大，居民收入分配不均有所加剧。

（六）应对疫情的主要经验

1. 在应对疫情等重大外部冲击期间应充分发挥工资收入分配宏观调控功能

收入是民生之源，应对重大外部冲击的宏观政策最根本目的在于稳收入、保收入。面对疫情等重大外部冲击，更要弘扬中国特色社会主义制度和国家治理体系显著优势，更要充分发挥工资收入分配宏观调控功能，帮助群

---

① 从湖北省调研数据来看，以武汉市为例，武汉市15个区中只有4个区核增了一次性绩效工资，而且预期6000万元的绩效工资增量仅落实1000万元左右。

② 《2020年居民收入和消费支出情况》，国家统计局网站，http：//www.stats.gov.cn/tjsj/zxfb/202101/t20210118_1812425.html。2021年1月18日。

众解决就业、收入等方面实际困难，保工资、保收入，扎扎实实做好保障和改善民生各项工作。

2. 应对疫情等重大外部冲击，各级政府部门应始终坚持以人民为中心的发展理念，敢于承担较大政策代价，为经济社会发展提供"兜底"保障

新冠肺炎疫情属于不可预测的"黑天鹅"事件，给经济社会发展带来重大外部冲击。应对严重外部冲击，各级政府应坚持人民至上、生命至上，坚持以人民为中心的发展理念，主动作为，敢于承担较大政策代价①，加大宏观政策对冲力度，果断推出减税降费、支持国有企业工资分配、稳定劳动关系支持企业复工复产等积极的宏观政策，统筹应对严重外部冲击和经济社会发展。

3. 居民收入增长特别是工资性收入增长目标应成为应对外部冲击的政策优先目标

提高人民收入水平，持续扩大内需潜力，是构建强大国内市场，形成新发展格局的现实需要，特别是党的十九届五中全会把"提高人民收入水平"摆在"改善人民生活品质，提高社会建设水平"之首，在疫情造成世界经济出现严重衰退的背景下，居民收入增长特别是工资性收入增长目标应成为各级政府应对外部冲击、维护经济发展和社会稳定大局的政策优先目标。

4. 工资分配相关政策应兼顾市场主体发展和基本民生需求

应对外部严重冲击，首先必须保障市场主体生存发展。同时，又必须始终把满足人民对美好生活的新期待作为政策的出发点和落脚点，要让发展成果更多更公平惠及全体人民。为此，应对重大外部冲击应坚持协调发展理念，工资分配相关政策要兼顾市场主体发展和基本民生需求。

---

① 《各国政府如何构建绿色、有利于就业的全球经济复苏》，国际货币基金组织网站，https://www.imf.org/zh/News/Articles/2020/12/04/blog-how-governments-can-create-a-green-job-rich-global-recovery，2020年12月4日，"为应对疫情带来的经济破坏性影响，全球最大的经济体已承诺支出超过12万亿美元的财政资金，支持新冠肺炎疫情后的经济复苏"。

四 当前应对疫情的形势、挑战和机遇

（一）2021年，疫情导致全球经济深度衰退，各国相继出台大规模刺激经济政策，疫情之后全球经济的中长期增长预期不尽乐观，世界经济恢复到疫情之前的水平还有相当一段路程

疫情加剧了地区之间、国家之间的分割，对全球化、国际投资和贸易构成巨大威胁。我国作为世界主要经济体，在国际资本投资和外贸方面也将深受世界经济总体发展态势的影响。

（二）我国经济由高速增长转向中速甚至中低速增长，更加注重经济增长的质量，城乡居民收入虽然保持正增长但增速放缓，直接影响居民消费增长进而影响内需扩大

我国正逐步迈向高质量发展，"十四五"期间乃至更长时间内国民经济将由高速增长转向中速甚至中低速增长，即使保持居民收入增长与经济增长基本同步，城乡居民收入也将呈现中长期保持正增长但增速放缓的发展态势，居民收入增长放缓直接制约居民消费增长进而影响扩大内需战略的有效实施。

（三）疫情导致工资收入分配差距进一步拉大，对社会和谐稳定形成挑战

受疫情影响，高收入群体收入增长提速，财富进一步向高收入群体集中；中等收入群体收入下降，部分甚至面临返低风险；低收入人群增收难度加大，进入中等收入群体概率下降，导致中等收入群体扩容趋缓，这不仅不利于经济社会发展提速，更进一步加大了经济社会的不稳定性风险。

（四）疫情抑制了部分行业和企业利润空间，一定程度加大了工资拖欠风险

受疫情影响，部分传统消费和产业需求明显收缩，市场预期下行，企业亏损面扩大，亏损程度加重，少数企业甚至会存在关闭破产风险，企业利润空间收窄将最终导致工资拖欠风险加大，维护劳动者工资支付等合法权益面临更多挑战。

（五）从长期来看，疫情对改变人们的不良行为以及优化经济结构可能产生转"危"为"机"的积极作用；疫情防控催生了应对重大风险挑战的工资分配相关政策，进一步凸显了中国特色社会主义制度的显著优势

疫情会改变人们的卫生和健康行为，更加重视卫生健康，国家也更加重视健全公共卫生管理体系，医疗卫生产业、数字平台产业等以疫情为契机会有较快发展，经济社会发展借助"绿色复苏"从而会更健康。同时，疫情催生了保就业、保民生、保工资等相关政策迅速出台，使各级政府更加善于运用工资分配政策等制度力量应对重大风险挑战冲击，广大人民群众对社会主义国家制度和国家治理体系的优越性更加认可，进一步推进了国家治理体系和治理能力现代化。

五　对于应对疫情政策的对策建议

（一）疫情防控期间出台的超常规经济扶持政策转向应谨慎，应适度延长相关政策的实施时限，保持相关政策的连续性

由于全球疫情防控仍存在不确定性和复杂性，因此，稳慎起见应继续延长一定时限疫情期间的经济扶持政策；同时，及时总结评估相关政策实施效果，改进完善部分疫情期间政策，对减税降费、稳岗补贴、就业补助、针对受疫情影响经济效益显著降低国有企业的工资总额支持保障政策等延长实施一定时间①甚至转化为疫情防控常态化时期的长效机制（比如，武汉市有关部门建议将临时性工作补助政策有针对性地继续实施，执行标准可调整为常态化防控标准，执行范围根据当前防控工作的特点适当调整）。

（二）疫情防控期间出台的工资收入分配政策应赋予地方及基层部门结合实际自主分配的相应权限，确保相关政策落实的灵活性

建议对于应对疫情期间出台的一次性绩效工资总量政策等赋予地方及基层部门结合基层实际调整完善、自主分配的权限，一方面不与职工个人工资直接挂钩，扩大单位分配自主权，另一方面对国家财政资金支持的事业单位等工资分配政策各级财政部门出台倾斜政策同时应给予一定补助，从而确保相关政策能够真正落实。

（三）进一步研究出台多措并举增加居民收入并通过提高居民收入显著提升居民消费水平的宏观政策组合，加大需求牵引供给的政策力度

进一步深化收入分配制度改革，加大需求牵引供给的宏观政策力度，确保重大改革举措落实落地，增强居民收入增长特别是工资收入增长的信心，有效激发居民消费意愿，发展新消费、新投资、新供给，积极扩大有效需求。

（四）研究出台促进中等收入群体增收扩容的收入分配政策

政府应研究出台通过劳动致富增加工资性收入的政策组合，以及进一步出台对低收入群体的补贴政策以增加其财产性收入和转移性收入，从而促进

---

① 在对湖北省的专项调研中，武汉市、黄冈市等地方相关部门建议，对持续受疫情影响较大的住宿餐饮、文体娱乐、交通运输、旅游等困难行业的企业，继续保持工资政策的支持。同时，建议出台阶段性政策，对贯彻落实党中央、国务院稳岗扩就业政策决策部署，招录高校毕业生、接受退伍军人等导致当年职工人数同比增加的，允许视情况适度核增企业年度工资总额。

中等收入群体增收扩容。要深化垄断行业工资收入分配制度改革，进一步限制其过高收入，促进社会公平正义。

（五）加强对重大疫情等紧急状态下工资收入分配机制的研究，统筹考虑收入分配、人事管理、表彰奖励等方面政策，建立健全预案性工资收入分配政策框架，进一步完善工资收入分配宏观调控工具，促进应对疫情等重大冲击的治理体系和治理能力现代化

建立健全重大疫情等紧急状态下的收入分配应对机制，建立起层次分明、统筹兼顾的激励体系，建立健全预案性工资收入分配政策框架，尽可能以带有前瞻性的预案性政策代替临时性、应急性政策，进一步完善保工资增长、提高居民收入水平等工资收入分配宏观调控工具，有效对冲疫情等重大冲击负面影响，促进各级政府应对外部重大冲击的治理体系和治理能力现代化。

区域与产业篇

Region and Industry Reports

B.6
广东省企业科技人才薪酬激励调研报告

肖婷婷　常风林*

摘　要：　研究分析企业科技人才薪酬激励政策，对于深入贯彻落实创新驱动发展战略，加大科技创新激励力度，提升企业技术创新能力，在国家层面完善国有企业科技人才薪酬分配政策具有重要意义。本报告在走访调查广东地区有关部门和53家科技型企业的基础上，通过采取对广东地区企业科技人才薪酬激励的文献阅研、政策梳理、实地调查等方法，对广东地区国有企业薪酬激励方面目前存在的问题和原因进行研究分析，最终提出健全完善国有企业科技人才薪酬激励的对策建议。具体包括以下三点：一是国有企业总体工资策略应重点服务于国家战略，关注重点从强调分配规模向注重分配质量

* 肖婷婷，中国劳动和社会保障科学研究院薪酬研究室助理研究员，主要研究方向为收入分配、企业薪酬管理等；常风林，中国劳动和社会保障科学研究院薪酬研究室副主任、副研究员、经济学博士，主要研究方向为收入分配、公司治理等。

转变，通过收入分配改革支撑国企"强身健体"；二是薪酬激励重点服务于国家紧缺急需人才，对于重大科研攻关人才、基础研究人才、高精尖缺人才要在工资管理上进一步松绑，使他们轻松上阵；三是工资分配重点向价值创造突出者倾斜，薪酬激励要真正服务于为科技创新做出实际贡献的人，打造新形势下国有企业收入分配激励机制的升级版。

关键词：　广东省　国有企业　科技人才　薪酬激励

为贯彻落实创新驱动发展战略，加大科技创新激励力度，提升企业技术创新能力，深入了解典型地区国有科技型企业在工资总额、内部分配、员工激励、职业发展、绩效管理等方面的情况，分析存在的主要问题及原因，探讨完善国有科技型企业工资总额管理办法，健全国有企业科技人才薪酬激励机制的对策措施，"国有企业科技人才薪酬激励研究"课题组赴广东省就科技企业薪酬激励问题进行专题调研。课题组分别与广东省人社、发改、科技、国资、财政、统计等部门相关负责人召开座谈会，了解广东省各地市出台的科技人才激励政策和实施情况，赴广州市、深圳市、佛山市、东莞市、惠州市企业进行实地调研，调研企业共计53家，其中国有企业10家，占18.9%；私营企业43家，占81.1%。上市公司41家，占77.4%。

一　当前广东企业科技发展的主要特点

广东省是科技创新大省。近年来，随着广东省积极实施创新驱动发展战略，努力打造科技和产业创新高地等相关政策逐步落地，科技创新实力迅猛发展，根据中国科技发展战略研究小组联合中国科学院大学中国创新创业管理中心编写的《中国区域创新能力评价报告》，广东省区域创新能力连续4年位居全国首位。

（一）企业在科技创新中发挥了重要作用

中共广东省委副书记、省长马兴瑞同志介绍，广东 90% 的科研机构在企业，90% 的研发投入来自企业，90% 的科研人员属于企业，90% 的发明专利产生于企业。广东企业创新能力突出，得益于不断完善以企业为主体，以市场为导向，产学研相结合的区域创新体系，推动高新技术企业树标提质，鼓励企业不断加大研发投入，培育出一批"高精尖""独角兽""瞪羚"创新企业。

（二）企业研发投入大

广东科技企业研发费用占比较高。根据国家统计局数据，2019 年全国企业研究与试验发展（R&D）费用占 GDP 的比重为 2.2%，2020 年提高到 2.4%[①]；广东省研发经费支出占地区生产总值比重为 2.4%，2020 年提高到约 2.9%[②]，远高于全国平均水平。根据财政部、国家税务总局、科学技术部《关于修订印发〈高新技术企业认定管理办法〉的通知》（国科发火〔2016〕32 号），认定高新技术企业的条件之一为：企业近三个会计年度的研究开发费用总额占同期销售收入总额的比例为 3%~5%。从广东调研情况看，科技型企业研发投入占比一般为 5%~10%，部分先进企业可高达 15% 左右，例如，华为技术有限公司每年研发投入占比 10% 以上，2019 年为 15%[③]；广州海格通信集团股份有限公司近年来每年研发投入也在 15% 左右[④]，惠州中京电子科技股份有限公司为 20%[⑤]。

（三）国有科技型企业是科技创新的重要力量

从此次调研情况看，国有企业和非国有企业在科技创新领域各有侧重。

---

① 数据来源：国家统计局。
② 数据来源：广东省科技厅微信公众号"广东科技"。
③ 数据来源：《华为 2019 年年度报告》，https://www.huawei.com/cn/annual-report/2019。
④ 数据来源：调研获取。
⑤ 数据来源：调研获取。

广东省国有企业相对集中在基础建设、商业服务领域，科技企业占比较少，并较多承担国家、地方委托科技项目。而非国有企业则较多注重应用技术领域的开发，其在市场化、灵活性上更具优势，特别是一些头部企业依靠灵活的薪酬定价优势，吸引了大量的杰出技术人才。近年来，国有企业也不断进行组织创新、管理创新，注重产学研深度融合，叠加相对宽裕的资金投入、相对完备的基础技术积累和相对稳定的工作环境，在整体人才结构、人才储备等方面具有优势，更有利于开展基础性、前沿性研究。调研中，一家企业负责人这样形容国有企业的人才优势：一个新产品的研发，民营企业是一个团队做，而国企是三个团队同时做。因此，国有企业更应在前沿技术研发、关键核心技术攻关方面起到引领性作用。

二　广东企业科技人才激励的主要特点

从调研情况看，企业普遍重视科技人才激励。随着国家创新驱动发展战略深入实施，广东省委省政府出台了一系列政策措施，大力推动创新人才队伍建设，完善企业科技人才激励机制。企业对科技人才激励主要表现在以下六个方面。

一是科技人才薪酬水平较高。从调研的53家企业看，科技企业的人才薪酬水平明显高于全部企业平均工资，最高的为深圳市汇顶科技股份有限公司，人均薪酬为54.31万元。科技企业专业技术人员平均工资水平为20万~25万，是同期全国城镇非私营单位就业人员平均薪酬的2.2~2.7倍，部分较高职级科技人才市场化薪酬水平相对更高。

二是企业都开展了多种形式的薪酬激励模式。企业针对科技人才的不同工作特点，采取了多种多样的薪酬模式，例如，为科研攻关项目做出了突出贡献的杰出贡献奖、技术达人奖，针对项目完成节点出色的项目团队发放项目节点奖，针对专项项目完成出色的及时激励、成本节约奖，对表现突出的个人颁发"海格之星""技术达人"、总经理特别嘉奖，有鼓励发明创造的专利奖励、知识产权奖励，促进成果转化的转产奖励，针对稀缺专业、特殊人才、急需人才的应届毕业生和专家设置的特殊人才薪酬等。除了薪酬激励外，广东建筑科学研究院集团股份有限公司、正业科技股份有限公司、白云山制药股份有限公司等企业还设置了博士后科研工作站、院士专家工作站。

三是多数科技型企业对科技人才实施股权激励等中长期激励措施。在此次调研的科技型企业中，实施股权激励的企业占到一半以上。实施股权激励较成功的企业，科技人才平均年薪可以达到 100 万元以上。企业最常用的股权激励方式包括限制性股票和股票期权，有些企业还积极探索试行核心科研骨干员工持股、超额利润分享、虚拟股权、骨干员工跟投等中长期激励方式，总体来说，非国有企业实施股权激励的范围和力度大于国有企业。

四是多数企业建立了岗位与职位有机结合的职业发展通道。打破"官本位"束缚，建立了横向按工作性质、内容等划分不同岗位的序列，纵向按技术能力、资历经验、工作业绩等因素划分职级，从而形成科技人才个人能力与岗位相结合的有机系统。不同行业、规模和发展阶段的企业，畅通科技人才职业发展通道的方式方法有所差别。科技人才职位通道与企业的经营管理岗位、操作技能岗位、市场营销岗位等通道并行设置，层级互相对照，融合发展。对高职级、特殊人才还建立了研发工作室等。

五是普遍建立了激励与约束相结合的管理机制。最常用的约束办法是绩效考核。根据科技人才的工作性质和岗位特征，分类采取不同的考核办法，有项目节点考核、日常工作表现考核、年度考核、项目和行政矩阵式考核等。为保护公司知识产权、资质荣誉等无形资产，鼓励员工发明创造、智力创新和科技成果创造，企业还制定科技项目（知识产权）奖制度等。

六是政府配套政策丰富多样。广东省、广州市、深圳市等针对科研人员的实际诉求，出台了一系列帮助、鼓励科技企业的政策措施，包括科技企业税费减免、国有创新型企业工资总额倾斜，为科技人才提供人才公寓、协助解决子女教育问题、医疗保障、个税返还等优惠政策。例如，广州市印发《中共广州市委、广州市人民政府关于加快吸引培养高层次人才的意见》（穗字〔2010〕11 号）的政策以及多项配套实施办法，包括《广州市高层次人才培养资助实施办法》《广州市创业领军人才创业发展扶持办法》《广州市高层次人才住房解决办法》《广州市高层次人才医疗保障实施办法》《广州市高层次人才子女入学解决办法》《广州市高层次人才配偶就业促进办法》等。2020 年 9 月，深圳市人民政府发布《深圳经济特区科技创新条例》，在基础研究投入、科技成果转化、创新企业保护、科技成果决策尽职免责等方面都给出了明确规定。

三 当前广东国有企业在科技人才薪酬激励方面的主要问题

广东省国有科技型企业占比较少，大部分为中央、省属企业的二级、三级企业或市属企业，国有企业和非国有企业在科技人才薪酬激励方面存在共性的问题，但仍存在一些差异性的问题。

（一）科技人才薪酬相对部分行业并不高

从中国南方人才市场发布的《2020～2021 年广东地区薪酬趋势》行业数据看，金融业从业人员薪酬遥遥领先于其他行业，为 17333 元/月，是全省平均薪酬水平的 2.2 倍，是排名第二的互联网、软件、IT 服务和信息传输业 12685 元/月的 1.4 倍，而同为科技人才集中的计算机、通信和其他电子产品制造业平均工资仅为 7259 元/月。除此之外，金融业和房地产业依然是高收入群体聚集地，其上市公司高管平均年薪分别为 191.5 万元/年和 161.6 万元/年，遥遥领先于其他行业。

尽管调研的企业大部分为上市公司，经营状况优于中国南方人才市场调查企业，但这种相对工资差距并没有明显变化。高收入行业和企业对人才造成强大的虹吸效应，部分企业反映，技术人才流失方向多为金融企业及华为等人才聚集企业。加上企业间人才竞争激烈，部分企业招聘技术人员难，特别是稀缺专业、高技术人才和高技能人才。正业科技股份有限公司的相关负责人提到，部分专业技术人才招聘难，类似光学等专业的学生本来数量就少，很多不愿意从事技术岗位，而转行从事金融、管理等热门专业岗位。

（二）企业内部薪酬分配有待完善

一是内部分配向科技人才倾斜不足。在工资总额一定的前提下，一些企业不能对科研人员分配进行有效倾斜，仍然采取"大水漫灌""撒胡椒面"式的增资方式，激励方式的针对性不强。二是对基础研究领域的科技人才激励不足。科研活动分为基础研究、应用研究和试验发展三类，这三类科研活动特点存在很大不同，目前企业针对应用研究的激励方法较多，而针对基础研究人才的激励相对缺乏，对科研人员的收入简单与项目成果数量、经济效益挂钩，存在激励不准确现象，容易造成急功近利导向。三是对青年优秀科技人才激励不足。国有企业仍存在论资排辈现象，青年科技人才面临工作和生活双重压力，部分国有企业科研人员晋升发展与资历紧密挂钩，青年人才缺乏发展的机会和必要的薪酬待遇。

（三）中长期激励政策仍有待完善

中长期激励相关政策覆盖面有限。多数国有企业并不在相关政策激励范围内，即使在试点范围内的企业，部分企业担心造成国有资产流失问题，不敢先行先试。有些由于管理基础薄弱，在实行起来也存在诸多困难。中长期激励方法众多，使用灵活，对于企业人力资源薪酬管理者素质要求较高，有些企业反映实际操作起来比较困难。也有企业实行了股权激励计划，但由于股票价格不能够很好地反映企业经济效益，激励效果并不理想。

四　原因分析

调研过程中，我们对造成科技人才薪酬激励不足问题的主要原因进行了分析研讨。

（一）部分企业创新意识不足

企业依然存在重经济增量，轻技术创新的问题。企业面临生存和发展的压力，更多依赖传统的政府投入、资源禀赋、财税优惠等，往往更加重视应用性研究，即较短时间内可以产生经济效益的研究，而对战略性、前瞻性、系统性基础理论的研究投入不足，缺乏自用的排他性创新技术。生物医药行业的创新性研究有待加强。

（二）科学研究本身投入较大

科学研究存在一定的周期性、探索性、风险性，需要持续投入才能长期见效益，为获得技术创新优势，企业需要持续对科技人才投入较大激励成本，以至于很多科技型企业不愿意冒险进行创新性研究。

（三）广东等经济发达地区高昂的生活成本对年轻专业技术人员造成较大压力

在广州、深圳、佛山等地的调研中多数企业都反映近年来房价上涨、子女入学困难等对科技人才造成了极大压力，虽然在部分地区政府出台了一些支持措施，修建了人才公寓，制定了子女入学解决办法，但仍然不能完全满足需求。

（四）国有企业工资管理办法有待完善

一是目前工资总额决定机制有待完善。目前国有企业工资总额与企业经济效益联动的办法，与完成国家战略研发任务短期投入大、暂时难以进行成果转化从而产生经济效益的科技型企业匹配问题有待进一步研究；二是企业内部分配仍有待进一步完善。国有企业市场化分配机制有待进一步完善。部分企业仍然存在"官本位"思想，工资总额增量不能够较多倾向于企业科技、技能等关键一线岗位人员。

五　对国有企业科技人才薪酬激励的对策建议

（一）工资总额层面

1. 工资总额决定机制应更加突出国家战略属性

对于承担国家重点战略任务的"硬科技"国有企业，应从工资总额管理上进一步松绑。可参照华为等先进企业的做法，在目前以经济效益联动确定的工资总额基础上，再增加一部分战略创新工资总额。对于尚未实现盈利的从事基础性、原研性研究的企业，应允许延长绩效考核和工资总额预算周期。

建立战略薪酬动态管理机制，对于具体享受政策倾斜的企业可以根据国家发展战略研究计划的变化相应增减实施范围。同时，战略性薪酬总额与每年对科技创新成果的阶段性评估结果进行联动，将阶段性成果完成结果分为出色完成、按照计划完成和明显未完成，相应浮动战略创新工资总额。

2. 完善与企业生命周期相契合的工资总额管理办法

对于初创期与规模较小的科技型国有企业，确定工资总额时可适当放宽增人不增工资总额、减人不减工资总额限制，采取定额卷积法确定工资总额。对于成长期的企业可以沿用现在的工资总额与经营业绩弹性率定的方法。对于成熟期和衰退期的企业，往往有业务转型产业升级的需求，可以采取定额卷积和弹性率定相结合的方法确定工资总额。

3. 加大高精尖科技人才激励力度

培养高精尖科技人才是增强国家科技创新实力和综合国力的关键，是推动人才结构战略性调整的重点。企业在充分发挥岗位绩效工资制，特别是中长期激励制度的基础上，可以进一步探索科技成果转化、年薪制、协议工资制、高技术人才专项奖励等制度，使科技人才可以通过科技创新创造价值，实现财富和事业双丰收。

4. 科技成果转化收入

科技成果转化途径主要有两种方式，一是科研人员自己创办企业，将前沿科学技术投入到实际的生产中去，二是通过科技中介机构，将相关技术转让给企业。

要进一步深化科技人才激励机制改革，释放科技人才自主创新活力。其改革措施一是可以赋予国有企业成果使用、处置和收益管理自主权，除事关国防、国家安全、国家利益、重大社会公共利益外，行政主管部门不再审批或备案。二是允许科技成果通过协议定价、在技术市场挂牌交易、拍卖等方式进行转让转化。

5. 建立科技创新容错机制

科技创新具有复杂性和不确定性，应鼓励科技人才不断探索，在科技创新活动中，对于因技术路线选择失误、不可抗力或不可预见等因素造成创新失败或试验不能顺利完成的情况，能够充分证明承担科研任务的项目团队或科研人员已经履行了勤勉尽责义务，属于财政性资金或国有资本设立的科技项目，经主管部门组织专家论证后，可以允许项目结题。

（二）内部薪酬激励层面

1. 引导企业完善内部分配制度

实行岗位绩效工资制企业，其工资结构可以安排为科技人才岗位能力付酬的岗位工资单元、为业绩贡献付酬的绩效工资单元。

岗位工资依据岗位责任、工作负荷、技术水平和工作环境等因素确定，体现员工的岗位职责和岗位价值。

绩效工资依据目标达成情况、任务完成质量、成果创造性大小、工作效率等因素确定，体现员工的业绩贡献和价值创造。

部分企业为增强薪酬的行业与地区竞争力、鼓励人才长期积累贡献，可根据实际设置体现人才历史贡献积累的年功工资单元。同时，在不重复体现的原则下，为补偿科技人才的额外付出和担负的责任，可为科技人员发放国家规定的津贴。常规津贴，如微波站津贴、科研津贴等，一般计入工资总额管理。特殊津贴，如政府特殊津贴、院士津贴、高新工程人才特殊津贴等，一般不计入工资总额。

中长期激励着重体现单位和个人对企业中长期发展的贡献，是对科技人才智力资本投资的非常规性报酬。中长期激励一般可以包括企业年金或职业年金、股权期权、岗位分红权和项目分红权等激励方式。

企业根据需要可合并、减少或增加相关工资单元，比如体现人才专业价值度的执业资格津贴，从事技术管理工作的兼职津贴、管理津贴等。

其中，岗位工资、补充工资、津贴补贴为固定薪酬部分。绩效工资、中长期激励为浮动部分。为了加强科技人才薪酬的激励效果，浮动部分的比例一般不小于 30%，从事基础研究的科技人才固定薪酬部分应占比较大，一般应占到总薪酬的 60% 以上；从事应用研究和试验发展的科技人才浮动薪酬部分占比较大，一般应占到总薪酬的 60% 以上。且不同岗位的人员应该有一定的差异性。中长期激励应该是企业核心骨干科技人才激励机制的重要组成部分，企业在创业期到成熟期的过程中，中长期激励的具体方式相应调整。

2. 完善企业内部绩效管理制度

绩效考核周期的确定需要综合科技人员的行业特点、岗位特征、技术周期等因素。对于科技人才来说，其绩效显现时间相对于管理人员、技能人员来说较长，建议按照季度、半年度或年度，以及按照项目周期计发绩效工资。

可根据科技人才的工作性质和岗位特征，分类采取考核办法。对于从事基础研究类的科技人才，考虑到技术路线不确定，研发存在失败的可能，可以科技人才取得的阶段性成果、证实证伪的结论、可能的下一步研究路径等来确定其业绩和绩效工资。对于取得重大成果突破的科技人才，可以对关键事件实施额外专项绩效奖励。对于从事应用研究类的科技人才，由于该类技术工作具有较为明确的技术路线，可以研发工作的技术指标先进性、研发效率、发明专利等来确定其业绩和绩效工资。对于从事试验发展类的科技人才，可以从项目进度、产品质量、工艺改进、节约成本等来确定其业绩和绩效工资。

3. 建立专项奖励制度

专项奖励是企业对在研发、设计等当中做出重大贡献的科技人才进行的专项奖励，是在岗位绩效工资制外，经由企业或社会组织进行鉴定，根据贡献等级给予的专项奖励。专项奖励的形式有两种：一是一次性奖励，根据科技人才做出的贡献程度，经企业认定和评估后，给予一次性现金奖励或其他形式奖励；二是项目补贴制，对于产品设计和研发很难通过实现利润折算的劳动成果，由企业根据项目难易程度进行项目专项补贴。

参考文献

［1］卞志汉：《科学分钱：学习华为分钱方法，解决企业激励难题》，电子工业出版社，2021。

［2］杨伟国、邱子童、吴清军：《人工智能应用的就业效应研究综述》，《中国人口科学》2018 年第 5 期。

［3］张翼燕：《技术变革对就业岗位与收入影响分析》，《科技中国》2019 年第 3 期。

［4］卞德龙、刘佳荣：《广东区域创新能力连续四年全国居首》，《南方日报》2020年 11 月 15 日，第 1 版。

B.7
国有科技上市公司工资总额
与技术创新有效性实证分析

常风林*

摘　要：　本报告从工资总额决定因素的视角，运用实证分析方法探讨
了科创板上市公司工资总额与主要经济效益指标及研发投
入、专利等衡量技术创新的指标之间的量化关系。主要结论
如下：对于科创板上市公司，企业工资总额与营业总收入、利
润总额、净利润之间存在显著正相关关系；科创板上市公司工
资总额与研发投入金额、总专利数量之间显著正相关，表明科
技型企业的研发投入、技术创新对企业工资总额存在正向促进
作用。根据上述结论，本报告提出如下政策建议：科技型企业
工资总额政策应以优先鼓励创新产出为基调；科技型企业可实
施与研发投入联动的工资决定机制或与专利数量联动的工资决
定机制；科技型企业工资总额预算管理可优先鼓励实施周期制
模式。

关键词：　国有科技上市公司　工资总额　技术创新　研发投入

　　本报告试图通过实证检验国有科技型企业职工工资总额与企业创新之间
的关系，讨论分析国有科技型企业工资总额对企业技术创新的影响机制和影

---

* 常风林，经济学博士，中国劳动和社会保障科学研究院薪酬研究室副主任、副研究员，主要
研究领域为收入分配、公司治理等。

响路径，为有关部门制定国有科技型企业工资总额政策提供可操作性建议。由于科创板定位于面向世界科技前沿、面向经济主战场、面向国家重大需求，主要服务符合国家战略、突破关键核心技术、市场认可度高的科技创新企业，因此，本报告主要对科创板上市公司进行相关实证分析。2019年7月22日，科创板首批25家上市公司在上海证券交易所挂牌上市交易。截至2019年底，科创板共有70家上市公司，总市值8637亿元，股权融资总额累计达824亿元，平均研发支出占营业收入的比例达到12.7%，涵盖了新一代信息技术产业、高端装备制造业、新材料产业、生物医药产业等高新技术产业和战略新兴产业[①]。

一　研究变量

（一）被解释变量

由于上市公司财务报表中无直接对应工资总额的指标，因此，本报告选择上市公司现金流量表中的"支付给职工以及为职工支付的现金"（指上市公司实际支付给职工以及为职工支付的现金，包括本期实际支付给职工的工资、奖金、各种津贴和补贴等，以及为职工支付的养老保险、待业保险、补充养老保险、住房公积金等，不包括支付给在建工程人员的工资）作为工资总额的替代指标，即本部分实证分析的被解释变量。

（二）解释变量

工资总额最终来源于企业的经济效益，企业的经济效益增加则工资总额增加，反之亦然，这是市场经济的基本规律。营业总收入、净利润、利润总额是衡量企业经济效益的主要指标，本报告分别使用这三个指标

---

① 《中国证券监督管理委员会年报（2019）》，中国证监会网站，http://www.csrc.gov.cn/pub/newsite/zjhjs/zjhnb2020/202008/P020200825360018516101.pdf，2020年8月25日。

进行稳健性分析。资产报酬率也是衡量企业经济效益的重要指标，本报告分别选择两个衡量资产负债率的指标进行稳健性分析，这两个指标的定义见表1。

已有研究文献表明，反映企业创新的主要指标包括三种：一是以研发投入占营业收入的比重即研发强度作为企业研发支出的代理变量，该指标由上市公司年报中的研发投入[1]（我国上海证券交易所科创板规定财务指标包括"最近三年累计研发投入占最近三年累计营业收入的比例不低于15%"[2]）除以营业总收入计算而得；二是总专利数量，也就是企业总专利数，包括发明专利数量、实用新型数量、外观设计专利数量；三是发明专利数量（见表1）。本报告同时将企业的研发投入金额（绝对值）作为解释变量。通常认为，与实用新型、外观设计专利相比，发明专利更能反映企业的科技创新能力。

（三）控制变量

本报告选用6个控制变量，分别是股权集中度1（上市公司第一大股东持股比例）、股权集中度2（上市公司第一大流通股东持股比例）、企业规模（上市公司总资产的对数值）、管理层持股数量（上市公司管理层持股数量）、高管持股数量（上市公司高管持股数量）、成长性（上市公司的总资产增长率）、行业（行业的虚拟变量）。

本报告所用研究变量及其定义见表1。

---

[1] 《上海证券交易所科创板股票发行上市审核问答》（上证发〔2019〕29号）第7条规定，"研发投入为企业研究开发活动形成的总支出。研发投入通常包括研发人员工资费用、直接投入费用、折旧费用与长期待摊费用、设计费用、装备调试费、无形资产摊销费用、委托外部研究开发费用、其他费用等。本期研发投入为本期费用化的研发费用与本期资本化的开发支出之和"。

[2] 《上海证券交易所科创板股票上市规则》第2.1.2条规定，发行人申请在科创板上市，市值及财务指标应当至少符合五项标准中的一项，其中第（二）项规定，预计市值不低于人民币15亿元，最近一年营业收入不低于人民币2亿元，且最近三年累计研发投入占最近三年累计营业收入的比例不低于15%。

表1 研究变量及其定义

变量类型	变量名	符号	变量定义
被解释变量	工资总额	wage	本期实际支付给职工的工资、奖金、各种津贴和补贴等，以及为职工支付的养老保险、待业保险、补充养老保险、住房公积金等，不包括支付给在建工程人员的工资
解释变量	营业总收入	income	
	净利润	netprofit	
	利润总额	profit	
	资产报酬率A	ROEA	（利润总额＋财务费用）/资产总额
	资产报酬率B	ROEB	（利润总额＋财务费用）/平均资产总额；平均资产总额＝（资产合计期末余额＋资产合计期初余额）/2
	研发投入金额	spend	
	研发强度	rd	上市公司当期研发投入/当期营业收入
	总专利数量	patent	企业总专利（包括发明专利、实用新型、外观设计专利）数量
	发明专利数量	Invent	企业发明专利数量
控制变量	股权集中度1	top1	上市公司第一大股东持股比例
	股权集中度2	top2	上市公司第一大流通股股东持股比例
	企业规模	size	上市公司总资产的对数值
	成长性	grow	上市公司的总资产增长率
	管理层持股数量	managehold	上市公司管理层持股数量
	高管持股数量	tophold	上市公司高管持股数量
	行业	ind	行业的虚拟变量

二 研究数据来源

（一）科创板上市公司数据

本部分数据均来源于深圳希施玛数据（CSMAR）① 以及各上市公司的

---

① 由深圳国泰安数据更名为深圳希施玛数据科技有限公司数据（China Stock Market & Accounting Research Database），http://www.csmar.com/。

年报。由于 2019 年科创板上市公司才开始交易，因此，目前科创板上市公司样本仅为 92 家上市公司。

（二）数据处理及基本方法

数据处理选用 Excel 2010 软件，相关性分析、描述性统计分析以及回归分析均采用 Stata 软件进行。

三　研究模型构建

本部分首先构建实证分析模型，如下：

$$Y = a_0 + a_1 X_i + a_2 C_i + u \tag{1}$$

其中，Y 为上市公司的工资总额，用"支付给职工以及为职工支付的现金"衡量；X_i 代表解释变量；C_i 为控制变量；u 为误差项；a_1、a_2 为回归系数，显然，系数为正则两者正相关，系数为负则两者负相关。

四　描述性分析与相关性分析结果

（一）描述性分析结果

表 2 是 92 家科创板上市公司样本数据的描述性分析结果。

表 2　科创板上市公司样本数据的描述性分析

变　量	样本量	均值	标准差	最小值	最大值
工资总额	92	2.353e + 08	5.751e + 08	17212602	5.073e + 09
营业总收入	91	1.579e + 09	5.047e + 09	700000	4.165e + 10
净利润	92	1.903e + 08	4.980e + 08	− 1.023e + 09	4.177e + 09
利润总额	92	2.212e + 08	5.903e + 08	− 1.023e + 09	5.027e + 09
资产报酬率 A	92	0.061	0.199	− 1.369	0.47

续表

变　量	样本量	均值	标准差	最小值	最大值
资产报酬率 B	92	0.089	0.189	-1.131	0.57
研发投入金额	92	1.226e+08	2.096e+08	9893958	1.603e+09
研发强度	91	11.636	8.433	0	45.02
总专利数量	44	65.841	79.481	4	391
发明专利数量	42	42.31	58.009	1	272
股权集中度 1	92	30.354	13.457	10.127	75
股权集中度 2	72	1.82	4.989	0.077	29.877
企业规模	92	21.267	0.87	19.585	25.303
成长性	92	1.155	0.988	-0.296	5.067
管理层持股数量	87	35290631	47007140	0	2.108e+08
高管持股数量	87	25051683	37081905	0	1.986e+08
行业	92	41.076	14.316	14	77

注：表中数值保留至小数点后 3 位，行业为虚拟变量。

由表 2 可知，科创板上市公司的工资总额 2019 年平均值为 2.353 亿元；同期，营业总收入、净利润、利润总额的平均值分别为 15.79 亿元、1.903 亿元、2.212 亿元。同期，科创板上市公司的资产报酬率 A、资产报酬率 B 平均分别为 6.1%、8.9%（根据定义，资产报酬率 B 显著高于资产报酬率 A，表明科创板上市公司的资产总额增长较快）。总的来看，科创板上市公司的工资总额与其经济效益是相匹配的。

科创板上市公司 2019 年研发投入金额的平均值为 1.226 亿元；同期，研发投入占营业收入比例的平均值为 11.636%（最高值达到 45.02%），远高于 2019 年全国规模以上工业企业研发经费支出与主营业务收入之比 1.32%[①]，表明科创板上市公司的研发强度远高于一般企业。

2019 年 92 家科创板上市公司中有 44 家拥有新专利、42 家拥有发明专

---

① 数据来源于国家统计局《中国统计年鉴（2020）》，http：//www.stats.gov.cn/tjsj/ndsj/2020/indexch.htm。

利，拥有新专利、发明专利的上市公司占比高达47.8%、45.7%。

科创板上市公司管理层持股数量、高管持股数量平均值分别约为3529万股、2505万股，并且92家科创板上市公司中有87家科创板上市公司均为管理层持股和管理层持股，高管持股占比及数量均远高于其他板块上市公司。

（二）相关性分析结果

为考察解释变量与被解释变量之间的关系，以及检验解释变量与被解释变量是否存在多重共线性问题，对变量进行相关性分析，结果如表3所示。

科创板上市公司工资总额与营业总收入、净利润、利润总额之间呈现显著的正相关关系，相关系数分别为0.9547、0.9075、0.9167。同时，可以看出，营业总收入、净利润、利润总额三个解释变量之间呈现显著的正相关关系。

科创板上市公司工资总额与研发投入金额之间呈现正相关关系，相关系数为0.8973，并且相关性显著。但是，与预想的不同，工资总额与研发强度之间却呈现负相关关系，但不显著。

科创板上市公司工资总额与总专利数量、发明专利数量之间呈现正相关关系，相关系数分别为0.7214、0.7918，并且相关性均显著。

科创板上市公司工资总额与管理层持股数量、高管持股数量之间呈现负相关关系，但相关性不显著。

五　工资总额决定因素的实证回归结果

（一）工资总额与经济效益、研发投入、专利的混合OLS回归结果

表4列示了科创板上市公司工资总额与相关影响因素的混合OLS回归结果。

表 3　相关性分析结果

变量	工资总额	营业总收入	净利润	利润总额	资产报酬率 A	资产报酬率 B	研发投入金额	研发强度
工资总额	1							
营业总收入	0.9547***	1						
净利润	0.9075***	0.9314***	1					
利润总额	0.9167***	0.9440***	0.9985***	1				
资产报酬率 A	0.0104	0.0277	0.2808***	0.2477**	1			
资产报酬率 B	-0.0096	0.0131	0.2858***	0.2521**	0.9897***	1		
研发投入金额	0.8973***	0.8605***	0.7503***	0.7648***	-0.1945*	-0.2197**	1	
研发强度	-0.0711	-0.1701	-0.1220	-0.1323	0.0520	0.0355	0.0978	1
总专利数量	0.7214***	0.4961***	0.1555	0.1423	-0.0387	-0.0626	0.4625***	0.1177
发明专利数量	0.7918***	0.5996***	0.3995***	0.3678**	-0.1901	-0.1857	0.8433***	0.4005***
股权集中度 1	0.3678***	0.3304***	0.3094***	0.3091***	0.0313	0.0389	0.3466***	-0.0805
股权集中度 2	0.3551***	0.3305***	0.3573***	0.3594***	-0.0799	-0.1627	0.2786**	-0.1746
企业规模	0.6931***	0.6678***	0.6841***	0.6780***	0.1109	0.0816	0.6838***	-0.0248
成长性	-0.1517	-0.1652	-0.0655	-0.0763	0.1515	0.2150**	-0.1771*	0.2860***
管理层持股数量	-0.0760	-0.0877	-0.0179	-0.0250	-0.0121	-0.0088	-0.0411	0.0205
高管持股数量	-0.0785	-0.0767	-0.0227	-0.0296	-0.0277	-0.0247	-0.0550	-0.0011

续表

变量	总专利数量	发明专利数量	股权集中度1	股权集中度2	企业规模	成长性	管理层持股数量	高管持股数量
工资总额								
营业总收入								
净利润								
利润总额								
资产报酬率A								
资产报酬率B								
研发投入金额								
研发投入占营业收入比例								
专利	1							
发明专利	0.9769 ***	1						
股权集中度指标1	0.0934	0.4382 ***	1					
股权集中度指标2	-0.0308	-0.1379	0.0283	1				
企业规模	0.4429 ***	0.5481 ***	0.2275 **	0.0260 ***	1			
总资产增长率	-0.0859	0.0846	0.1265	-0.2489 **	-0.0805	1		
管理层持股数量	-0.1547	0.0514	0.0894	-0.0280	-0.0612	-0.0963	1	
高管持股数量	-0.1585	-0.0560	0.1263	-0.0687	-0.0581	-0.1163	0.0862 ***	1

注：***、**、* 分别表示在1%、5%、10%的显著性水平上显著，下同。

表 4　科创板上市公司工资总额决定因素的回归分析（混合 OLS）

指标	(1)	(2)	(3)	(4)	(5)	(6)
营业总收入	0.239 *** (5.18)			0.04638 *** (6.51)		
利润总额		0.252 (0.84)			0.3731 *** (5.74)	
净利润			0.350 (1.17)			0.4205 *** (5.69)
资产报酬率 A	-1.29e + 08 (-0.71)	1.56e + 08 (0.36)	3.68e + 07 (0.09)			
资产报酬率 B				2.67e + 08 ** (2.11)		
研发投入金额	-0.1636 (-0.56)	0.4896 (1.19)	0.4339 (1.07)	0.6597 *** (3.93)	0.9679 *** (7.20)	1.0000 *** (7.42)
总专利数量	869910.1 *** (3.32)	1552900 *** (3.63)	1589369 *** (3.89)			
股权集中度 1	240995 (0.14)	6030671 *** (2.98)	6098322 *** (3.07)	3006240 *** (2.67)	3258550 ** (2.46)	3277275 ** (2.47)
企业规模	-4.80e + 07 (-1.33)	1.98e + 07 (0.28)	5384075 (0.08)	7.27e + 07 *** (3.06)	2.93e + 07 (0.97)	2.62e + 07 (0.86)
成长性	-2296368 (-0.11)	-3.39e + 07 (-1.07)	-3.48e + 07 (-1.11)			
管理层持股数量	-0.0817 (-0.15)	-0.9961 (-1.31)	-0.9938 (-1.33)			
高管持股数量			-0.3996 (-1.06)	-0.5489 (-1.25)	-0.5799 (-1.32)	
_cons	9.65e + 08 (1.22)	-7.03e + 08 (-0.47)	-3.97e + 08 (-0.28)	-1.67e + 09 *** (-3.26)	-7.74e + 08 (-1.20)	-7.10e + 08 (-1.08)
N	41	41	41	86	87	87
R²	0.9370	0.8575	0.8618	0.8742	0.8187	0.8176
adj. R²	0.8741	0.7151	0.7237	0.8247	0.7525	0.7511
F	14.88	6.02	6.24	17.66	12.37	12.28

注：1. 括号内为 t 值（回归值/稳健性标准误 = t 值），下同；2. 回归结果（1）（2）（3）（4）（5）（6）分别对应不同的解释变量，以体现实证分析的稳健性。

具体而言，由表4可得出以下结论。

第一，科创板上市公司工资总额与营业总收入、净利润、利润总额显著正相关。从回归结果（1）（2）（3）可以看出，如果考虑资产回报（资产报酬率），那么科创板上市公司工资总额与营业总收入、净利润、利润总额三种变量之间正相关，但只有营业总收入的统计结果显著。营业总收入每提高1%，相应的工资总额将提高0.239%。从回归结果（4）（5）（6）可以看出，如果短期不考虑资产回报，那么科创板上市公司工资总额与营业总收入、净利润、利润总额三个变量显著正相关。

第二，科创板上市公司工资总额与总专利数量之间显著正相关。从回归结果（1）（2）（3）可以看出，专利数量每增加1个，工资总额分别将增加约86.99、155.29、158.94万元。由于专利是反映科技型企业技术创新能力的重要指标之一，因此，与非科技型企业相比，总专利数量（发明专利数量）等可以作为决定科技型企业工资总额的重要工资效益联动指标。

第三，科创板上市公司工资总额与研发投入金额之间显著正相关。从回归结果（4）（5）（6）可以看出，研发投入金额每提高1%，相应的工资总额将提高0.6597%~1%。

第四，科创板上市公司工资总额与管理层持股数量、高管持股数量之间负相关但不显著。管理层和高管持股是科创板上市公司以及科技型企业的重要特征，高管持股的目的是防止短期行为，更好地让管理层、高管为企业提供中长期服务。可以看出，工资总额属于短期年度激励，股权激励（持股数量）属于中长期激励，因此，短期激励与中长期激励之间客观存在着相互替代现象。

总的来看，科创板上市公司工资总额与营业总收入、利润总额、净利润、研发投入金额、总专利数量呈正相关关系并且通过了显著性检验和稳健性检验。因此，研发投入金额、总专利数量等集中反映科技型企业技术创新能力的指标，以及营业总收入、利润总额、净利润等传统经济效益指标，可以作为工资总额的决定因素即工资效益联动指标。

（二）工资增长与经济效益、研发投入的固定效应回归结果

表 5 列示了科创板上市公司工资总额与经济效益、研发投入的固定效应回归结果。

表 5   科创板上市公司工资总额与经济效益、研发投入的固定效应回归结果

指标	（1）	（2）	（3）
营业总收入	0.457 *** (6.44)		
利润总额		0.441 *** (4.94)	
净利润			0.453 *** (4.92)
资产报酬率	0.167 ** (2.66)	− 0.025 (− 0.31)	− 0.047 (− 0.55)
研发投入金额	0.369 *** (4.31)	0.495 *** (5.82)	0.501 *** (5.90)
股权集中度	0.150 *** (2.81)	0.160 ** (2.46)	0.161 ** (2.48)
企业规模	0.193 *** (3.04)	0.084 (0.99)	0.076 (0.88)
高等持股数量	− 0.061 (− 1.21)	− 0.075 (− 1.25)	− 0.080 (− 1.33)
N	86	87	87
R^2	0.863	0.795	0.795
adj. R^2	0.8097	0.7162	0.7154
F	64.291	40.171	40.038

注：回归结果（1）（2）（3）对应的是不同解释变量。

由表 5 可知，第一，科创板上市公司工资总额与营业总收入、利润总额、净利润这三个经济效益指标之间呈正相关且统计上均显著；第二，科创板上市公司工资总额与研发投入金额之间呈正相关且统计上均显著。

（三）科创板上市工资总额决定因素的实证结论

表6列示了科创板上市公司工资总额与经济效益指标（营业总收入、利润总额、净利润）、研发投入、专利等决定因素之间的关系。

表6　科创板上市公司工资总额的决定因素

		营业总收入	利润总额	净利润
工资总额	混合 OLS	正相关且显著	正相关且显著	正相关且显著
	固定效应	正相关且显著	正相关且显著	正相关且显著
		研发投入金额	总专利数量	管理层持股数量/高管持股数量
工资总额	混合 OLS	正相关且显著	正相关且显著	负相关但不显著
	固定效应	正相关且显著		负相关但不显著

可以看出，与其他类型企业相比，除传统的营业总收入、利润总额、净利润外，研发投入金额、总专利数量指标可以作为科技型企业工资效益联动指标进行工资总额决定机制设计。

六　科技型企业工资总额决定的主要因素

（一）工资总额与营业总收入、利润总额、净利润之间显著正相关

从科创板上市公司的实证分析结果来看，科技型企业工资总额与营业总收入、利润总额、净利润等经济效益指标之间呈显著正相关关系，这表明科技型企业仍具备企业的基本属性。从中长期看，科技型企业的生存发展也必须以经济效益为前提。

（二）工资总额与研发投入金额显著正相关

高研发投入是科技型企业的显著特点，尽管短期减少研发投入能够提高

企业的短期经济效益，但科技型企业的技术创新特点仍决定了其必须持续进行研发投入。从科创板上市公司的实证分析结果来看，科技型企业工资总额与研发投入金额之间显著正相关，这一实证结果也进一步验证了科技型企业研发投入的必要性和重要性。

（三）工资总额与总专利数量显著正相关

专利是科技型企业的重要产出和竞争力。从科创板上市公司的实证分析结果来看，科技型企业工资总额与其总专利数量之间显著正相关。

（四）工资总额与管理层、高管持股数量负相关

由于技术人才稀缺和人才对企业发展的极端重要性，企业管理层、高管持股是科技型企业对高管等关键员工普遍实行的激励约束方式。科技型企业由于成立时间较短，货币等现金流量比较缺乏，因此，往往对高管的短期激励强度较小，但中长期激励强度较大，就中长期而言，科技型企业对高管的总激励程度具有竞争力。因此，短期激励、中长期激励在中长期是相互补充的，但在短期内是相互替代的。从科创板上市公司的实证分析结果来看，科技型企业工资总额与管理层持股数量、高管持股数量之间负相关但统计上不显著。

七 政策建议

（一）科技型企业工资总额政策应以优先鼓励创新产出为基调

科技型企业应更多考虑实施增加研发投入、专利发明数量等创新产出的工资效益联动政策，充分发挥工资增长对企业创新的正向作用，加大对企业科研人员、技能人才等的薪酬激励力度和股权产权等中长期激励力度，建立健全以持续工资增长促进企业创新为导向的分配政策。

（二）研发驱动型科技企业可实施与研发投入联动的工资决定机制

企业高管及其他职工的薪酬水平必须具有足够市场竞争力，科技企业才能吸引人力资本较高的中高层管理人员及和研发技术人员；同时，为鼓励创新，需要对高管等关键员工实施股权激励等中长期激励机制。

（三）基础研究型科技企业可实施与专利数量联动的工资决定机制

从科技型上市公司的实证分析结果来看，职工工资总额与总专利数量存在正相关关系，结合实践中的高新技术企业薪酬管理现状，基础研究型科技企业有必要实施与总专利数量（或发明专利数量、研究成果）等创新产出联动的工资决定机制。

（四）对科技型企业高管可通过中长期激励来降低短期工资总额的压力

从科技型上市公司的实证分析结果来看，尽管统计上不显著，但科技型企业管理层、高管持股数量与工资总额之间存在负相关关系，表明科技型企业高管的中长期激励与短期激励之间存在替代性。为降低短期内科技型企业的薪酬激励压力，可通过给予高管等关键员工更多中长期激励来降低科技型企业的短期工资总额激励压力，即"以时间换空间"。

（五）科技型企业工资总额预算管理可优先鼓励实施周期制模式

由于科技型企业的技术创新需要一定时间的持续研发投入，并且技术创新成功与否的不确定性较高，在工资总额管理方面给予科技型企业一定时间周期内的自主灵活性非常必要。为此，与一般企业按年度管理工资总额相比，对国有科技型企业实施周期制工资管理更适宜其发展。

参考文献

［1］ 常风林：《国有企业工资增长对企业创新的影响机制研究——基于沪深上市公司 2012~2018 年数据》，人力资源社会保障部部级课题研究报告，2019。

［2］ 黄凌劼：《适合国有企业的工资总额预算管理办法探讨》，《企业改革与管理》2019 年第 17 期。

［3］ 贾东岚：《发达国家企业工资调控措施研究》，《中国劳动》2016 年第 6 期。

［4］ 刘国栋：《国有科技型企业股权和分红激励机制研究》，博士学位论文，对外经济贸易大学，2019。

［5］ 刘国栋：《完善国有企业工资总额调控办法的初步思考》，《中国劳动》2017 年第 9 期。

［6］ 王一农：《国有企业工资总额预算管理的深化和拓展》，《中国人力资源开发》2014 年第 14 期。

［7］ 袁显平、张金锁：《国有集团企业工资管理策略研究——以煤业集团企业为例》，《财会通讯》2011 年第 3 期。

［8］ 张灵斌：《航空 A 公司工资总额预算管理研究》，博士学位论文，哈尔滨工业大学，2017。

［9］ Stone J. A., Blanchflower D. G., Oswald A. J., "The Wage Curve", *Industrial & Labor Relations Review* 3 (1990).

［10］ Vaona A., "Inflation and Growth in the Long Run: A New Keynesian Theory and Further Semiparametric Evidence", *Working Papers* 1 (2011).

B.8
劳动者假期制度及其对企业成本的影响分析

贾东岚[*]

摘　要：　本报告提出影响假期制度的因素，整理有关国内外假期制度的研究，分析我国当前假期制度面临的各类问题，并在调查研究假期制度对企业人工成本影响情况的基础上，结合中外企业假期成本比较，从顶层设计、假期制度评估研究、统筹整合假期设置、加强统一立法、细化薪酬支付标准等方面提出对新时代假期制度设置方面的相关建议。

关键词：　劳动者　假期制度　企业成本

随着我国经济的不断发展和城镇化进程的加快，劳动者对于休息休假的需求逐步发生变化，劳动者假期制度的内容日趋丰富多样。近年来，很多地方新出台或修正一些假期制度并调整相关福利待遇。但整体来看，现存假期立法较为滞后，已无法适应当前政治经济社会发展的新要求和人民生活水平提高的新形势。因此，有必要就部分假期制度存废或修订的可行性、地区差异较大的制度的统一性、假期薪酬支付的规范性、企业人工成本承受力等方面进行深入研究，在厘清我国目前各类假期制度和假期薪酬支付现状的基础上，提出符合新时代要求的有关政策建议。

---

* 贾东岚，中国劳动和社会保障科学研究院薪酬研究室副研究员，主要研究领域为工资收入分配。

一 关于劳动者假期的理论分析

（一）假期的基本内涵

本报告所用"假期"是指劳动者无须工作，可供劳动者自由支配、休闲娱乐的时期。一般而言，假期制度是指为了纪念特别节日、保障劳动者休息休假权利、满足家庭生活发展需求等而设立的各类劳动者假期制度。从国际上来看，假期制度往往以社会基础为依托，伴随着经济发展而逐步演变和发展。关于假期的设立，国家或地方有关立法机构或制度发布部门在制定假期制度时会受到全社会政治、经济、文化以及假期所涉及的劳动关系双方主体的利益等多方面因素影响。

一是经济发展因素。假期可拉动内需、促进消费。例如，在国庆黄金周作用下，近年来中国人的旅游、休闲需求出现爆发式增长。1999 年国庆第一个黄金周，全国出游人数达 2800 万人次，旅游综合收入 141 亿元，假日旅游热潮席卷全国。到了 2016 年国庆黄金周，全国共接待游客 5.93 亿人次，累计旅游收入 4822 亿元。长假效应在不到 20 年的时间里，出现了惊人的增长，但游客量高速增长带来的交通、安全、服务问题也饱受诟病。再如，2015 年以来，国家和不少地方在有关促进旅游投资和消费的文件中，鼓励设立 2.5 天休假模式。

二是文化传承因素。传统节日所承载的文化对于一个民族的精神记忆而言具有独特的价值，传统节日是弘扬中华传统文化、传统美德的重要方式。2008 年起，"五一"、清明、端午、中秋等假日调整，进一步强化了传统节日在法定节假日中的重要性，得到社会广泛支持。

三是保障劳动者的休息休假权利因素。传统的"休息权"是指劳动者在体能和脑能的承受范围内连续工作一定时间（半个或者一个工作日以上）后所享有的暂停工作、进行歇息和整理的权利。它包括劳动者在工作一定时间后吃饭、睡觉、临时歇息以及处理临时个人事务的权利。从广义角度看，

"休假权"更多涉及劳动者的生存与发展，进而关系到更广泛的劳动权。

四是保障劳动者全面发展因素。近年来，面对持续走低的出生人口、生育率以及不断加快的老龄化进程，我国相继出台"单独二孩""全面二孩""放开三孩"等政策，逐步缓解这一严峻形势。与此同时，不少育龄夫妇面临着抚养和教育成本高企、养老和护理压力渐升的两难问题，很多假期制度亟须适应社会发展新要求，特别是满足劳动者全面发展的需求。

五是充分考量企业承受力因素。很多假期在设置初衷更多考量的是经济发展因素和劳动者的休息休假权利，而忽视了各类假期设置对企业用工及经济负担的影响。假期应在保证劳动者的休息休假权利及促进经济发展的基础上，充分考虑企业成本因素，特别是假期期间的薪酬支付等问题。

（二）研究综述

国外一些研究从微观角度分析了不同休假制度对职工的影响（Ji Y. K.，2020；Hofmarcher T.，2020；Niel M. S. V. 等，2020），也有从宏观角度研究了休假制度的设置及其影响（DeRigne L. A. 等，2018；Richard J. P. 等，2020；Gilbert U. 等，2020）。此外，部分学者研究了劳动时间与企业用工成本之间的关系。

国内学者的研究主要集中在对某一类特定假期的评析、对公民休息休假权的法理分析，缺乏对假期制度的系统性考量。另外，学者们的研究局限于各自的专业领域，即单纯地从法理角度分析法律制度的构建或单纯地从经济效益角度考虑企业用工成本，法律制度的构建和经济运行被割裂，从而无法对假期制度形成综合评价。对此，应通过"厘清各类假期性质、功能、目的，明确各类假期的设立主体、假期天数、成本承担和监管落实等基本标准，对不符合实际的假期进行删减清理和修订更新"[1]，让假期制度更好地发挥作用。

---

[1] 劳君雨：《浅谈我国结婚生育假期制度现状及发展》，《中国人力资源社会保障》2017 年第4 期。

二 我国现行假期制度概况及存在问题

目前，我国尚在有效运行的劳动者假期制度包括：法定节假日、带薪年休假、探亲假、婚丧假、产假/陪产假、育儿假、护理假、医疗假期等。随着经济发展水平的不断提高，劳动者标准工时和假期相关制度逐步多元化，休假天数和待遇逐步提升，但假期制度在运行中仍存在不少问题。

（一）假期制度体系缺乏顶层设计

当前与假期事项相关的规定散见于不同行政部门主导制定的法律法规或政策文件中，缺乏统一的制度体系与规范，存在"政出多门"的现象。例如，为鼓励生育，2015 年修订的《中华人民共和国人口与计划生育法》提出了"生育奖励假"，明确符合条件的职工可以获得延长生育假或者其他福利待遇；为促进旅游经济发展，2015 年印发的《国务院关于进一步促进旅游投资和消费的若干意见》提出夏季周五下午与周末相结合的"2.5 天假"，鼓励有条件的地方和单位调整夏季作息安排；为保障老年人权益，2018 年修订的《中华人民共和国老年人权益保障法》规定用人单位要保障赡养人探亲休假的权利，部分地方据此设置了老年人护理假或独生子女护理假。这些假期设置中存在定位不清、界定不明和评估不足的问题，同时现有假期种类繁多、规定分散，未能形成规范、衔接顺畅的制度体系，给依法落实假期制度的企业造成压力，影响了法律制度的可行性和公平性。

假期由多部法律、法规和地方规章规定。在制定和执行相关制度时，有关机构或部门在如何进行统筹协调，如何面向市场上的劳动者及企业进一步解读法律法规条款，如何进一步推进法律实施，如何对已生效的法律法规进行监督等方面存在不清晰之处。同时，不同的法律法规之间如何协调，也不明确。相关机构或部门在制度构建过程中缺乏全局意识和大局意识。

（二）假期立法权限不明确

法律层面的规定与地方性法规掺杂，导致在具体使用过程中出现混乱。地方性法规对用人单位有强制约束力，用人单位执行地方性法规便会造成给假成本的大幅提高，并且各地区不同的假期长度意味着用工成本的不同，对用人单位的公平竞争也会产生不利影响。

地方在假期事项上的立法权限缺乏限制，导致地方立法的随意性较强，在假期种类、天数、计算标准、成本负担责任等方面存在较大差异。地方延长假期的现象频现。法定节假日、带薪年休假、探亲假、婚丧假、产假/陪产假在法律中有明确的规定，但各地在地方性法规中对假期时间多有延长。以产假为例，《女职工劳动保护特别规定》规定产假一般为 98 天，但多地在此基础之上推出"生育假""产前假"等假期，将产假延长。海南省的产假在 98 天的基础之上延长三个月，且不包括法定节假日。再如婚假，1980年颁布的《关于国营企业职工请婚丧假和路程假问题的通知》规定婚假为 1~3 天，内蒙古、重庆等地将婚假延长至 15 天，山西省将婚假延长至 30 天。总的来看，生育奖励假最高相差 237 天，婚假最高相差 27 天，男性陪产假最高相差 23 天，由此造成用人单位承担的用工成本差异增大，直接影响社会公平。部分地方在假期规定上还存在攀比态势，一味追求假期的多种类、天数，忽视了政府、企业、职工之间的权责统一。

（三）假期成本分担机制欠缺

现有假期成本由用人单位全额承担，导致用人单位负担过重。假期制度的构建并非劳动关系经济交换原则所包含的内容，但为了让劳动者更好地劳动，让每一位劳动者能够健康地生活，国家要求在劳动关系内部建立起假期制度，并赋予一定程度上的强制性。让劳动者更好地生活、让老年人能够老有所依不仅仅是每一个人的义务，也是全社会共同的义务。但现有假期成本全部由用人单位承担，忽视了国家应当承担的责任，造成用人单位的用工成本压力巨大。

（四）缺乏全国性的统一立法

处于探索过程中的育儿假、护理假、2.5 天小长假等假期制度缺乏在法律层面的指引。上述假期处于探索阶段，缺乏上位法的指引，在具体规定落地过程中显现出许多弊端。以老年人护理假为例，为应对家庭的养老问题，各地陆续推出老年人护理假，给予照顾老人的子女在一定期间内申请免除劳动义务的权利。老年人护理假制度本是缓解养老压力的有力抓手，但各地差异化的规定导致了法律适用的困境与法律责任的缺位，老年人护理假制度不仅无法落实，还进一步激化了劳资双方之间的矛盾。为解决这一问题，亟须提升老年人护理假的立法位阶，通过法律对地方性立法发挥指引作用。

不同地区假期的计算方式也存在较大差异，部分地区对法定节假日、公休日是否应计算在其他假期内进行了不同的规定。法律对法定节假日是否计入其他假期中没有明确规定，但部分地区通过地方性立法的方式对之加以规定，如江苏省明确规定产假和护理假不包含国家法定休假日。再如，陕西省规定婚假、护理假不含公休日和国家法定假日，产假包含公休日和国家法定假日。假期计算方式的立法空白与地方性立法的多样化构建进一步加大了假期时长的差异性。

（五）部分假期与当前经济社会发展不适应

1981 年出台的探亲假明确规定适用范围是国家机关、人民团体、全民所有制企业和事业单位的职工。随着改革开放的推进，市场主体从过去单一的公有制企业为主要组成部分，逐渐发展到如今私营企业、外资企业、混合所有制企业等非公企业占大多数，探亲假从普惠的假期制度变成了仅覆盖部分人群的非普惠的假期制度，偏离了假期制度设立初衷。同时，随着社会经济发展、生活水平提高，高铁、飞机成为常用的交通工具，"不能在公休假日团聚"的休假条件对多数企业职工已不复存在。

（六）部分假期落实困难

假期落实困难的原因具体包括两方面。一方面，给假产生的成本分担不合理。护理假、2.5 天小长假等一系列处于探索中的假期不断出现，往往会引发"周末无休，何谈小长假"的讨论。假期的落实，应当建立在充分了解用人单位状况的基础之上，假期制度的构建应当充分考虑用人单位的薪酬成本。另一方面，监管不力。行政监察与劳动监察是维护劳动者合法权益的有力手段，但由于劳动监察执法资源的有限性与劳动监察的偏重性，我国现行劳动监察执行十分不力。劳动监察包括被动处理和主动查处两方面，而现今监察部门疲于应对大量申诉，深陷被动执法、低效执法的困境。对此，应在调整成本分担制度的基础之上加强对企业假期制度的行政监督，确保制度落实。

三　假期对企业成本的影响分析

课题组通过在辽宁和天津发放调查问卷①，并赴山东、湖北实地调研，了解假期对企业成本的影响情况。

（一）企业落实按时足额休假和薪酬支付情况

大部分企业内部假期制度健全。调查显示，85% ~ 90% 的企业内部规章制度中明确规定了员工休假事宜。部分外资企业、新兴行业或大型民营企业内部假期制度优于传统国有企业，假期时长和薪资支付均好于国家规定。例如，某外资科技企业的年休假、婚假、丧假等假期时长均

---

① 在辽宁向企业发放问卷 110 份，收回有效问卷 104 份，向劳动者发放问卷 1200 份，收回有效问卷 1135 份，有效回收率均为 95%。在天津根据天津市用人单位的行业、规模及类型随机选取调查对象，共向企业发放 170 份问卷，收回有效问卷 136 份，向劳动者发放 1350 份问卷，收回有效问卷 1082 份。

比国家规定长，且内部设立带薪探亲假、弹性假日、圣诞节等带薪假期。再如顺丰公司等新兴行业企业也针对跨区域员工设立了带薪探亲假，此外还有绩优假、春节延长假。某大型民营零售行业企业也在丧假、子女陪护假方面设立了公司自有标准，均优于当地政府政策，较好地保障了公司员工的休假权。

带薪年休假制度的落实情况不理想。实地调研中发现，部分企业因生产经营压力大、提高用人效率造成员工无法正常休假，且不少国有企业未能严格执行应休未休假期补3倍工资的规定。对辽宁的调查显示，在企业职工带薪年休假的实施情况方面，只有23.08%的受访企业能够按国家规定让企业内员工足额享受带薪年休假，按国家规定足额休假的员工比例低于50%的企业占辽宁调查样本的27.88%。企业对带薪年休假制度的实施情况较差，很大一部分企业职工的带薪年休假得不到落实。就企业登记注册类型而言，20%的国有企业能够保障企业职工100%按国家规定足额带薪休年假，26.76%的民营企业能够保障企业职工100%按国家规定足额带薪休年假。虽然民营企业职工带薪年休假制度落实情况略好于国有企业，但二者的比例都较低，带薪年休假制度仍需进一步加强落实。对天津的调查发现，2019年休假的员工占比仅为50.55%，这意味着有权休假的员工中仍有近一半的人没有享受休假。对于应休而没能休假问题的解决，45.59%的员工的假期计入下年假期，超过1/3的员工可获得一定经济补偿，但有18.38%的人既未休假又未得到经济补偿（见图1）。综上，带薪年休假制度在企业的落实情况尚不尽如人意。

部分企业劳动者休假期间的薪资福利得不到充分保障。虽然大多数企业按实际日工资支付职工休假期间的工资，但是仍有部分企业按照一定比例支付工资而非全额支付工资，甚至有的企业不发休假工资。企业对婚假工资足额支付的比重相比产假/陪产假的休假工资足额支付的比重高（见表1）。可见，企业对婚假休假制度的实施情况相对较好。

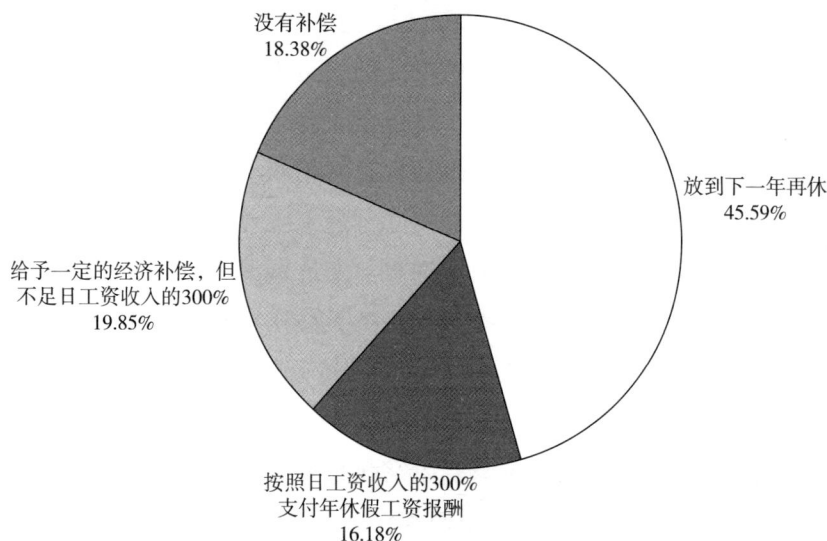

图1　天津企业员工年休假应休未休处理情况

表1　辽宁企业在职工休假期间的工资支付方式

单位：%

工资支付方式	婚假	产假/陪产假
按实际日工资支付	77.78	54.01
按日工资的一定比例支付	8.13	14.51
不发工资	6.5	15.43
其他	7.59	16.05

（二）假期设置对企业人工成本的影响

　　不少企业认为假期设置对人工成本影响较大。调研显示，部分企业因假期产生的成本占企业总人工成本的1%～10%。部分国有企业认为工资总额管控压力大。例如，湖北长江产业投资集团员工总数4000人，在不考虑特定假期以及3倍补偿条件下，员工全年享受带薪休假60天（年休假、独生子女护理假、探亲假），按人均工资总额8万元/年核算，企业在有效工作日减少的同时，还需承担员工人均工资2万元/年，总额约8000万元/年。

如果考虑员工带薪休假应休未休天数，根据相关规定按月核算 3 倍工资，将进一步加剧企业人工成本、工资总额管控压力。又如山东能源集团认为，综合考虑女性带薪假期较多、员工休假导致有效劳动时间减少等因素，员工休假导致企业定员比标准增加 10% 左右。按照该集团现有 28 万人计算，员工休假导致企业增加人员约 2.8 万人，增加人工成本约 40 亿元。一些物业、保洁、零售等行业企业认为假期造成的应休未休假期的薪酬支付、"AB 角"配备增员、应对休假招聘的非全日制员工顶班等均大幅提升了招聘、培训、工资等相应人工成本水平。疫情影响下利润下滑的传统劳动密集型行业企业无疑承压更大。辽宁和天津的问卷调查显示，企业应对员工休假不利影响的措施中，选择增加现有员工工作量和支持休假员工远程工作的比例超过一半。其中，天津的问卷调查显示，67% 的受调查企业认为员工休假对企业人工成本有影响，超 1/3 的企业认为员工休假给企业造成人工成本压力较大。

产假和病假对企业影响最大。调研发现，年轻员工、女性员工多的企业受这两类假期的影响较大。银行柜台类、商场销售类、餐饮服务类、护理类等行业一线岗位女性员工较多，且多数处于婚育年龄，产假的延长对企业的运转、生产经营等造成了极大的负担。辽宁的调查问卷显示，在各类假期中产假是对企业影响最大的假期，58.65% 的企业认为产假对企业人工成本或正常运行造成影响；其次为病假，36.54% 的企业认为病假对企业人工成本或正常运行造成影响；而婚假、育儿假、陪产假/男方护理假、独生子女护理假、探亲假、2.5 天休息日等假期对企业人工成本或正常运行的影响较小（见表 2）。天津的调查问卷也显示，针对产假和病假，分别有 64.71% 和 56.62% 的企业认为对企业有影响（见图 2）。

表 2　企业认为有影响的假期类别（辽宁）

假期类别	有效填写人次	比例
婚假	20	19.23%
病假	38	36.54%
产假	61	58.65%
育儿假	23	22.12%

假期类别	有效填写人次	比例
陪产假/男方护理假	22	21.15%
独生子女护理假	14	13.46%
探亲假	19	18.27%
2.5休息日	18	17.31%
其他假期	17	16.35%
本题有效填写人次	104	

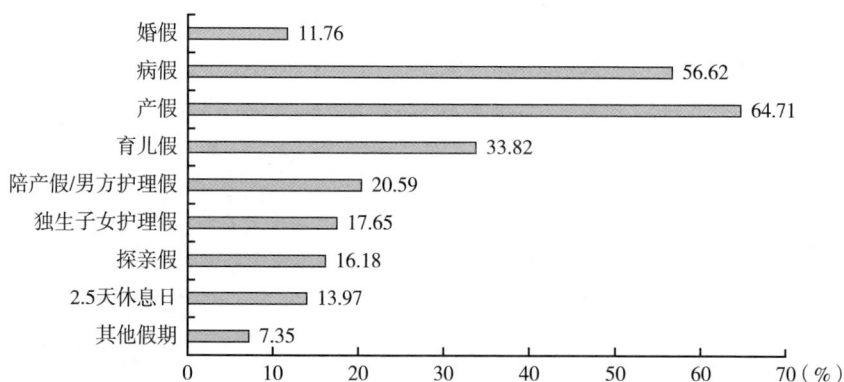

图2　企业认为有影响的假期类别（天津）

（三）女性职工带薪假期对企业招聘的影响

辽宁的问卷调查显示，14.42%的受访企业表示考虑尽量少招女性职工，11.54%的受访企业表示考虑尽量让女性职工不扎堆生孩子，42.31%的受访企业表示相对优先考虑雇用生完孩子或二胎的女性职工，49.04%的受访企业表示不会过多考虑男女人工成本差异。由此可见，女性职工在就业过程中仍然处于一定劣势，部分企业在招聘过程中因考虑企业用工成本而对女性职工提出更多要求，甚至考虑少招女性职工以减轻女性职工带薪假期增多而带来的企业用工成本。

从企业登记注册类型来看，65%的国有企业和46.48%的民营企业表示不会过多考虑男女人工成本差异，且43.66%的民营企业会相对优先考虑生完孩子或二胎的女职工（见图3）。国有企业的用工条件相比民营企业更公平一些，多数企业不会因女性职工带薪假期较多而存在用工差别，但是也有少数国有企业和民营企业选择尽量少招女职工或让女职工不扎堆生孩子。

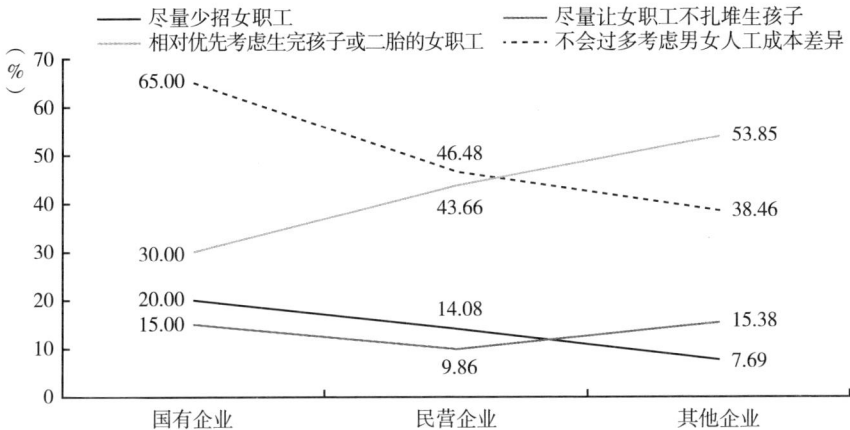

图3　辽宁不同登记注册类型企业对招聘女性职工的看法

四　中外假期成本比较

比较中外法定假期成本发现，中国的公众假期、年假和众多发达国家假期时长相当（见表3），产假、陪产假、育儿假由于各地差异过大，无法同口径比对，但不少地区生育类假期时间相对较长。此外，我们还有具有中国特色的婚假制度。对于照顾重病家人或自身休病假的情况，有的国家假期时间较长但补贴微薄（英国）或无薪（美国），有的国家（新加坡）提供带薪休假但休假期较短，而我国医疗期工资按照80%的比例支付，假期也相对较长。更值得关注的是，从薪酬支付成本看，我国各类假期支付主体均为企业，而大多数国家设置了国家支付、国家和企业共同支付、劳动者自身负责等多类分担机制，因此我国企业所承担的假期成本相对较高。

表3　中外法定假期成本比较

国　家	公众假期 （天）	年假（天）	病假（天）	产假（周）	陪产假 （天）	育儿假	其他
澳大利亚	9	20	10	18	10		
加拿大	10	10	3	17	0	40～69周	
印　度	3	12	0	26	0		
新西兰	10	20	5	26	7～14		
新加坡	11	7～14	5～14	16	10		15～60天住院期 （带薪）
南　非	13	15	10	0	0		
英　国	8	28		39～52	0		140天大病假
美　国	10	0	0	0	0		12周无薪家庭 或医疗假
日　本	15	10～20		14	最多28	1年到1年半	
中　国	11	5～15		16～52	7～30		90～720天 医疗期

注1：英美企业在公众假期期间无须向员工付工资。

注2：澳大利亚除年假外，有长工作假，员工在同一公司每工作10年会获得43天假。

注3：加拿大年假随劳动者在同一公司工作的时长递增，5年以后有15天假，10年以后有20天假。

注4：在澳大利亚，员工在休产假或陪产假期间由国家支付最低工资，2020年的最低工资标准为740.8澳元/周。

注5：加拿大女性若加入了国家就业保险计划，可有15周带薪产假（55%工资），外加40～69周带薪育儿假。

注6：在新西兰，员工在休产假或陪产假期间由国家支付工资，2020年工资标准为585.8新西兰币/周。

注7：新加坡员工休产假时，由企业和国家各付8周工资。

注8：在英国，员工前6周的产假津贴为正常月工资的90%；第7周至第39周的津贴为正常月工资的90%和统一金额（2020年为148.68英镑/周）中的低者；第40周起无津贴。津贴的费用由雇主和国家共同负担，雇主可以向国家要求报销其中的92%。

注9：在日本，产假到育儿假满一年期间员工每月的工资是产假前工资的2/3；育儿假一年至一年半期间是产前工资的1/2。

注10：新加坡有育儿假，儿童7岁以前家长每年可获得6天假期。

注11：澳大利亚、新西兰、加拿大的病假可以用于照顾家人，在澳大利亚连续工作一年以上的员工享有10天带薪病假/家庭成员护理假；员工也可享有2天的无薪家庭护理假，两者可叠加休假；正式员工每个亲属病逝，可享受两天带薪假。

注12：南非有家庭责任日，员工每年有3天假期用于孩子出生或者直系亲属或配偶死亡。

注13：英国大病假期间只有微薄补助，2020年的补助标准为95.85镑/周（不足最低工资标准的30%）。

从大多数发达国家的假期制度发展轨迹看,假期时长和待遇水平是同经济发展水平提升而延长和提高的。我国尚处于社会主义初级阶段,作为一个发展中国家,当前各类假期时长已经比肩不少发达国家,而工资支付负担却仅由企业承担。假期成本让企业负重前行,也就从根本上造成了一些假期制度难以真正落实到位。

根据《中共中央关于制定国民经济和社会发展第十四个五年规划和二〇三五年远景目标的建议》,到2035年,我国人均国内生产总值将达到中等发达国家水平,中等收入群体显著扩大、人民生活更加美好,人的全面发展、全体人民共同富裕取得更为明显的实质性进展。笔者认为,在2035年步入中等发达国家行列时,我们也要满足双循环和人民生活质量提高的要求,其中假期制度和待遇作为提高人民生活质量的重要方面,应符合当前经济发展阶段特征。

五 新时代我国劳动者假期制度设置建议

(一)做好顶层设计,建立健全假期制度体系

从国家层面做好顶层设计,以"保证劳动者休息权为基础,兼顾国家、社会和企业发展"为基本功能定位,在统筹设立原则、分类界定性质的基础上,明确立法权限,健全成本分担机制,落实监督责任,强化对不同部门、地方在假期相关立法和配套措施的指导和监管,从体制机制上解决假期设置各自为政、性质不明晰、标准不统一等问题。建立部门协调配合机制,防止政策效应相互抵消。同时,明确划分国家层面的假期法律的效力与地方性法规的效力,并在此基础之上分情况界定用人单位的成本负担范围,为用人单位减负,促进假期制度的落地。

(二)建立协调发展、兼顾多方的假期设置制度,做好假期制度评估研究

由牵头部门进一步梳理、论证现有休息休假相关规定,并在征求文

旅部、中国企业联合会、中华全国工商业联合会、中华全国总工会等相关部门或组织意见的基础上，结合调研形成职工假期制度评估报告，统筹考虑影响假期制度的劳动关系双方、经济、文化等多方面因素，研究制定职工休息休假制度管理办法。对深圳等部分地区先行先试的"强制年休假"制度进行研究，分析强制休假制度的劳动基准法属性，跟踪关注企业的影响效应及地区示范效应，为建立和完善新时代休假制度夯实实践基础。

（三）统筹整合假期设置，建立适应新时代的假期制度

明晰法定基准类、社会保障或社会发展类和企业福利类假期制度规范，考虑取消或更新不合时宜的假期规定，统筹整合或统一各地部分假期制度。研究取消探亲假等假期，并在国家层面的劳动基准法中统筹设立包含婚假、丧假、产假等假期，探索研究育儿假、老年护理假等制度。

（四）加强统一立法，彰显假期制度公平性

针对目前缺失上位法或随意延长的部分假期，在全国范围内统一立法规定，减少各地设立假期制度的任意性，提高地区间、企业间劳动者假期权利公平性。例如，可结合国内外实践，设定老年人护理假，即劳动者的父母患病住院期间，用人单位应当给予员工照顾老年人的假期。护理假期间用人单位无须支付工资报酬，不得以老年人护理假为由降低劳动者待遇。老年人护理假分为紧急护理假和长期护理假，紧急护理假每年不超过 3 天，长期护理假每年不超过 30 天。

（五）细化假期薪酬支付标准，完善假期支付分担机制

针对不少地区未规定部分假期薪酬支付的问题，应进一步明确假期工资基数计算口径和支付标准，并适当考虑调整假期薪酬支付标准。例如，很多企业在支付产假期间的工资时，女职工领取的生育津贴（上年度企业职工平均工资）高于正常上班工资，客观上对工资的"对价"性以及生育保险

基金造成负面影响。同时，应充分评估企业人工成本承受情况，在国家层面建立健全假期期间的工资分担机制，如产假和育儿假期间的工资支付可参考英国、加拿大等国的渐变式替代率待遇支付机制，建立国家、企业、劳动者共同负担的阶段性假期设置和薪酬制度，也可结合财税政策制定较好保障员工休假权的企业优惠政策；老年人护理假期间用人单位无须支付工资报酬，长期护理期间劳动者护理津贴由失业保险按照休假前日工资的40%支付。

（六）加强宣传和引导，进一步强化劳动保障监察执法

指导督促各地人力资源和社会保障部门加大宣传相关休息休假制度，多措并举，狠抓落实，着力解决劳动者休息休假维权过程中的"痛点"、"堵点"和"难点"，全方位助推劳动保障监察工作提档升级。

参考文献

［1］劳君雨：《浅谈我国结婚生育假期制度现状及发展》，《中国人力资源社会保障》2017年第4期。

［2］林燕玲：《女职工假期设置对女性权益维护的影响及国际经验比较》，《中国劳动关系学院报》2018年第3期。

［3］王伦刚、唐丽娟：《改革条件论：中国劳动监察解决纠纷职能的实证分析》，《社会科学研究》2016年第5期。

［4］阳蔚霞：《劳动监察执法困境的法律制度根源》，《学习与探索》2020年第1期。

［5］赵红梅：《新时代和谐劳动关系构建——基于劳动行政法规视角的研究》，《中国劳动关系学院学报》2019年第4期。

［6］DeRigne L. A., Stoddard-Dare P., Quinn L. M., et al. "How Many Paid Sick Days Are Enough?", *Journal of occupational and environmental medicine* 6 (2018).

［7］Gilbert U. V., Paul Z., Janice D. S., et al. "The Financing Need for Expanding Paid Maternity Leave to Support Breastfeeding in the Informal Sector in the Philippines", *Maternal & Child Nutrition* (2020).

［8］Hofmarcher T. "The Effect of Paid Vacation on Health：Evidence from Sweden", *Journal of Population Economics* (2020).

［9］ Ji Y. K. "The Effect of Paid Maternity Leave on Low-Income Families'Welfare Use in the US", *Social Policy & Administration* (2020).

［10］ Niel M. S. V., Bhatia R., Riano N. S., De Faria L., et al. "The Impact of Paid Maternity Leave on the Mental and Physical Health of Mothers and Children: A Review of the Literature and Policy Implications", *Harvard review of psychiatry* 2 (2020).

［11］ Richard J. P., Chris K., Qi L. "Paid paternity leave-taking in the United States", *Community, Work& Family* 2 (2020).

B.9
电网企业人工成本投入产出效能评估

——基于2018年南方电网及所属电网企业
人工成本投入产出效能的实证分析

本报告课题组*

摘　要：　新电改对电网企业人工成本投入产出效能评估提出了新的要求。本报告在借鉴吸收传统人工成本投入产出评估系统合理成分的基础上，结合新电改要求创造性地构建了电网企业人工成本投入产出效能评估系统，并运用该评估系统对五家同层级电网企业进行了评估，论证了其适用性和可操作性，得出了应以人工成本投入产出综合指标而不是单项指标评估电网企业人工成本管控效能，加强人力资源开发、提高人才当量是提高人工成本管控效能的重要手段的重要论断。

关键词：　电网企业　人工成本　投入产出效能

---

* 本报告课题组成员：彭道鑫，南方电网能源发展研究院研究员，主要研究领域为能源经济、资产管理和经济评价；郭权深，中国南方电网有限责任公司人力资源部主管；邓基涛，中国南方电网有限责任公司人力资源部副处长；才华，南方电网能源发展研究院经理，主要研究领域为会计、企业管理、财务管理；韦家立，中国南方电网有限责任公司人力资源部副主任、高级经济师，主要研究领域为收入分配、劳动关系、社会保障和人才管理与开发；刘军胜，中国劳动和社会保障科学研究院薪酬研究室主任、研究员，主要研究领域为工资收入分配、劳动关系、人力资源管理；杨艳玲，中国劳动和社会保障科学研究院薪酬研究室助理研究员，主要研究领域为工资分配、工资支付等；贾东岚，中国劳动和社会保障科学研究院薪酬研究室副研究员，主要研究领域为工资收入分配；钱诚，国务院发展研究中心公共管理与人力资源研究所副研究员，主要研究领域为人力资源管理、劳动经济与人才学等。

近年来，随着我国职工工资水平的不断提高，人工成本占总成本的比重也随之增加，这促使企业更多地关注人工成本投入产出效能，因此人工成本投入产出效能评估也越来越受到企业界的重视。在评估方法选择方面，传统的对比评估法、结构评估法和投入产出评估法等由于其评估指标的单一性、评估结果的偏向性，而难堪全面、系统评估人工成本投入产出效能之重任。本报告在借鉴传统评估方法合理成分的基础上，根据电网企业新电改形势下人工成本投入产出效能评估的要求，构建一套针对性强、能反映电网企业人工成本投入产出综合效益的评估系统，并运用它进行实证评估，取得了令人信服的评估结果。

一　背景分析

2015 年 3 月《中共中央国务院关于进一步深化电力体制改革的若干意见》（中发〔2015〕9 号）的印发，揭开了新一轮电力体制改革的序幕，这次电改的主要任务是受电测改革和输配电价改革。通过改革，电网企业的主要职能和盈利模式发生了根本性变化，电网企业的职能由"输配电服务＋售电"双重职能调整为单纯的输配电服务职能，其收入模式由"总成本＋一定比例的利润"变更为"准许成本＋准许收益＋价内税金"，前者的盈利为总成本的一定比例，后者的盈利为有效投资的一定比例。这意味着新电改前的电网企业人工成本投入产出聚焦于企业最终能获取的利润；而新电改后电网企业的人工成本投入产出将聚焦于投资、资产运营和电流输送三个环节。利润主要产生于投资环节，并按有效投资额的核定比例提取；资产运营和电流输送环节的人工成本投入另有不同的产出目标。资产运营环节的目标是确保为客户提供稳定可靠的电流，提高供电可靠性；电流输送环节的目标是为客户输送充足的电流，满足客户用电量需求。可见新电改后电网企业的人工成本投入产出具有多重目标，以单一的人工成本利润率为评价指标对电网企业进行人工成本投入产出效益评估，显然有失公允。因此构建能够反映电网企业综合效益的人工成本投入产出效能评估系统，就成为新电改后电网企业深化人工成本管理体系改革的重要内容。

二　构建人工成本投入产出效能评估系统

（一）目的

构建电网企业人工成本投入产出效能评估系统的目的在于全面准确地对电网企业人工成本投入产出效能进行评估，有针对性地检验电网企业人工成本投入产出的管理能力和水平，查找电网企业人工成本投入产出管理存在的不足，为电网企业改进和完善人工成本投入产出管理提供指导。

（二）原则

一是系统性。评估系统既要反映企业人工成本投入所承担的内部责任的履行情况，又要反映企业人工成本投入所体现的外部市场的竞争优势；既要反映电网企业人工成本投入所带来的短期业绩，又要反映人工成本投入所带来的产出的增长趋势，体现内部和外部、短期和长期的协调和平衡。

二是针对性。针对电网企业构建的人工成本投入产出效能评估系统，既要体现电网企业输配电业务的特点，又要体现新电改后电网企业投资、资产管理、电流输送等运行流程各个环节的业绩表现，行业性特征明显。

三是合理性。电网企业人工成本投入产出效能评估系统的构建主要基于电网企业输配电业务现状，并结合输配电业务的专业特点以及现有的基础条件，使本评估系统具有相当的可信度和合理性。每项指标都包含输配电业务系统的关键因素，并且能够落实到输配电系统的管理实践中。在评估细则方面，尽量做到细化、量化、可操作化，并且评估指标的权值从对专家的调研结果中综合得出，具有代表性。

四是可测性。电网企业人工成本投入产出效能评估系统的可测性是评估效果的决定性因素，只有评估数据尽可能从电网企业采集，尽可能量化，才能保证评估结果的客观性、准确性。

（三）人工成本投入产出效能评估系统指标体系的构建

电网企业人工成本投入产出效能评估系统指标体系将人工成本投入产出效能分为收益、市场、责任和发展四个一级指标，每个一级指标按评估内容或衡量要求设置二级指标，使评估流程简单化、清晰化。这样设置一方面体现了人工成本投入产出效能评估系统纵向的协调性，又体现了人工成本投入产出效能评估系统横向的协同性，提高了评估指标的系统性和可操作性。

在"责任"一级指标下设"供电可靠性""人工成本资产责任指数"两个二级指标，在"市场"一级指标下设"人工成本（国内、国际）竞争力对标指数""人工成本售电量指数"两个二级指标，在"收益"一级指标下设"人工成本利润率""劳动生产率"两个二级指标，在"发展"一级指标下设"人工成本售电量弹性指数""人工成本利润弹性指数"两个二级指标，如图1所示。

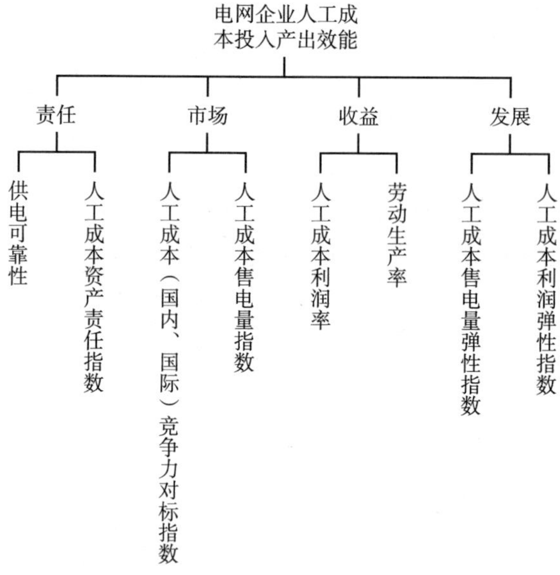

图1 电网企业人工成本投入产出效能评估系统指标体系

上述八个二级指标的具体含义及计算方式如下。

1. 供电可靠性

供电可靠性是指在电力系统设备发生故障时，衡量能使由该故障设备导致的供电障碍尽量减少，使电力系统本身保持稳定运行（包括运行人员的运行操作）的能力。供电可靠性是一个衡量和反映人工成本投入对提供稳定可靠电能程度的指标。其计算公式如下：

$$供电可靠性 = （8760 - 用户年平均停电时间）/8760 \qquad (1)$$

其中，用户年平均停电时间 = ∑（每次停电时间 × 每次停电用户数）÷总供电用户数。

供电可靠性代表电能质量水平，是国际上应用最广泛的指标，也是衡量地区经济发达程度的重要标准之一。

供电可靠性还可以用如下一系列指标加以衡量：供电可靠率、用户平均停电时间、用户平均停电次数、系统停电等效小时数。我国供电可靠率目前一般城市地区达到了99.9%以上，用户年平均停电时间≤8.76小时；重要城市中心地区达到了99.99%以上，用户年平均停电时间≤53分钟。

供电可靠性通常与安全事故有关，因此，供电可靠性还包含安全责任评价，相关评价指标包括人身伤亡事故次数，恶性误操作事故次数，有关人员责任重特大电网、设备事故次数，一般事故次数，电网事故次数，设备事故次数等。

2. 人工成本资产责任指数

人工成本资产责任指数代表每一单位人工成本投入所承载的资产管理责任。其计算公式如下：

$$人工成本资产责任指数 = 资产总额 ÷ 人工成本总额$$
$$资产总额 = 流动资产 + 长期投资 + 固定资产 + 无形资产及递延资产 + 其他资产 \qquad (2)$$

企业资产质量状况一般以总资产周转率、应收账款周转率、不良资产比率、流动资产周转率、资产现金回收率等指标进行评价，主要反映企业所占用经济资源的利用效率、资产管理水平与资产的安全性。人工成本资产责任指数主要反映每一单位人工成本投入所承载的资产管理量的大小，资产管理量大，说明企业承担的社会责任大，所承担的国有资产保值增值责任大，电网企业的资产管理责任大，对社会的贡献也大。

3. 人工成本利润率

人工成本利润率是指每一单位人工成本投入所产生的利润总额。其计算公式如下：

$$
\begin{aligned}
&人工成本利润率 = 利润总额 \div 人工成本总额 \\
&利润总额 = 营业利润 + 营业外收入 - 营业外支出 \\
&营业利润 = 营业收入 - 营业成本 - 营业税金及附加 - 期间费用 \quad (3) \\
&\qquad\qquad - 资产减值损失 + 公允价值变动收益 - 公允价值变动损失 \\
&\qquad\qquad + 投资净收益
\end{aligned}
$$

营业外收入包括非流动资产处置利得、非货币性资产交换利得、出售无形资产收益、债务重组利得、企业合并损益、盘盈利得、因债权人原因确实无法支付的应付款项、政府补助、教育费附加返还款、罚款收入、捐赠利得等。

营业外支出包括非流动资产处置损失、非货币性资产交换损失、债务重组损失、公益性捐赠支出、非常损失、盘亏损失等。

利润总额不同于净利润，净利润是指企业当期利润总额减去所得税后的余额，即企业的税后利润。所得税是指企业将实现的利润总额按照所得税法规定的标准向国家缴纳的税金。

人工成本利润率的变动趋势基本可以说明企业经营环境的变动趋势。如果人工成本利润率下降就应分析其原因，如果是因为原材料涨价或人工成本过快增长，就应采取措施，努力降低物耗成本或人工成本。

该指标表明在企业新创造价值过程中，从业人员直接和间接得到的全部报酬与企业利润之间的关系。在同行业企业中，人工成本利润率越高，表明单位人工成本取得的经济效益越好，人工成本的相对水平越低。

4. 劳动生产率

劳动生产率是指劳动者在一定时期内创造的劳动成果与其相适应的劳动消耗量的比值,反映每投入一单位人工所带来的新增价值。其计算公式如下:

$$劳动生产率 = 增加值 ÷ 从业人员平均人数$$
$$增加值 = 固定资产折旧 + 劳动者报酬 + 生产税净额 + 营业盈余 \qquad (4)$$
$$从业人员平均人数 = (年初公司员工总数 + 年底公司员工总数)/2$$

劳动生产率可以用单位时间内所生产的产品的数量来表示,也可以用生产单位产品所耗费的劳动时间来表示,在此是指单位人工所创造的新增价值。新增价值越大,劳动生产率就越高,反之则越低。劳动生产率通常是反映企业人工成本投入产出效益最重要的衡量指标,是确定企业进行人工投入的主要依据。

5. 人工成本(国内、国际)竞争力对标指数

人工成本(国内、国际)竞争力对标指数是指本企业由人工成本投入带来的其所提供的产品和服务在国内外同行业中的竞争力。其计算公式如下:

$$人工成本(国内、国际)竞争力对标指数 = (国内、国际)行业人均人工成本 ÷ 企业人均人工成本 \qquad (5)$$

企业人均人工成本与(国内、国际)同行业相比,明显要高,即人工成本竞争力指数越小,说明企业所提供的产品和服务价格越高,企业竞争力越弱;反之企业竞争力越强。如果以国内同行业为比较对象,则显示企业在国内同行业中的竞争力;如果以国际同行业为比较对象,则显示企业在国际同行业中的竞争力。(国内、国际)行业人均人工成本数据由行业人工成本调查得到。

6. 人工成本售电量指数

人工成本售电量指数是指企业每一单位人工成本投入所产生的客户服务量。其计算公式如下:

$$人工成本售电量指数 = 售电量 ÷ 人工成本总额 \qquad (6)$$

客户服务量用售电量来反映，人工成本售电量指数越大，说明企业每一单位人工成本所承担的客户服务量越大；人工成本售电量指数越小，说明企业每单位人工成本所承担的客户服务量越小。

7. 人工成本利润弹性指数

人工成本利润弹性指数是指企业人工成本总额增长率每增长一个单位所产生的利润总额增长率。其计算公式如下：

$$人工成本利润弹性指数 = 利润总额增长率 \div 人工成本总额增长率 \qquad （7）$$

利润总额增长率应以同比增长率为主。在新电改形势下，人工成本的增长只有带来有效投资的增长，才能带来利润总额的增长，否则人工成本的增长将是无效的。

8. 人工成本售电量弹性指数

人工成本售电量弹性指数是指人工成本每增长 1% 所产生的客户服务量的增长率。其计算公式如下：

$$人工成本售电量弹性指数 = 售电量增长率 \div 人工成本总额增长率 \qquad （8）$$

售电量是反映企业客户服务量的指标，人工成本售电量弹性指数反映企业单位人工成本增长率变动所带来的客户服务量的增长情况，体现了企业人工成本投入产出效益的变动趋势。新电改形势下，人工成本的增长只有带来售电量的增长才能降低电力产品的价格，民众才能享受到更多的社会福利；如果人工成本的增长不能带来售电量的增长，电力产品的价格就会提高，民众所享受的社会福利会减少。

（四）权重设计

指标权重的确定是构建评价体系的关键。在此，课题组使用层次分析法来确定二级指标的权重系数，其中，以 Saaty 创建的 1～9 比例标度作为对比标准刻度（见表1），通过构造两两对比的判断矩阵来计算元素的相对权重，并对判断矩阵进行一致性检验。

表1 层次分析法评价标准刻度

标度	含　义
1	两个因素相比,具有同样的重要性
3	两个因素相比,因素 i 比因素 j 稍微重要
5	两个因素相比,因素 i 比因素 j 明显重要
7	两个因素相比,因素 i 比因素 j 更重要
9	两个因素相比,因素 i 比因素 j 重要得多
0~9 之间的数	介于上述相邻判断的中间
倒数	B_{ij} 反映因素 i 比因素 j 重要,而其倒数 $1/B_{ij}$ 则反映因素 j 比因素 i 重要

　　按照评价标准刻度,通过各因素之间的两两比较,就可以得到一个判断矩阵。以其中一位专家的评价分数为例,得到专家评分矩阵(见表2)。

表2 专家评分矩阵

指标	责任	市场	收益	发展
责任	1.000	0.600	1.200	1.200
市场	0.600	1.000	0.500	2.000
收益	1.200	0.500	1.000	1.000
发展	1.000	2.000	1.000	1.000

　　基于该专家的打分情况,按以下步骤进行一致性检验。

　　步骤一:将判断矩阵每列元素通过如下计算公式进行正规化处理(结果见表3)。

$$\bar{b}_i = \frac{b_{ij}}{\sum_{i=1}^{n} b_{ij}} (i,j = 1,2,\cdots,n) \tag{9}$$

表3 正规化矩阵

指标	责任	市场	收益	发展
责　任	0.263	0.146	0.324	0.231
市　场	0.158	0.244	0.135	0.385
收　益	0.316	0.122	0.270	0.192
发　展	0.263	0.488	0.270	0.192
列向量和	3.80	4.10	3.70	5.20

步骤二：将正规化后的判断矩阵按行逐一相加得到行向量。

$$\overline{b_i} = \frac{b_{ij}}{\sum\limits_{i=1}^{n} b_{ij}} (i,j = 1,2,\cdots,n) \tag{10}$$

行向量结果为（0.965 0.900 0.922 1.214）。

步骤三：将行向量正规化得到特征向量（0.241 0.225 0.231 0.303）。

步骤四：基于判断矩阵与特征向量得到最大特征根，公式如下。

$$W_1 = \sum_{j=1}^{n} \overline{b_{ij}} (i,j = 1,2,\cdots,n) \tag{11}$$

以此公式计算得到最大特征根为4.2。

步骤五：进行一致性检验。计算公式如下。

$$\overline{W_i} = \frac{\overline{W_i}}{\sum\limits_{j=1}^{n} \overline{W_j}} (i,j = 1,2,\cdots,n) \tag{12}$$

得到一致性检验结果为0.066。

由表4得到随机一致性RI为0.89。

表4 不同比较阶矩阵的参数

阶数	1	2	3	4	5	6
RI	0	0	0.52	0.89	1.12	1.26

得到一致性比率为0.0745，通过一致性检验。同理，根据其他五位专家的评分情况，制作专家评分矩阵（见表5），并按照上述步骤逐一进行一致性检验，对不能通过检验者予以剔除或重新进行评分。

表5 专家评分矩阵

专家	责任	市场	收益	发展	一致性比率
专家1	0.250	0.250	0.250	0.250	0
专家2	0.218	0.268	0.270	0.243	- 0.062

专家	责任	市场	收益	发展	一致性比率
专家3	0.241	0.230	0.225	0.303	0.0749
专家4	0.281	0.231	0.233	0.256	0.1717
专家5	0.238	0.259	0.259	0.244	-0.1873
专家6	0.267	0.239	0.240	0.253	0.0796
权重取值	0.249	0.246	0.246	0.258	1

其中一位专家的评价结果（0.1717）未通过一致性检验（见表5），我们根据其他五位专家的评价结果得到四维度评价权重（见表6）。

表6　四维度评价权重

指标	责任	市场	收益	发展
权重	0.2429	0.2589	0.2988	0.1994

基于同样的方法和步骤，可以得到8个二级指标的权重（见表7）。

表7　二级指标的权重

二级指标	二级指标权重
供电可靠性	0.3824
人工成本资产责任指数	0.6176
人工成本利润率	0.6754
劳动生产率	0.3246
人工成本（国内、国际）竞争力对标指数	0.5798
人工成本售电量指数	0.4202
人工成本利润弹性指数	0.5011
人工成本售电量弹性指数	0.4989

上述一级指标的权重是类权重，是在四个一级指标总权重为100分的情况下分配的权重。上述二级指标的权重是在每一类指标权重100分的情况下分配的子权重。将类权重与其所属的指标子权重相乘，即得到具有统一量纲的指标权重（见表8）。

表 8 指标体系权重初步结果

一级指标	类权重	二级指标	子权重	指标权重
责任	0.2429	供电可靠性	0.3824	0.0929
		人工成本资产责任指数	0.6176	0.1500
市场	0.2589	人工成本(国内、国际)竞争力对标指数	0.5798	0.1501
		人工成本售电量指数	0.4202	0.1088
收益	0.2988	人工成本利润率	0.6754	0.2018
		劳动生产率	0.3246	0.0970
发展	0.1994	人工成本利润弹性指数	0.5011	0.0999
		人工成本售电量弹性指数	0.4989	0.0995

针对表8中有关一级、二级指标权重的设计结果,按100分制采取"四舍五入"的方法取整后再进行权重微调,得到如下拟采用的权重(见表9)。

表 9 指标体系权重最终结果

一级指标	一级指标权重	二级指标	权重
责任	25	供电可靠性	10
		人工成本资产责任指数	15
市场	25	人工成本(国内、国际)竞争力对标指数	15
		人工成本售电量指数	10
收益	30	人工成本利润率	20
		劳动生产率	10
发展	20	人工成本利润弹性指数	10
		人工成本售电量弹性指数	10

三 电网企业人工成本投入产出效能评估规则及步骤

指标体系权重设计好以后,评估系统就算初步建立起来了。但要使用新构建的评估系统对电网企业人工成本投入产出效能进行评估,还必须建立一套公平公开公正的评分规则,或者建立一套规范的考核办法。

电网企业的组织机构设置有一个很重要的特征,就是按行政区域设置。

国家层面是两家企业，即国家电网和南方电网；省级层面是 31 家，一个省（区市）一家电网企业；每个省级电网企业下又按地市的多少分别设置若干地市级企业；每个地市级电网企业下又按县市的多少分别设置若干县市级企业。而地市级和县市级企业的主要职能是开展输配电业务，价格核定权在省级电网企业，因此一般来讲电网企业人工成本投入产出效能评估主要由省级及省级以上电网企业主持进行，实质是上级电网企业对下级电网企业的人工成本投入产出效能进行比较评估，其目的就是比较同一层级企业之间人工成本投入产出效能的高低，同时总结高效能企业的先进做法，以及低效能企业存在的不足，从而促进同层级企业齐头并进，按层级提升上级企业人工成本投入产出总体效能。建立电网企业人工成本投入产出效能评分规则，就要基于这样一个评估背景。做好电网企业人工成本投入产出效能评估工作，需要分步骤做好以下工作。

第一步，做好人工成本投入产出调查，为搞好评估奠定基础。"巧妇难为无米之炊"，要搞好人工成本投入产出效能评估，首先要取得同层级被评估对象的人工成本投入产出基础数据，相关调查要从资产、用工、业务量、收入、人工成本五个方面来展开。人工成本投入产出效能评估是一个系统工程，调查工作要系统收集与之相关的各类数据，有些指标还牵涉跨年度数据，因此最好能获得 2 ~ 3 年的数据，为全面考察、系统思考、科学评估奠定基础。

第二步，计算各项指标实现值。电网企业人工成本投入产出效能评估牵涉四类八项指标，所有指标都不是单一的指标，而是牵涉多个指标的复合指标，所有指标值都不是直接调查出来的，而是要通过调查获取相关指标数据并在此基础上通过计算得到，因此在获取电网企业有关调查数据后，还必须计算得到各项指标实现值。例如，要计算供电可靠性，就需要在获取各单位提供的用户年平均停电时间数据后，还要按照公式"供电可靠性 ＝（8760 － 用户年平均停电时间）/8760"进行计算才能得到指标最终实现值。

第三步，计算同层级被评估单位各项指标实现值极差距及权重距。指标实现值极差距是指所有同层级被评估单位指标实现值的最大值与最小值之差。为了计算指标实现值极差距，就需要对所有被评估对象的实现值进行排序，才能获得每一项指标实现值的最大值和最小值，在此基础上再计算其极差距。

权重距是指每一单位权重所体现的指标实现值极差距，其计算公式为：

$$权重距 = 指标实现值极差距 ÷ 本指标权重 \qquad (13)$$

第四步，计算同层级所有被评估单位各项指标实现值起点距及指标得分。指标实现值起点距是指被评估单位指标实现值与所有同层级被评估单位指标实现值最小值之差，计算公式为：

$$\begin{aligned}指标实现值起点距 =\ &被评估单位指标实现值\\ &- 所有同层级被评估单位指标实现值最小值\end{aligned} \qquad (14)$$

被评估单位每一项指标的得分为被评估单位各项指标实现值起点距与该指标权重距之比，计算公式为：

$$被评估单位指标得分 = 被评估单位该指标实现值起点距 ÷ 该指标权重距 \qquad (15)$$

第五步，计算被评估单位所有指标得分总分，然后按评估得分高低进行排名。

第六步，撰写评估报告。评估报告不仅要对被评估单位总得分进行评价分析，而且要对被评估单位每一项评估指标得分情况进行评价分析，分析被评估单位总得分及每一项评估指标得分产生的原因，有关人工成本投入产出管理所取得经验及存在问题，提出下一步应予以总结推广或者改进完善的对策建议。

四 电网企业人工成本投入产出效能评估实证分析

下面我们利用前述构建的人工成本投入产出效能评估系统对电网企业进行系统评估，并根据评估结果对被评估单位人工成本投入产出效能进行排序。

（一）人工成本投入产出调查及评估范围的确定

为了做好本次评估，前期课题组对 5 家同层级电网企业进行了系统的人工成本调查，课题组设计了电网企业人工成本调查表，涉及资产、用工（学历结构和岗位结构等）、收入、人工成本、定员、输配电及售电量、用户年平均停电时间及增加值等指标内容。根据以上调研情况，课题组选择参与调查的 5 家同层级企业进行电网企业人工成本投入产出效能评估与排序。

（二）5家同层级电网企业人工成本投入产出效能评估

5 家同层级电网企业，具体包括 Z 电网、G 电网、X 电网、U 电网、H 电网。针对上述 5 家同层级电网企业，运用评估系统按步骤进行评估。

1. 将所需要的评估数据从调查表中抽取出来，组成待评估基础数据库

这个基础数据库牵涉 12 个指标，其中用户年平均停电时间、资产总额、人工成本总额、利润总额、增加值、员工总数、企业人均人工成本、售电量 8 个指标可以直接从调查表中抽取，国内同行业人均人工成本指标要通过调查获取，利润总额增长率、人工成本总额增长率、售电量增长率 3 个指标要在抽取调查表相关数据的基础上通过计算得到。

2. 计算所有被评估单位指标实现值

电网企业人工成本投入产出效能评估系统牵涉四类 8 个指标，8 个指标主要包括供电可靠性、人工成本资产责任指数、人工成本利润率、劳动生产率、人工成本（国内、国际）竞争力对标指数、人工成本售电量指数、人工成本利润弹性指数、人工成本售电量弹性指数。其中，人工成本（国内、国际）竞争力对标指数，对标值为 2018 年国内电力、热力、燃气及水生产和供应业规模以上企业人均人工成本平均值。评价者要严格按照电网企业人工成本投入产出效能评估系统对指标的界定，计算所有被评估单位每一项指标实现值。具体计算结果见表10。

3. 计算所有被评估的同层级电网企业各项指标实现值极差距及权重距

计算所有被评估的同层级电网企业各项指标实现值极差距及权重距，具体计算步骤如下：首先，针对每一项指标，对每个被评估的同层级电网企业实现值按大小进行排序，并抽取每一项指标实现值的最大值和最小值；其次，计算每一项指标实现值极差距；最后，计算每一项指标的权重距。具体计算结果见表11。

表10　2018年5家被评估的同层级电网企业评估系统指标值

指标名称	Z电网	G电网	X电网	U电网	H电网
供电可靠性	0.9999	0.9999	0.9982	0.9975	0.9969
人工成本资产责任指数	23.51	24.00	13.50	13.90	21.56
人工成本利润率	1.1228	0.6395	0.0891	0.0060	0.0007
劳动生产率	188	115	37	33	25
人工成本（国内、国际）竞争力对标指数	0.47	0.63	1.12	1.14	1.18
人工成本售电量指数	51.55	35.75	20.86	23.39	18.46
人工成本利润弹性指数	-0.45	-1.48	-3.32	-7.46	-11.65
人工成本售电量弹性指数	0.34	0.61	1.90	0.66	0.92

表11　2018年5家被评估的同层级电网企业评估指标实现值极差距及权重距

指标名称	权重	最大值	最小值	指标实现值极差距	权重距
供电可靠性	10	0.9999	0.9969	0.0030	0.0003
人工成本资产责任指数	15	24.00	13.49683	10.4996	0.7
人工成本利润率	20	1.1228	0.000737	1.1221	0.06
劳动生产率	10	188	24.76581	163.0812	16.3
人工成本（国内、国际）竞争力对标指数	15	1.18478693	0.473841	0.7109	0.05
人工成本售电量指数	10	51.5469333	18.45751	33.0894	3.3
人工成本利润弹性指数	10	-0.4474881	-11.65	11.2025	1.12
人工成本售电量弹性指数	10	1.89843863	0.336294	1.5621	0.16

4.计算被评估单位各项指标实现值起点距、指标得分及评估总分

计算被评估单位各项指标实现值起点距、指标得分及所有指标得分总分，具体计算步骤如下：首先，确定每一项指标评分的参照值，以所有被评估单位每一项指标实现值的最小值为该指标实现值的参照值；其次，计算起点距，用每一家被评估单位每一项指标实现值减去相应指标参照值的差值，就得到被评估单位各项指标实现值的起点距；再次，用被评估单位指标实现值起点距除以该项指标权重距，即得到被评估单位该项指标具体得分；最后，把被评估单位所有指标实现值评估得分加总得到被评估单位的评估总分。具体计算结果见表12。

（三）5家被评估的同层级电网企业人工成本投入产出效能评估结果排名

根据表12所列明的2018年5家被评估的同层级电网企业人工成本投入产出效能评估总分，可将5家被评估的同层级电网企业按人工成本投入产出效能从高到低排序为Z电网、G电网、X电网、H电网和U电网。

五 结论

（一）电网企业人工成本投入产出效能评估系统基本满足人工成本投入产出效能评估要求

参与调研的专家普遍认为，采用电网企业人工成本投入产出效能评估系统对被评估的5家同层级电网企业所作的评估排名总体上符合被评估单位人工成本投入产出综合效益的实际情况。从得分可以看出，5家被评估的同层级电网企业中，Z电网和G电网处于人工成本投入产出综合效益明显较高的第一梯队，X电网、H电网和U电网则处于明显较低的另一个梯队，这是符合社会公众对5家被评估单位的评估预期的。

表12 2018年5家被评估的同层级电网企业各项指标实现值起点距、指标得分及评估总分

指标名称	指标实现值最小值	Z电网		G电网		X电网		U电网		H电网	
		起点距	评估总分	起点距	评估总分	起点距	评估总分	起点距	评估总分	起点距	评估总分
供电可靠性	0.9969	0.0030	10.0000	0.0030	9.7960	0.0013	4.1510	0.0006	1.9746	0.0000	0.0627
人工成本资产责任指数	13.50	10.0159	14.31	10.4996	15.00	0.0000	0.00	0.4059	0.58	8.0645	11.52
人工成本利润率	0.0007	1.1221	20.00	0.6388	11.39	0.0883	1.57	0.0053	0.09	0.0000	0.00
劳动生产率	24.77	163.0812	10.00	90.0573	5.52	12.0917	0.74	8.6056	0.53	0.0000	0.00
人工成本（国内，国际）竞争力对标指数	0.47	0.0000	0.00	0.1586	3.35	0.6486	13.69	0.6614	13.95	0.7109	15.00
人工成本售电量指数	18.46	33.0894	10.00	17.2946	5.23	2.4023	0.73	4.9303	1.49	0.0000	0.00
人工成本利润弹性指数	-11.65	11.2025	10.00	10.1697	9.08	8.3255	7.43	4.1917	3.74	0.0006	0.00
人工成本售电量弹性指数	0.34	0.0000	0.00	0.2696	1.73	1.5621	10.00	0.3264	2.09	0.5849	3.74
合　计			74.31		61.08		38.31		24.45		30.33

（二）人工成本投入产出综合指标而不是单项指标应是评估电网企业人工成本管控效能的主要依据，但单项指标对总体评价结果影响显著

如果仅以人工成本利润率这一单项指标来进行评估，5家被评估的同层级电网企业，Z电网、G电网、X电网的排名与按综合指标的排名是一致的；但H电网和U电网的排名则不太一致，用单项指标评估时U电网排名靠前，而用综合指标评估时则H电网排名靠前。课题组认为，应以人工成本投入产出综合指标而不能仅以人工成本利润率等单项指标来评估电网企业人工成本管理和调控的效率和效益。

但应该看到，单项指标对电网企业人工成本投入产出效能最终评估结果的影响是明显的。例如，八项评价指标中，U电网有5项指标得分优于H电网，但最终评分H电网比U电网高了5.88分。为什么出现这种情况？一个很重要的原因是U电网在"人工成本资产责任指数"这一单项指标上的效益远远落后于H电网。这项指标的评价，U电网仅得0.58分，而H电网得11.52分，U电网落后近11分。究其原因，U电网资产总额为H电网的2.94倍，但用工相当于H电网的4.37倍，也就是说用更多倍数的人工管理着对应倍数小得多的资产。因此对U电网来说，优化用工结构、减少冗员应是下一步提高人工成本管控效能的重要任务。

（三）加强人力资源开发、提高人才当量是提高人工成本管控效能的重要手段

课题组设计了一套人才当量系数，分别按学历、职称、技能等级设定人才当量系数，其中，学历系数为博士1.5，硕士1.2，本科1.0，大学专科0.8，中等教育及以下0.6；职称系数为正高职称1.5，副高职称1.2，中级职称1.0，初级职称0.6，无职称0；技能系数为高级技师1.2，技师1.0，高级工0.8，中级工0.6，初级工0.4，无技能等级0。采用该人才当量系数对5家被评估的同层级电网企业进行人才当量评估发现，5家被评估单位人

工成本管控效能与人均人才当量具有某种程度的匹配性，人工成本管控效能高的，人均人才当量也高；反之，人均人才当量也低（见表13）。可见，加强人力资源开发力度、提高人才当量是改善人工成本管控效能的重要途径。

表13 2018年5家被评估的同层级电网企业的人均人才当量与人工成本管控效能

指标名称	Z电网	G电网	X电网	U电网	H电网
人均人才当量	1.74	1.61	1.37	1.13	1.28
人工成本管控效能评估得分	74.31	61.08	38.31	24.45	30.33

参考文献

[1] 曹骥：《人工成本管控方法和对策研究》，《武汉冶金管理干部学院学报》2013年第2期。

[2] 范俊丽、江离：《国有企业人工成本管控的思考》，《中外企业家》2018年第10期。

[3] 郭炜、陈立立、王毅：《基于零基预算的弹性人工成本管控模式探析》，《邮政研究》2016年第6期。

[4] 姜文涵：《国有控股企业人工成本控制体系及实施研究》，硕士学位论文，华北电力大学（北京），2017。

[5] 劳动和社会保障工资研究所编《我国企业薪酬热点问题剖析》，中国劳动社会保障出版社，2007。

[6] 刘军胜编著《薪酬管理实务手册》，机械工业出版社，2005。

[7] 邱小平主编《企业薪酬体系建设》，中国劳动社会保障出版社，2005。

[8] 铁静：《浅析加强国有集团企业人工成本管理的对策及建议》，《中国高新区》2017年第20期。

[9] 王海育：《优化全口径人工成本管控 提升人力资源管理效率——对电网企业人工成本管理的思考》，《中国电力教育》2014年第28期。

[10] 王希：《电网企业设备运维阶段成本管控模型研究》，硕士学位论文，天津大学，2013。

[11] 张一弛：《W公司人工成本管理中的问题与对策分析》，硕士学位论文，河北大学，2012。

[12] 宗巧玲：《企业人工成本问题研究》，《人力资源管理》2017年第3期。

B.10
国有企业实施中长期激励的政策与实践

贾建强　宋　艳*

摘　要： 近些年，在国有企业改革纵深推进的过程中，国有企业实施中长期激励的政策体系不断完善，形成了一系列中长期激励政策包和工具箱。虽然这些政策从理论层面给国有企业实施激励过程中的各项操作要点予以指导，但是在实践中，国有企业仍然面临激励工具运用不充分、管理过程与激励目标存在冲突等困境。因此中长期激励的落实必须要精准把握中长期激励的内涵，深入研究相关政策，依法合规开展中长期激励。本报告以政策分析为基础，以中长期激励在 E 集团的实践为案例，有针对性地提出政策建议。

关键词： 国有企业　中长期激励　激励方式　激励水平　激励机制

在中国国有企业改革进程中，中长期激励作为调整分配关系的重要举措，备受政府、企业和学者关注。从改革开放初期的股份制改革，到近年来科技型企业分红激励试点，对于如何突破国有产权制度下的代理人激励困境、克服体制性缺陷、激发内部系统性活力，国有企业从未停止探索。特别是党的十八大以来，国有企业深化改革和发展的进度进一步加快。国务院国

* 贾建强，国家能源集团总部组织人事部处长，主要研究领域为薪酬管理、干部管理、招聘甄选、定员定额；宋艳，管理学博士，中国神华煤制油化工有限公司组织人事部，主要研究领域为绩效管理。

资委2010年发布了《关于在部分中央企业开展分红权激励试点工作的通知》（国资发改革〔2010〕148号），开始在中央企业推进分红权激励改革试点；2016年财政部、科技部、国务院国资委印发《国有科技型企业股权和分红激励暂行办法》（财资〔2016〕4号）等十多个中长期激励政策性文件，形成了"3+2"政策包，"3"就是上市公司股权激励、科技型企业股权和分红激励、混合所有制企业员工持股；"2"就是超额利润分享、骨干员工跟投。2021年初，国务院国资委还印发了《"双百企业"和"科改示范企业"超额利润分享机制操作指引》，进一步拓宽了政策空间，丰富了中长期激励工具箱，为不同类型、不同战略、不同发展阶段的企业提供了更多选择，释放出积极的改革信号。政策文件的密集出台，为检验国有企业中长期激励的路径以及国企改革实践的效果提供了研究的机会。

一　国家中长期激励相关政策

国有企业中长期激励在国家政策层面呈现逐渐完善的发展过程。如表1所示，国家对不同类型的企业分别出台了具有针对性的规定和要求。通过对政策文件的对比，我们可以发现中长期激励方式的前提条件、激励对象、激励来源、考核要求等方面存在明显的企业差异。

表1　国有企业中长期激励政策汇总

企业类型	激励路径	政策依据
国有控股上市公司	股权激励	《国有控股上市公司（境外）实施股权激励试行办法》（国资发分配〔2006〕8号） 《国有控股上市公司（境内）实施股权激励试行办法》（国资发分配〔2006〕175号） 《关于规范国有控股上市公司实施股权激励制度有关问题的通知》（国资发分配〔2008〕171号） 《中央企业控股上市公司实施股权激励工作指引》（国资考分〔2020〕178号） 《上市公司股权激励管理办法》（证监会令〔2016〕126号）

企业类型	激励路径	政策依据
	员工持股	《关于规范国有企业职工持股、投资的意见》(国资发改革〔2008〕139号) 《关于上市公司实施员工持股计划试点的指导意见》(证监会公告〔2014〕33号)
国有科技型企业	股权和分红激励	非上市国有科技型企业 《国有科技型企业股权和分红激励暂行办法》(财资〔2016〕4号) 《关于做好中央科技型企业股权和分红激励工作的通知》(国资发分配〔2016〕274号) 《关于扩大国有科技型企业股权和分红激励暂行办法实施范围等有关事项的通知》(财资〔2018〕54号) 地方注册科技创新企业 《东湖国家自主创新示范区企业股权和分红激励试点办法》(武政〔2010〕40号) 《张江国家自主创新示范区企业股权和分红激励办法》(沪府发〔2016〕48号)
"双百企业""科改示范企业"	超额利润分享	《"双百企业"和"科改示范企业"超额利润分享机制操作指引》
国有控股混合所有制企业	员工持股	《关于国有控股混合所有制企业开展员工持股试点的意见》(国资发改革〔2016〕133号)

按照政策要求，国有控股上市公司激励方式的选择在公司治理结构和经营运行方面都受到较强约束。公司治理结构层面要求外部董事占董事会成员的50%以上；薪酬与考核委员会的人员要求全部由外部董事组成，且管理制度健全，议事规则完善，整体运行规范。公司经营运行层面要求企业具有明确的发展战略，良好的资产质量和财务状况，且经营业绩稳健，财务会计、收入分配和薪酬管理等内部管理方面近三年无违法违规等不良记录。对员工持股则没有特殊的要求。国有科技型企业的股权激励和分红激励主要对科技型企业的认定、研发投入、研发人员及科技服务性收入提出了明确的要求。国有控股混合所有制企业员工持股对企业资质、行业特征、公司治理结构以及营业收入和利润来源均提出了明确的要求，符合政策要求的企业可选择开展相应的激励。

在政策激励对象方面，不同类型企业激励对象既有共性，又具有显著不同。共性体现为激励对象圈定在企业关键岗位人员。国有控股上市公司的股权激励重点针对公司董事、高级管理人员以及对经营业绩和持续发展有直接影响的管理、技术和业务骨干，市场化选聘的职业经理人可以参加中长期激励；国有科技型企业股权激励对象为与本企业签订劳动合同的重要技术人员和经营管理人员，且对每次激励人数有明确限制，不得超过在岗职工人数的30%。国有控股混合所有制企业的激励对象范围较广，主要针对在关键岗位工作且对公司经营业绩和持续发展有直接或者较大影响的科研人员、经营管理人员和业务骨干等人员。国有控股上市公司和国有科技型企业都明确了不得参与激励分配的人员：中央和国资委党委管理的中央企业负责人不参加国有控股上市公司股权激励；国有科技型企业则不得向全体员工实施股权激励，且企业监事、独立董事不得参与股权或分红激励。

从激励额度角度，三种类型的企业均对激励的总额度及个人激励额度进行了上限界定。国有控股上市公司的股权激励总量不超过总股本的10%，首次授予原则上不超过总股本的1%，中小市值及科创型公司首次授予不超过总股本的3%，个人累计授予激励额度不超过公司总股本的1%。国有科技型企业按照企业规模划分，小型、中型、大型企业的股权激励总额分别不超过企业总股本的30%、10%、5%，对单个激励对象的激励股权额度不得超过企业总股本的3%且累计不超过300万元。若开展分红激励，则年度岗位分红额度不高于当年税后利润的15%，个人获得部分不得高于其薪酬总额的2/3。国有控股混合所有制企业的员工持股总额度不应超过公司总股本的30%，单一员工持股比例原则上应小于等于公司总股本的1%。

股权激励的股票来源方面，国有控股上市公司股权激励的股票来源较为单一，主要来源于定向发行和回购股份，员工持股的股票来源方式较为灵活，可采用上市公司回购本公司股票、二级市场购买或认购非公开发行股票或股东自愿赠予等法律、行政法规允许的多种方式进行激励。国有科技型企业可采取向激励对象增发股份、向现有股东回购股份及现有股东依法向激励对象转让其他持有的股权等方式形成激励股权；分红激励主要按科技成果转让净收入或者许可净收入、转让科技成果形成的股份或者按出资比例中科技成果的营业利润进行分红。国有控股混合所有制企业采取增资扩股、出资新设方式开展员工持股，员工入股主要以货币出资或者以科技成果出资。

在考核指标方面，国有控股上市公司关注较为全面，对股东回报、公司赢利能力及发展质量均有所要求，这类国有企业通常关注反映公司价值创造的综合性指标、反映公司赢利能力的成长性指标，如净利润增长率、主营业务收入增长率等，反映企业收益质量的指标，如主营业务利润占利润总额比重等指标；国有科技型企业业绩考核指标可以选取净资产收益率、主营业务收入增长率、现金营运指数等财务数据指标，但对数据水平提出要求，指标数据不应低于企业近三年平均业绩水平及同行业平均水平。国有控股混合所有制企业在政策层面未要求设置业绩考核指标。

二　国有企业中长期激励实践案例

（一）主要实践

随着《国企改革三年行动方案（2020—2022年）》的出台，国有企业实施中长期激励成为改革工作的重中之重。E集团在面对行业变革的新形势下，面临着科技创新内生动力不足、科技创新激励机制有待健全、科研人员创新潜能有待进一步激发等问题。要解决好上述问题，关键是要通过体制机制的改革实现盘活人才资源的目标进而激发科研人员潜能。E集团从收入分配市场化改革的角度入手，系统研究各项中长期激励文件精神，对标政策要求，结合自身发展特点，研究制定中长期激励的顶层战略，依据不同激励方式开展分类管理，按先试点后推广的原则，有序开展中长期激励工作，激发了各类企业人才创新创效的活力。实施过程体现以下特点。

1. 依据不同激励方式开展分类管理，明确导向

为了有效解决不同类型企业在实施中长期激励过程中遇到的问题，进一步细化企业内部激励方式，集团将拟开展中长期激励的企业分为三类，即上

市公司股权激励、非上市科技型企业股权激励、国有科技型企业分红激励。上市公司采用向骨干员工定向增发股票方式，同步进行综合改革授权，为股权激励提供支持和保障。通过实施股权激励和综合改革，有效调动广大干部职工干事创业的积极性，提升企业整体发展活力和内在动力，实现高质量发展；非上市科技型企业以增资扩股、股权出售方式对骨干员工实施股权激励；国有科技型企业积极推进分红激励。相关企业结合自身实际，科学选择分红激励方式。

2. 以核心骨干为主要激励对象，明确重点

为了切实激励骨干人才，使激励与人才的贡献相匹配，避免将中长期激励变成全员激励或平均激励，促进企业员工分层管理，集团综合考虑员工的岗位价值、实际贡献、承担的风险等影响要素，对激励对象进行划分。上市公司主要激励董事、高级管理人员以及对公司整体业绩和持续发展有直接影响的核心技术骨干以及对企业整体业绩、持续发展或科技创新有直接影响的核心骨干和重要经营管理人员；国有科技型企业主要激励科技成果项目的主要完成人、核心技术人员以及项目产业化的主要经营管理人员等。

3. 实施激励和加强内部管理相互促进，共同提升

为营造中长期激励有效实施的内部环境，实施单位在健全和完善内部管理机制时以实施股权激励为契机，加强董事会建设，落实董事会职权，全面推行经理层成员任期制和契约化管理，形成"两会一层"的治理主体。建立职位职级体系，完善岗位量化考核聘用机制，完善内部考核指标体系，强化考核联动，提升浮动薪酬占比，合理拉开收入分配差距。

（二）存在的问题和原因分析

E集团实施中长期激励政策以来，试点工作在科技成果转化、企业经营利润的提升和公司治理结构完善方面取得了较好成效。但是由于试点工作尚在探索阶段，我们也发现了一些实践中存在的问题：一是实施单位数量整体偏少、比例偏低且分布不均衡，主要集中在试点企业；二是在激励工具的选择上，三类企业各项激励工具运用不充分，多数企业以分红激励为主；三是

实施中长期激励的企业虽然符合开展中长期激励的条件，但是在公司管理中仍然存在薄弱环节，对实现激励目标造成影响。结合试点企业的实际，我们认为存在上述问题的原因，一方面是企业对政策的理解还不够透彻，把握政策的能力有待提高，由于开展激励的企业数量相对较少，相关企业对中长期激励政策的运用缺乏经验；另一方面是，试点企业多为新兴产业，企业的发展围绕着核心技术和科研成果，企业的基础管理工作尚需进一步完善，短期效益并不明显，企业基础管理中存在的问题制约了激励目标的进一步达成。

三　解决思路和政策建议

针对上述问题，笔者尝试提出一些解决思路和政策建议，希望对中长期激励的改革实践提供借鉴。

一是准确把握中长期激励的内涵，科学合理地确定激励对象和激励水平。实施中长期激励的本质是对劳动力的收入分配进行市场化改革，因此要持续强化市场化激励导向，构建反应灵敏、运行高效、激励约束对等的市场化机制。企业实施中长期激励的目的就是将企业的关键人才的利益与企业经营目标实现捆绑，故企业要以价值贡献为核心，以创造增量为基础，以促进企业发展为目标，对在自主创新、科技成果转化和企业经营发展中发挥重要作用的核心骨干人才进行重点激励。在激励额度上需要合理确定激励水平，对核心人员坚持业绩导向，按照"业绩升薪酬升，业绩降薪酬降"的原则，在人工成本承受范围内合理确定激励水平。同时持续完善业绩考核与激励水平双向市场对标机制，在确定具有市场竞争力的激励水平的同时，设置具有挑战性的业绩指标和兑现条件，保持激励水平合理适度。

二是学好用足现有政策，因企施策地选用激励工具。中央企业应当对现有中长期激励政策、使用路径和工具方法进一步加强学习研究，要抓住上市公司股权激励的单位股权激励收益与股价直接挂钩的特点，让骨干员工关注公司的股价和市值变动，了解标杆公司的业绩情况，关心公司市场形象；牢牢把握分红权，以科技成果转化收益为目的，以工资总额为来源，明确激励所需的工资总额的政策依据，对国有科技型企业实施分红激励；科技成果转化能力较强的单位，可采取项目分红激励；实施国有科技型企业股权激励的单位，可按照"风险共担、利益共享"的原则，将核心员工与企业利益绑定，引导他们树立"主人翁"意识，主动贡献自身力量，解决"短视经营"问题；对于"双百企业"和"科改示范企业"，探索超额利润分享机制、骨干员工跟投机制等多种激励方式，采取增量激励，引导骨干员工为企业创造更多增量价值，形成短期激励、中长期激励相结合的机制，有效形成人才激励的良性循环。

三是建立有序高效的中长期激励机制，依法合规开展激励。国有企业实施中长期激励，政策性强、标准要求高、实施程序严格，对政策的深入研究是改革中守住"底线"、不碰"红线"的根本方法。要规范激励程序，强化激励的合规性。实施方案的制定、调整、兑现，实施情况的分析、总结、报告，均要按规定上报，履行股东会、董事会、职代会等相应决策程序和民主程序。按照闭环管理的要求，增强激励的约束性。注重评价实施单位的经营情况，建立完善的实施效果"后评价机制"，确保激励的有效性。强化监督检查机制，对违法违规行为坚决依法追究相关企业和人员责任，切实维护股东和员工的合法权益。完善风险防范机制，增强激励的合法性，防止利益输送和国有资产流失。实施股权激励的企业，要对资产评估和股权转让进行严格规范，确保评估价格公允；实施项目跟投的企业，要对实施过程中的关联交易进行规范管理，确保公司利益不受损。

四是完善管理机制，以中长期激励改革促进管理水平提升。根据现有政策要求，实施中长期激励企业一般应具备公司治理规范、财务管理健全、员工绩效考核制度完备等要求，实施单位需要夯实内部管理基础，为实施中长期激励提供良好的环境。从完善公司治理角度，开展中长期激励的企业应推动实现董事会应建尽建，外部董事占多数，充分发挥董事会及专门委员会对中长期激励实施方案的把关作用。从深化三项制度改革角度，中长期激励能否有效开展的重要前提是内部收入分配机制是否健全、考核指挥棒作用是否有效发挥、薪酬分配差距是否合理拉开。从夯实管理基础的角度，加强人才选聘、成果评估、成本核算等配套制度建设，才能切实提升中长期激励工作的系统化、规范化和制度化水平。上市公司要牢牢把握实施股权激励改革的契机，进一步完善符合市场监管要求的公司治理结构与信息披露制度，努力提高公司管理效率和可持续发展能力；科技型企业要建立健全项目成本核算、科技成果评估及收益分红等财务管理体系，逐步提升企业精细化管理水平。

参考文献

［1］ 李凌、李南山：《上海国企薪酬制度改革实践与启示》，《中国国情国力》2018年第4期。

［2］ 李鹏飞：《当前中央企业实施中长期激励的主要路径》，《国资观察》2018年第6期。

［3］ 闫卉、李载驰、罗欣伟：《航空工业中长期激励政策及启示》，《合作经济与科技》2020年第19期。

［4］ 周丽莎：《国有企业实施中长期激励方式研究》，《经济参考报》2018年9月3日，第7版。

［5］《国资委关于印发〈中央企业混合所有制改革操作指引〉的通知》，中国政府网，http：//www.gov.cn/xinwen/2019 – 11/10/content_ 5450524. htm，2019年11月10日。

［6］《关于印发〈国有科技型企业股权和分红激励暂行办法〉的通知》，中国人民共和国财政部网站，http：//www.mof.gov.cn/gp/xxgkml/zcgls/201602/t20160229_ 2512364. htm。

［7］《关于印发〈中央企业控股上市公司实施股权激励工作指引〉的通知》，中国政府网，http：//www.gov.cn/zhengce/zhengceku/2020 –05/31/content_ 5516303. htm。

B.11
以人力资本标签为主线的
数字化激励机制建设分析

韦家立　高国庆*

摘　要：　以人力资本标签为主线的数字化激励机制建设分析，主要通
过识别人力资本，搭建全景数据架构，聚焦价值管理，以数
据驱动来提升人力资源分配效率，提升人力资本效能。核心
是依托人力资源信息管理系统，以人才标签为基础，依据人
才资质、业绩、能力、潜力等维度方面的特征，刻画人才画
像；依据岗位胜任能力标准等方面的特征，构建岗位画像；
依据完成工作任务的核心能力指标模型，生成任务画像，从
而构建数字化人力资源生态平台，实现"人才数字化"。开
展人才数字化应用，丰富人力资源的分配技术，逐步实现人
岗匹配、人事相宜、人尽其才、各得其所、相得益彰，服务
企业数字化转型，引领企业战略转型变革。

关键词：　人力资本　人才标签　数字化激励

　　在数字经济背景下，人力资源激励机制建设更多地聚焦价值管理，在价
值导向的牵引下，人力资本成为人才管理的主要途径。如何以数据驱动来提

---

* 韦家立，中国南方电网公司人力资源部副主任、高级经济师，主要研究领域为收入分配、劳
动关系、社会保障和人才管理与开发；高国庆，中国南方电网公司培训人才处副处长，高级
经济师，主要研究领域为人才管理与开发。

升人力资源分配效率，提升人力资本效能，引领企业战略转型变革，我们提出了以人力资本标签为主线的数字化激励机制建设，进一步丰富人力资源的分配技术。

一　数字化激励趋势日趋显现

1. 数字经济为数字化激励提供了前提

数字经济为经济增长提供了新动力源泉，是推动高质量发展的重要举措，已成为经济增长的新杠杆。数字经济重塑企业发展战略，以创新技术改变商业模式、管理体系、运营方式和组织方法等。产业跨界融合成为常态，平台经济崛起成为应用最广、影响最大的新经济形态。数字产业化、产业数字化，数字资产将决定企业的价值，更决定企业的生存能力，进而推动经济增长。数字经济是提高全要素生产率的重要途径，有利于大幅提升资源配置效率和运营效率。因此，在大数据时代企业要发展就必须在管理方面加以创新，在战略分析和决策过程中，提升人力资源管理质量，获得更好的用户体验，达到投入产出比的最优结果。

2. 社会环境的变化为数字化激励夯实了基础

从商业环境看，商业世界不断涌现新游戏、新规则，商业模式的更新，使商业环境进入不稳定、不确定、更复杂、更模糊的时代，商业环境的变化，要求企业具备更易于吸引创新人才、更易于激发团队自驱力与创造性的组织模式与工作体验。从人才环境看，新生代工作者的主要特征是"自信、自主、独立、创造价值"，这种特征决定了他们的价值观和心智模式更加看重追求工作的价值和意义，对于自身兴趣、成就感、学习成长、自由平等体验的诉求更加强烈。从技术环境看，当前正处于第四次工业革命的开端，人工智能、机器人、共享经济、互联网＋、量子计算及通信等一系列科技革新，带来商业竞争逻辑的改变，进而推动企业组织模式的变革、人力资源管理的升级，也使得传统雇佣关系逐渐被替代。商业环境、人才环境和技术环境这三大环境的发展与变化，更加凸显了人才作为企业的核心竞争力，成为人力资源管理的重中之重。对于企业而言，把人才当作"资源"已经不能满足管理的需要，越来越多的企业把人才视为一种"资本"，对于"资本"的管理在于挖掘并最大化其价值。

3. 企业发展规律为数字化激励创造了条件

数字化转型已经成为企业发展的必然选择。数字化不仅是一场认知与思维的革命，更是一场脱胎换骨的系统变革与能力升级，数字资产是企业的核心资产，数字化转型是企业的核心战略，海量数据、算力、算法将成为企业的新核心能力。数字化转型的本质是推动企业的战略与业务转型，构建平台型企业、生态化组织。组织架构的目标向提升速度、灵活性转变；组织模式向扁平化、敏捷型组织转型；组织调整的周期向快速、容易建立和解散转变。组织变革和数字技术正在将组织与内外部资源无缝连接，使得企业的角色从"管理员工"向"引领工作"转变，企业提供和管理工作任务，而完成工作任务所需要的内部员工或外部人才（简称劳动者）可以通过外包、联盟、人才平台等不同渠道获取，雇佣方式越来越多元化，传统的雇主与雇员的关系正在慢慢弱化。数字化转型正在驱动组织的变革与人才管理机制的创新。面对新经济、新组织、新劳动者，人力资源激励工作要利用新技术进行数字化转型，推动组织智慧协同，赋能新劳动者，提升整体体验，进而激活组织，提高生产力。

4. 人才流动政策为数字化激励带来了机遇

国家人才政策优化调整对企业开展数字化激励机制建设的要求日趋强烈。比如，鼓励柔性使用人才，对人才不求所有，但求所用；支持科研单位、事业单位的人员兼职创业；"共享员工"列入国家用工规范范畴；同时，不断改革创新人才发展体制机制，倡导人尽其才、各得其所，人人皆可成才、人才皆可流动，等等，为实施数字化激励带来了机遇。

二　数字化激励机制建设路径

数字化时代进一步转变人力资源运营模式，优化人力资源管理价值链。以数字技术为基础的激励机制建设成为企业人力资源管理的新选择。人才成为决定企业成功的核心竞争力，分配机制向价值管理转变，从"管理员工"向"管理工作"转变，以产品思维引领企业转型变革；以大数据驱动分配，用数据说话，用数据管理，用数据创新，用数据决策，提升分配效率。

以人力资本标签为主线的数字化激励机制，核心是识别人力资本，利用大数据优化分配，具体就是基于各类劳动者的核心数据和特征信息，搭建全景数据架构，以人才标签为基础刻画人才画像、岗位画像、任务画像（见图1），开展全方位、多角度的综合分析和数字化应用，建设以人才标签为主线的数字化分配机制，实现"人才数字化"，逐步实现人岗匹配、人事相宜、人尽其才、各得其所、相得益彰，服务企业数字化转型，做企业变革的推动者。

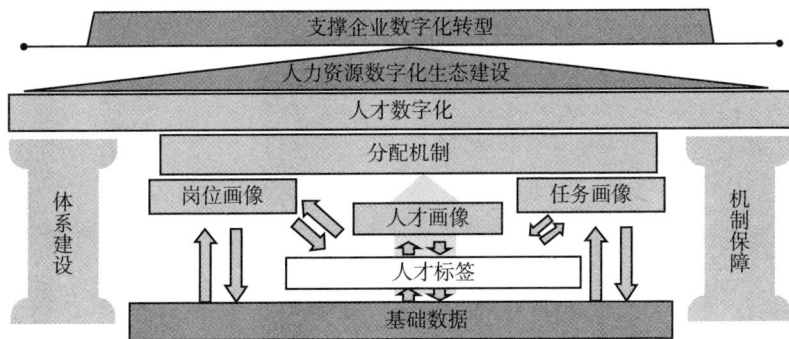

图1　数字化激励机制建设模型

1. 岗位画像

以岗位胜任力模型为参考，把分析的重心转向劳动者的组织认同与组织支持度之间的匹配。一是明确岗位要求（见图2）。明晰企业战略对岗位的管理要求，岗位是否能为企业创造价值，岗位对人才的核心特质要求以及相关的岗位任职资格等，形成岗位胜任力指标。二是进行规则设计。基于岗位要求、工作职责、能力特征等设计应用规则、赋值及设置权重。三是形成岗位画像。将岗位的工作特征、对人才的特质需求、能力结构、责任担当等赋值后，计算出岗位胜任力分值，应用于岗位分类、岗位层级、岗位发展通道等，找到应给予劳动者各项支持行为之间的关联。

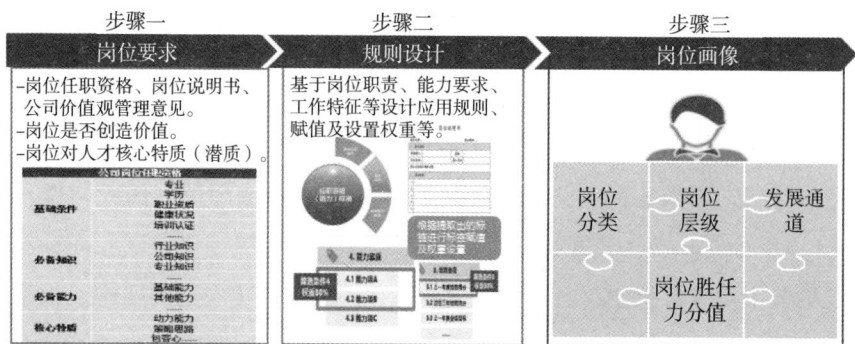

图 2 岗位画像构建

2. 人才画像

运用数字化思维，打造与岗位相匹配的人才供应链，建立系统、开放的、快速探索数据价值的数据分析人才管理体系。一是进行人才标签筛选（见图3）。从人才基础数据库，比如从海外经历、人的能力、人才核心特质、年龄、学历等标签中，选择适用于岗位胜任力要求的人才标签。二是进行应用规则设计。对筛选的人才标签进行赋值及设置权重。三是构建人才画像。对人才资质、经历、业绩、能力、潜力等赋值后，计算出人才能力分值，洞察整个企业乃至整个行业的人才状况，发现高潜人才。将岗位胜任力分值与人才能力分值相关联，逐步实现人岗匹配；同时，帮助劳动者找到自身的职业兴趣、职业优势、最优职业发展路径等，为他们的职业发展创造有利的组织环境。

3. 任务画像

任务画像的步骤（见图4）如下。步骤一是进行任务概况分析，包括提炼重要任务特征标签、对任务实施揭榜挂帅，激励人才挑重担，并完成相关工作。步骤二是做好规则设计，基于任务内容、能力要求等任务特征设计应

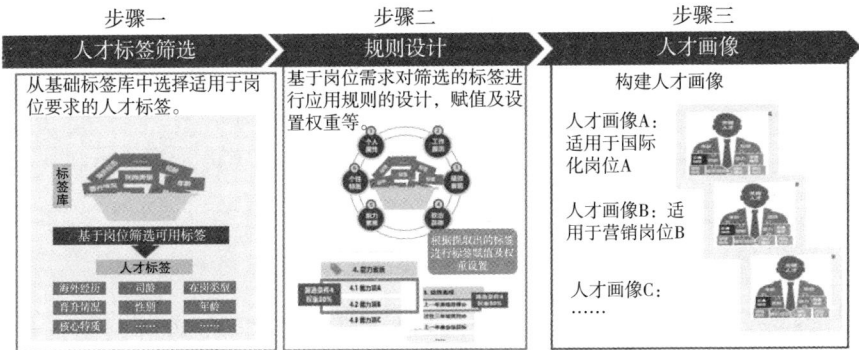

图 3　人才画像构建

用规则，给工作任务定价，明确绩效积分。步骤三是进行任务画像，包括基于任务特征，智能推荐人选，合理配置人才，发挥人才效能，从而为收入分配提供方向，如跟投、超额利润奖、股权激励等，通过绩效积分兑现奖励。步骤四是任务校验，通过任务完成情况校验人岗匹配情况，力争人事相宜，并检验岗位是否创造价值。

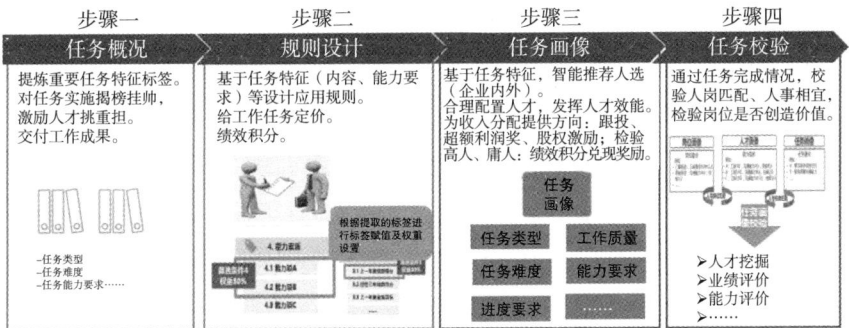

图 4　任务画像构建

　　企业通过岗位画像、人才画像、任务画像，搭建以人才标签为主线的数字化人力资源生态平台，对劳动者建立新型、开放的数字化激励机制，盘活了企业内外部人才的管理，体现了人力资本的价值。

三 数字化激励机制建设的价值

推进数字化激励机制建设，有效解决人岗匹配、人事相宜、协同共赢和员工体验等问题，提升人力资源管理效能。

1. 促进企业数字化战略转型

通过数字化管理平台、应用场景以及服务方式等，改善员工的整体体验；通过数字化运营，引领各级领导者和员工向数字化思维转变，让数字化思维贯穿企业与人力资源相关的各项管理；通过提升数字化能力，倒逼人力资源运营管理的量化和数字化持续迭代完善，不断洞察数据，驱动创新，推动企业通过数字化来管理、组织和领导变革。推动企业数字化转型，人力资源部门要发挥战略合作伙伴作用，做变革的推动者和引领者。

2. 激活组织价值

数字化管理让企业更加清晰地掌握人才管理现状，提升人才市场竞争力，帮助企业制定适应战略要求的人力资源管理策略，提升组织绩效。人力资源数字化生态平台强调赋能激活，推动共享共创成为人力资源管理的核心。组织通过平台分享工作机会、提供价值创造机会，劳动者通过平台展示自我、获得更好的工作体验，实现组织与个人需求目标的一致性。企业通过"定制化"的角色设计与工作任务安排，让劳动者在实现企业目标过程中达成个人目标，形成利益共享、协同共生的共同体。

3. 提升人力资源配置效率

数字化管理推动企业优化用工结构、跨界合作和人力资源管理创新。通过数字化人才标签管理，打造满足企业战略发展需要的人才供应链，提高人力资源对业务需求的匹配效率和效果，盘活人才资源。坚持对人才"不求所有，但求所用"的原则，推动柔性人才政策落地，实现人才与生产要素、工作岗位的最佳结合，做到人尽其才、才尽其用，有利于广泛吸引外部人才。

4. 提高投入产出效率

建设数字化激励机制管理平台，推动企业突破原有劳动合同中固定工作时间、地点等的限制，打破组织边界、部门"墙"、行业"墙"，实现跨界用工，有利于打造共生共赢的商业生态系统价值网，降低运营成本，实现管理增效；有利于降低部分岗位养人、招人压力，在企业出现业务需求时才支付人工成本，节省空闲时间的人工成本。

5. 促进绩效管理准确高效

应用大数据技术管理任务库，绩效考核能更加准确高效。员工薪酬与其承担任务的数量、难度、重要性以及完成情况挂钩，有利于鼓励组织和员工勇挑重担，解决忙闲不均等引起的激励不平衡问题，凸显多劳多得的分配导向；有利于企业识别人浮于事的岗位和非关键岗位，促使人才向关键岗位流动，体现价值优先导向；有利于企业及时掌握员工的工作状态和遇到的问题等，增加上下级双方对绩效的反馈交流，使得绩效管理作用最大化，促进企业健康发展。

6. 提升劳动者的履职能力

数字化的工作场所和工作体验，促使劳动者学习更多的跨界知识和工作方法，变"要我学"为"我要学"。大数据技术结合不断变化的工种、行为数据和知识管理等，为劳动者量身定制个性化学习方案，促进劳动者加强学习、增强经验积累，提升人力资本回报率和贡献率。劳动者在追求个人价值、丰富职业生涯、满足自由和理想化的职业追求目标中，更多地关注自身素质的提升，增强履职能力。

参考文献

［1］加里·贝克尔：《人力资本》，陈耿宜等译，机械工业出版社，2016。

［2］潘鹏飞：《任务薪酬破解激励困境》，《企业管理》2020 年第 9 期。

［3］杨伟国：《构建人才强国战略的人才管理基础设施》，《中国行政管理》2018 年第 2 期。

［4］张茹、黄苑、段星梅主编《数据化运营管理》，人民邮电出版社，2020。

B.12
河南投资集团有限公司
收入分配机制改革探索

郝国庆　张东红　王延娟*

摘　要：　河南投资集团人力资源管理围绕"构建人力资本运营体系、
打造人力资源管理3.0"的主线，持续提升"全局掌控、赋能
经营、服务提效、组织管控"四种能力。通过革新管理理
念，激发内部活力，奠定收入分配改革坚实基础。持续完善
制度建设，全面升级管控权责体系，探索实施分层分类体
制，建立健全激励约束机制。落实逐级管控责任，探索实行
分类管理，丰富薪酬管理工具箱，持续优化工资总额预算管
理。突出市场化激励导向，开展职业经理人试点，探索负责
人多元化激励机制。梳理内部薪酬分配现状，建立多元化人
才激励机制，持续深化内部分配改革，推动人力资源向人力
资本转变，建设高素质干部人才队伍，助力集团高质量
发展。

关键词：　收入分配　工资总额　激励机制

河南投资集团有限公司（以下称"投资集团"）是河南省人民政府的投

＊　郝国庆，河南投资集团有限公司人力资源部主任、河南汇融人力资源管理有限公司执行董
事；张东红，河南投资集团有限公司企业策划部主任、人力资源部副主任，河南汇融人力资
源管理有限公司总经理；王延娟，河南投资集团有限公司人力资源部高级业务经理。

融资主体、省属功能类重要骨干企业。2017 年成为河南省首家国有资本运营公司试点单位,2018 年被国务院国资委认定为国企改革"双百企业"试点单位。目前,按照国有资本运营公司"升级版"定位,坚持"做投资不经营、管资本重赋能、搭平台育产业、控风险提信用",以"股权管理"为手段,以"基金 + 直投"为工具,做好全省新兴产业的引领培育者、优势产业的发展壮大者、传统产业的整合提升者、不良资产的盘活处置者。截至2021 年 4 月底,投资集团总资产 2029 亿元、净资产 624 亿元,直接参控股上市公司 8 家,集团系统企业持股上市公司 69 家,作为第一大股东管理资产超万亿元,集团职工共计 2 万余人,财务并表企业 301 家。

按照国资国企改革的新精神、新要求,投资集团人力资源管理围绕"构建人力资本运营体系、打造人力资源管理 3.0"一个主线,突出人力资本"管理生态 + 服务产业"双轮驱动;推动人力资源由"职能管理型向价值创造型、指导管控型向服务赋能型、成本控制型向人力资本增值型"转变;重点提升"全局掌控、赋能经营、服务提效、组织管控"四种能力。经过多年的摸索实践,投资集团薪酬管理市场化改革取得一定的成效,内部人才活力进一步激活。通过不断优化工资总额预算管控、建立核心关键人才激励机制、借助信息化技术丰富薪酬管理工具,持续推进收入分配改革,助力集团高质量发展。

一 理念先行,奠定收入分配改革坚实基础

(一)突出市场化导向

一是践行市场化理念。根据国有资本运营公司特点、遵循"双百企业"改革要求,投资集团薪酬管理的总体思路是:建立水平适当、结构合理、管理规范、监督有效的薪酬管理体系,实现与市场接轨、与效益联动、与业绩挂钩,不断完善激励约束机制,激发各级活力。

二是推进市场化对标。薪酬调研在强调同行业、同规模、同地域、同业

绩对标的基础上，研究增加具有行业特点的经营绩效、人工成本效能等指标，进一步提高薪酬市场对标契合度，发挥调研数据在高管年薪确定、工资总额管理、薪酬制度制定等方面的指导作用。

三是坚持市场化运作。将人工成本投入产出评估理念贯穿工资总额管理的始终。选取人工成本利润率、人事费用率、劳动生产率等指标，实行企业自身纵向比、板块内部横向比、标杆企业外部比，全方位评估企业人工成本投入产出效能，并与企业工资总额预算直接挂钩。

（二）提升专业化管理水平

一是内部培养打造专业化团队。创办"智汇商学院"，通过举办人力资源管理能力提升专题培训班、实施"人力资源"专业人才工程、组织人力资源年会等多种形式，开展专项业务培训，培养一批专业精干的人力资源队伍。

二是外借智库提升专业化水平。投资集团与德勤、埃森哲、中国人民大学、浙江大学等国内外知名咨询机构、院校建立了常态化咨询服务机制，借助第三方专家力量为收入分配制度改革、体制机制完善、内部管控体系优化等出谋划策。

三是沟通交流专业化经验。"请进来"，邀请河南航投、中原再担保集团等省属国有企业探讨收入分配机制的政策要求、实践经验和改革举措；"走出去"，先后到中信、华为、平安等先进企业调研，学习借鉴其好经验好做法。

二 制度保障，建立健全激励约束机制

（一）全面升级管控权责体系

出台管控权责手册、强总部建设方案等，进一步明确管理界面，构建"一级强、二级专、三级活"的总体运营架构。集团总部强化党建统领、战

略决策、资本运作、资源配置、监督评价五大核心职能，以"价值党建"为抓手、以资本为纽带，强战略管控。二级公司以上市公司为主要形式，作为独立运作的专业平台，是资本运作和培育产业的主要抓手。三级公司是自负盈亏的经营主体，形式灵活多样，宜参则参，宜控则控。

（二）探索实施分层分类体制

按照"立足贡献、服务战略、结合现状、动态调整"原则，根据企业功能定位、行业特点，针对性选取量化评价指标，划分控股企业层级、类别。结合投资集团管控体系和企业实际，控股企业分为专业平台公司和经营单元两个层级，经营单元根据企业评级分为三个大类（即一类经营单元、二类经营单元、三类经营单元）。企业负责人职级、管理权限与企业层级类别相衔接，激发了各级领导干部干事创业的积极性。

（三）持续优化激励约束机制

一是健全绩效管理体系。（1）坚持"高站位"。坚持把政治标准放在首位，把党建考核结果与业绩考评、干部任免、薪酬待遇、评优评先相挂钩，考核的靶向性更加精准。（2）突出"补短板"。年度考核有提升，实现考核内容全覆盖。任期考核有创新，跨板块跨行业交叉考核，取长补短，打造专业化考核队伍。（3）力求"高效率"。坚持"考什么""怎么考""怎么干"多维度培训，强化系统性"方案化"协同作战。建立考核工作总台账，分层分类规划，实施"清单化"管理。

二是实施控股企业精准考核。针对所属企业功能定位、行业特点和发展阶段，实施差异化考核，完善分层分级、一企一策、一人一表考核机制，引导子公司和控股企业提升核心竞争力、加快转型升级、增强可持续发展能力。

三是强化考核引领功能。完善企业内部考核制度，集团内部开展全员绩效考核，层层落实目标任务、传递经营压力，考核结果与职务升降、薪酬调整紧密挂钩，破除平均主义、"高水平大锅饭"，切实做到人员能进能出、职位能上能下、薪酬能增能减。

三 探索创新，持续优化工资总额预算管理

（一）落实逐级管控责任

逐步健全集团总部、子公司、控股企业三级管理体系，按照管理权限，集团总部负责制定集团及控股企业工资总额管理办法、编制集团系统工资总额预算方案、核定各板块及专业平台公司工资总额预算、监督检查工资总额预算执行情况等。专业平台公司负责制定本板块工资总额预算管理实施方案、在板块额度内核定分管企业各年度工资总额预算、监督检查分管企业工资总额预算执行情况，做好预控预警等。控股企业负责工资总额预算执行，做好企业内部薪酬分配具体工作。

（二）探索实行分类管理

一是结合控股企业的行业属性、发展阶段等特点，工资总额预算采取差异化核定模式，包括历史基数模式、固定比例模式、人员核定模式。例如，对于处于起步发展期的行业，短期内难以产生经营效益，工资总额预算采用人员核定模式，能够适应该阶段人才发展策略，支持新兴业务发展。

二是区分专业平台公司与经营单元功能定位差异。在核定专业平台公司工资总额预算中，需同时考虑其板块管理、净资产收益率、重点工作完成情况等专业化管理指标，引导其注重发挥专业化管理职能。

（三）强化外部市场对标

企业工资总额预算在依据自身经营业绩、人工成本投入产出效率等指标同比情况的基础上，根据企业同期经营业绩、人工成本投入产出效率的行业对标分位值，调整工资总额预算。

（四）丰富薪酬管理工具箱

一是建立薪酬专项审计制度。薪酬专项审计是做好工资总额预算管理的重要抓手，也是满足出资人监控集团工资总额管理的重要载体。薪酬专项审计范围涵盖企业人员构成、工资总额预算执行情况、工资总额提取发放情况、人工成本情况、企业经营效益指标、人工成本效能情况等，还包括企业薪酬考核等基本管理制度制定执行情况、企业负责人薪酬管理情况、企业用工风险、福利费管理情况等，为全面了解掌握企业劳动用工、薪酬管理、人工成本管控等情况，不断提升薪酬管理水平、监督工资总额预算执行、规范集团人力资源管理等提供重要依据。薪酬专项审计发现的各类问题均在审计专项整改系统列示，定期督促整改。

二是开展行业薪酬调研。借助专业机构开展行业薪酬调研，了解市场薪酬数据，为集团核定控股企业工资总额、确定企业负责人薪酬、完善修订薪酬制度等起到了重要的对标参考作用。实操中，根据细分行业、所处地域、企业性质、资产规模、产能规模、经营业绩等指标的精准匹配对标群体，大大提高了调研报告的可信度。同时，根据实际需要定制报告内容，除传统的薪酬数据外，还增加了行业经营绩效、人工成本效能数据、行业薪酬模式分析、负责人薪酬核定模式分析、中长期激励模式分析等内容，进一步提高了调研报告的可用性。

三是建立人力资源月报机制。通过集团统一的人力资源信息系统，建立人力资源月报机制，重点关注控股企业各类人员增减变动、薪酬发放增减变动情况、工资总额预算执行情况等，全面掌握、实时监控工资总额预算执行进度，对工资总额提取、发放与企业效益完成进度不匹配的企业及时督促整改，杜绝超提超发。

（五）借力信息技术手段

1.上线全面预算系统

按照分级管理原则，采用"二上二下"法编制企业年度工资总额预算方案。全面预算系统专设工资总额预算管理模块，包含年初工资总额预算、年末工资总额清算、各类报表数据查询、统计、分析、监控、线上上报、下达、调整预算方案等功能，实现工资预算全流程管理，提供了预算编制、执行、监控、分析、考核等一揽子解决方案，增强了预算编制、执行、调整的刚性约束。

2. 运用审计问题跟踪整改系统

为借助集团审计问题跟踪整改系统，强化薪酬审计结果运用、督促问题整改、防范管理风险。整改系统通过协同智慧集团的 OA、钉钉等端口，自动识别整改事项的责任单位、责任人，首次自动推送并提醒责任人。审计事项整改过程中，定期自动提醒、督促责任人跟进整改进度。

四　对标市场，探索负责人多元化激励机制

（一）突出市场化激励导向

强化市场对标，突出业绩导向，研究建立与选任方式、行业特点、经营成果相匹配的差异化企业高管薪酬管理办法。（1）优化薪酬结构。结合岗位特点和市场通行做法，按照基本年薪体现保障功能、绩效年薪发挥业绩激励作用的原则，研究明确高管薪酬结构、比例及其功能作用。（2）科学确定水平。研究建立高管薪酬各部分的差异化确定方式，基本年薪根据地域、行业、规模、管理难度等因素确定，绩效年薪根据选任方式、经营业绩、外部市场对标等情况确定。（3）合理确定系数。探索建立结合岗位职责、实际分工、履职情况、考核成绩、业绩贡献等因素的高管副职年薪系数确定办法。

（二）积极开展职业经理人试点

推行职业经理人制度试点，完善职业经理人配套制度，在股权结构多元化、法人治理结构比较健全、决策执行监督机制相对完善的企业，逐步完善

考核、薪酬、监管、责任等市场化机制，实现市场化选聘、任期制管理、差异化薪酬、契约化退出。

五 突出效率，积极深化内部分配改革

（一）梳理内部薪酬分配导向

以企业人力资源战略及规划为导向，以岗位评价、员工素质结构模型、绩效考核结果等为依据，对标行业薪酬关系，调整企业内部薪酬关系。建立按业绩贡献决定薪酬的分配机制，持续优化内部收入分配结构，将薪酬分配向关键岗位、一线苦脏险累岗位和紧缺急需的高层次、高技能人才倾斜，形成既符合按生产要素贡献分配的原则，又能为多数员工所接受的新的内部分配格局，全面调动各类员工积极性。

（二）推进完善内部分配制度

集团建立了以科学的岗位设置为基础，以绩效考核为导向的岗位绩效工资制。岗位工资体现岗位责任、岗位技能、岗位强度、岗位环境等因素；绩效工资体现员工个人业绩和所做贡献，与企业经济效益、劳动效率、个人考核结果紧密挂钩，实现上下浮动，"岗动薪动、岗变薪变""业绩升薪酬升""业绩降薪酬降"。控股企业可结合自身行业实际，实行计件工资、技能工资、销售提成、利润分享等多种分配方式。

（三）建立多元化人才激励机制

坚持市场化改革方向，调整集团总部薪酬结构，优化固定浮动比例，注重薪酬及时激励。聚焦关键岗位核心人才，积极规范开展股权激励、分红激励、超额利润分享等多种形式的中长期激励，强化业绩考核与激励水平"双对标"，实现激励与约束相统一。以需求为导向，坚持物质激励与精神激励相结合，丰富突出贡献奖励、特殊人才奖励、中长期激励、培训激励等多种方式，健全多元化人才激励机制，大力释放人才创新创业创造活力。突出贡献奖、第一责任人工作奖、偏远困难岗位补贴等激励机制得到更好运用，薪酬激励效果更加显著。

参考文献

［1］黄凌劼：《适合国有企业的工资总额预算管理办法探讨》，《企业改革与管理》2019 年第 17 期。

［2］人力资源社会保障部劳动关系司编写《〈国务院关于改革国有企业工资决定机制的意见〉政策解读和实务操作》，中国劳动社会保障出版社，2019。

［3］《省政府国资委出台关于进一步深化监管企业收入分配制度改革的指导意见》（豫国资规〔2021〕4 号），河南省人民政府国有资产监督管理委员会网站，http：//gzw. henan. gov. cn/2021/05－21/2149117. html，2021 年 5 月 21 日。

群 体 篇
Income Group Reports

B.13
农民工工资保证金制度
改革进展和政策建议

许英杰　石　颖　窦盛冉[*]

摘　要： 各地农民工工资保证金制度在聚焦重点行业、多样化缴纳方式、分散缴费承担主体、优化缴费机制和标准、推行差异化管理等方面主动开展探索和创新。这些改革取得显著成效，有利于建设统一市场、促进公平竞争、进一步减轻企业负担。同时改革也存在不平衡现象，各地改革进展不一，有些地方负担相对较重；银行保函等非现金缴费方式未完全铺开，存在不公平现象；工资保证金退还制度有待优化。建议改革进展较慢地区对标先进、加快改革进度，进一步减轻企

---

* 许英杰，管理学博士，国务院发展研究中心企业研究所副研究员，主要研究领域为企业改革与发展；石颖，管理学博士，国家发展改革委经济体制与管理研究所助理研究员，主要研究领域为国有企业改革；窦盛冉，金融学博士，清华大学五道口金融学院，主要研究领域为金融学。

业缴费负担；允许符合条件的地方分阶段、分类取消由企业缴纳工资保证金；进一步完善银行保函等非现金缴费机制，提高覆盖面和公平性；持续优化工资保证金退还机制，进一步减轻现金流挤压问题。

关键词： 农民工 工资保证金 工资拖欠

农民工工资保证金制度是致力于解决农民工工资拖欠、克扣问题的重要制度安排，自 2006 年国务院发布《关于解决农民工问题的若干意见》明确要求建立农民工工资保证金（简称"工资保证金"）制度以来，各地不断建立工资保证金制度，有效保障了农民工按时足额获取劳动报酬的合法权益。与此相应，在一定时期预存一定金额的保证金也积压了现金流，增加了企业经营成本，使得相关企业面临经营成本上升等困难。为此，作为推进"放管服"改革的必要措施，各地区各部门持续创新完善工资保证金制度，探索形成一系列改革模式，在保障农民工合法权益的同时，也有效地减轻企业负担、激发市场活力。本文课题组对全国 31 个城市的工资保证金制度进行调研分析，提出了进一步深化改革的建议。

一 各地积极探索如何有效减轻企业负担

按照国家统一部署，各地不断创新工资保证金制度，在聚焦重点行业、多样化缴纳方式、分散缴费承担主体、优化缴费机制和标准、推行差异化管理等方面创新举措，在保障农民工合法权益的同时切实降低企业负担。

（一）聚焦易发生拖欠的行业实施工资保证金制度，科学界定缴费企业范围

我国农民工所从事的工作主要分布在制造业（27.4%）、建筑业（18.7%）、

居民服务修理和其他服务业（12.3%）、批发和零售业（12.0%）、交通运输仓储邮政业（6.9%）、住宿餐饮业（6.9%）等六大行业，全面推广工资保证金制度势必扩大缴费企业范围。为此，各地结合当地农民工工资拖欠的行业分布特点，聚焦更易发生拖欠的行业推行工资保证金制度。一是所有城市均建立覆盖建筑业的农民工工资保证金制度。天津、杭州、济南、南昌、银川、太原、郑州、长沙、福州等31个城市均明确在建筑业推行农民工工资保证金制度。其中，重庆、武汉等21个城市进一步明确聚焦"从事房屋建筑""市政基础设施工程项目建设"等细分行业。二是多个城市涵盖建筑业的"大类"① 具有一定差异。比如，昆明、兰州等9个城市进一步聚焦"交通运输""水利""矿山"等土木工程建筑业。再如，沈阳、哈尔滨、广州、海口、拉萨等地在明确覆盖"房屋建筑业""土木工程建筑业"的基础上，明确纳入"设备安装"等建筑安装业。除此之外，石家庄、西安、合肥、南宁等地，进一步明确适用范围包括建筑装饰、装修和其他建筑业。三是有的地方将易发生工资拖欠的部分制造业、餐饮业涵盖在制度保障范围内。比如，昆明、乌鲁木齐、西宁等地均将劳动密集型加工制造、餐饮服务等行业作为农民工工资保证金规范范围。四是还有地方将采矿业纳入农民工工资保证金规范范围。比如，拉萨就将从事矿产资源开发、勘探、加工的矿业企业纳入规范范围。

（二）允许以银行保函、商业保单、业主担保等成本低、占用现金少的方式缴纳工资保证金

以现金方式缴纳工资保证金占用企业现金流，机会成本高，各地积极探索多样化的工资保证金缴费方式，减少现金占用、降低缴费负担。一是多数城市要求以现金方式缴纳工资保证金。在31个城市中，天津、重庆、杭州等28个城市均允许以现金方式缴纳工资保证金；其中，上海只允许以现金

---

① 根据《国民经济行业分类》国家标准（GB/T 4754—2017），建筑业包括房屋建筑业，土木工程建筑业，建筑安装业，建筑装饰、装修和其他建筑业。

方式缴纳工资保证金。二是大多数城市已经开始允许企业以银行保函方式缴纳工资保证金。在31个城市中,济南、贵州、石家庄等30个城市允许以银行保函的方式缴纳工资保证金。其中,北京、南京、合肥不允许以现金方式缴纳工资保证金;成都、长沙、武汉等27个城市既允许以现金方式缴纳,也允许以保函方式缴纳;南昌不仅要求企业诚实守信经营,而且必须满足"连续三年内未发生工资拖欠行为"的条件,以及符合"已缴存300万元的农民工工资保证金"的要求,并且,预存应缴纳保证金20%的现金作为应急资金;太原仅允许使用银行保函替代不超过50%的现金工资保证金。三是一些城市允许使用保险公司保单或其他担保方式缴纳工资保证金。比如,济南、南昌、石家庄等16个城市允许以保险公司保单的方式缴纳工资保证金,长春、沈阳、广州等11个城市允许以业主担保、担保公司担保、诚信担保、工程担保等多种方式缴纳工资保证金。四是对于开具保函的银行资格要求,多数城市要求开具保函银行为当地银行或在当地设立分支行的外地银行。比如,郑州、西安、太原等10个城市对于开具保函的银行资格没有具体要求;合肥、长沙、武汉等14个城市要求是本行政区域内的银行业金融机构或在当地设立分支机构的外地银行,或同当地开设的工资代发专用账户管理银行同一系统的银行。另外,还有城市要求开具保函的银行为国有大型银行、同人力资源社会保障部门签约的银行、五大国有商业银行和全国性股份制商业银行等。部分城市仅要求具有承保资格的银行,或直接将银行资格的决定权限下放给各区、县(市)政府。

(三)鼓励由建设单位和施工单位等多主体共同承担,分散缴费主体负担

农民工工资拖欠涉及建设单位、施工单位、劳务分包企业等多个主体,为了尽可能分散工资保证金缴费负担,不同城市积极探索由多主体共同承担工资保证金的机制。一是在缴纳模式方面,多数城市工资保证金按照项目进行缴纳,按照企业进行缴纳的城市相对较少,在31个城市中,呼和浩特、乌鲁木齐、海口等26个城市可以按照工程建设项目进行缴纳。北京、杭州、

南京、福州等 7 个城市可以按照企业进行缴纳，其中，重庆市既可以按照工程建设项目进行缴纳，也可以按照企业进行缴纳；福州的城建、通信等行业的施工企业按照企业进行缴纳，水利、电力、铁路等行业的施工企业按照工程建设项目进行缴纳。二是在缴费基准方面，在可以按照工程建设项目进行缴纳的 26 个城市中，多数城市（22 个）以工程合同造价或中标价为基准缴纳工资保证金，以工程合同造价为基准缴纳的有 3 个城市（包括贵阳、长春、西安），拉萨市以工资总额为基准缴纳。三是在缴费承担主体方面，由建筑单位和施工单位共同承担的占多数，在 31 个城市中，完全由施工单位承担的城市有 12 个（如广州、福州、拉萨等），兰州、武汉、昆明、长沙完全由建设单位承担，由施工单位和建设单位共同承担的有 13 个城市（如郑州、成都等），长沙市由施工单位或建设单位承担。四是部分城市将劳务分包企业也作为缴纳对象。比如，北京、天津、杭州各自要求劳务分包企业分别缴纳 50 万元、30 万元、20 万元的工资保证金。

（四）多地主动优化缴费机制和标准，合理控制工资保证金缴费额度

立足工程建设项目造价基准、按照固定比例标准缴纳是各地普遍采用的工资保证金缴费机制。针对缴费额度随着项目数量增多、造价增加、标准提高而"水涨船高"情况，多地主动优化缴费机制。其中，按照项目基准缴纳工资保证金的地方普遍采用一定比例缴纳工资保证金的机制，按照企业基准缴纳工资保证金的地方普遍采取按照特定金额缴纳工资保证金的机制。一是根据施工单位性质按照特定金额缴纳工资保证金。比如，北京、天津要求施工总承包单位按照 100 万元的标准缴纳工资保证金，专业承包企业和劳务分包企业分别按照各自的标准缴纳工资保证金。二是根据施工单位资质等级按照特定金额缴纳工资保证金。例如，杭州将总承包企业分为特级、一级、二级、三级四个等级，分别需要缴纳 100 万元、80 万元、50 万元、30 万元的工资保证金。再如，南京将专业承包企业分为一级、二级、三级三个级

别，分别按照 40 万元、30 万元和 20 万元的标准缴纳工资保证金。三是根据工程造价或合同价按照固定比例缴纳工资保证金。例如，沈阳要求首次承揽建设工程的建设单位和施工企业按照合同价款的 2% 缴纳工资保证金。再如，成都要求新开工建设项目的施工单位、建设单位分别按照工程合同造价的 5% 缴纳工资保证金。四是根据施工单位资质等级和施工项目类别分别采取按照特定金额、按照项目合同比例缴纳工资保证金。例如，福州将城建、通信等行业的施工企业分为一级（含以上）、二级、三级三个等级，分别按照 80 万元、50 万元、30 万元缴纳工资保证金；而对于水利、电力、铁路等行业的施工企业，则要求按照单项工程合同价款的 5% 缴纳工资保证金（承包大型项目的设置了 1000 万元的最高限额）。五是根据工程造价或合同价按照可变比例缴纳工资保证金。例如，太原基于规模将工程建设项目合同造价分为 100 万元（含 100 万元）以下、100 万 ~ 500 万元（含 500 万元）、500 万 ~ 1000 万元（含 1000 万元）、1000 万元以上四个级别，建设单位和施工单位分别按 5%、4%、3% 和 2% 的一半预存工资保证金。再如，郑州基于注册地将施工企业分为"在郑"和"外地来郑"两种类型，分别按照单项工程总造价的 0.75% 和 1.5% 缴纳工资保证金。再如，拉萨基于项目类别将施工企业分为"建筑、市政、交通、水利类"，"电力、通信、线路管道、设备安装、室内外装修类""矿山企业"三个类别，其中，前两个类别分别按照工程合同造价的 4% 和 3% 缴纳工资保证金。除此之外，长春基于施工阶段、信用评价登记等标准分别分类设置不同缴费比例，其中，建设单位办理施工许可证之前，按照工程造价的 4% 缴纳；对于实行实名制银行卡支付农民工工资的项目，在运行 2 个月后，允许按照不低于 2% 的比例留存；被评为诚信 A 级的施工总包企业允许按照不低于 1% 的比例留存；对不执行实名制的项目，缴存比例按照 5% 执行。六是根据工资总额设计工资保证金缴纳机制。比如，拉萨要求矿业企业工资保证金缴纳比例不超过上年应付工资总额的 4%。七是许多城市设定明确的工资保证金缴纳限额。例如，天津、重庆、杭州等 15 个城市设定了工资保证金的缴纳上限，其中，石家庄明确单个项目 1000 万元封顶。

部分城市也同时设定了工资保证金的缴费下限，例如，兰州规定建设单位缴纳工资保证金最低不少于 20 万元。北京要求施工总承包企业按照不少于 100 万元、专业承包企业和劳务分包企业按照不少于 50 万元的标准开具银行保函。

（五）引入差异化动态管理机制降低信用水平良好企业的缴费负担

基于拖欠行为发生情况、信用水平对工资保证金缴费进行差异化管理，不仅有利于激励企业规避拖欠行为，而且有利于降低企业缴费负担。为此，各地积极探索基于拖欠行为、企业信用、承担项目数量等情况对工资保证金实施差异化、动态管理。一是基于拖欠行为实施工资保证金减免政策。例如，哈尔滨工资保证金缴费基准为 3%，对于连续两年未发生欠薪行为的企业，工资保证金缴纳比例降低为 1%；上一年未发生欠薪行为的企业，工资保证金缴纳比例降低为 2%。再如，银川对于连续 3 年内未拖欠工资的，从第 4 年开始免缴工资保证金。二是基于拖欠行为实施提高工资保证金缴纳标准的惩戒举措。例如，长春工资保证金缴费基准为 4%，长春经开区对于本年度及上年度发生 1 次拖欠行为的企业工资保证金缴纳比例提升至 5%；发生 2 次及以上拖欠行为的企业工资保证金缴纳比例提升至 6%。三是基于企业信用实施优化的工资保证金缴纳政策。例如，郑州允许被评为当地"AAA"信用等级的建筑企业选择一次性存储一定数额的应急押金作为工资保证金，其中，特级、一级建筑企业可一次性存储 50 万元，二级、三级建筑企业可一次性存储 40 万元。四是基于企业信用提高工资保证金缴纳比例。例如，拉萨将企业守法诚信等级划分为三个级别并实施差异化管理。以矿业企业为例，被评为 A 级的守法诚信企业按照上年应付工资总额的 2% 标准缴纳，被评为 B 级的基本守法诚信企业按照上年应付工资总额的 3% 标准缴纳，被评为 C 级的劳动保障违法失信企业按照上年应付工资总额 4% 的标准缴纳，连续两年被评为 C 级的企业按照上年度应付工资总额

6%的标准缴纳。五是将拖欠行为、企业信用等作为企业选择工资保证金缴纳方式的依据。例如，成都要求被纳入"黑名单"或处于"重点监管"状态的施工企业和建设企业必须以现金方式缴纳工资保证金；允许近三年无不良行为记录的施工（总）承包企业申请使用信用担保方式缴纳工资保证金；允许近三年无不良行为记录且信用等级达到2A级及以上的建设单位申请使用信用担保方式缴纳工资保证金。六是根据承担项目数量实施差异化管理。例如，石家庄允许在同一级管理范围内有3个以上在建工程项目的企业工资保证金缴纳标准降低50%。

二 我国农民工工资保证金制度基本特点

通过对各地农民工工资保证金基本情况进行分析，可以看出我国农民工工资保证金基本特点为：不同地区工资保证金覆盖范围不同、针对对象有所差异、费用标准不统一、缴费基准不同、缴费方式不同。

一是不同地区工资保证金制度覆盖范围不同。多数地区覆盖建筑行业企业，部分城市覆盖范围进一步扩大到其他行业企业。覆盖范围窄的地区受到影响的企业较少，有更多的企业愿意前往开展工程建设活动；覆盖范围宽的地区受到影响的企业较多，愿意前往开展工程建设活动的企业相对较少。

二是不同地区针对对象有所差异。有的城市由建设单位负担，有些城市由施工企业负担，多数城市由建设单位和施工企业共同负担。相较于作为工资保证金针对对象的地区，企业更愿意选择不将其作为收费对象的地区。

三是不同地区工资保证金费用标准不统一。有的地区缴费率高，有些地区缴费率低。有的地区对不同规模项目采取不同缴费率，有的地区则对所有规模项目采取同样的标准。费用标准高的地区对于相关企业的吸引力小，费用标准低的地区对于相关企业的吸引力大。

四是不同地区工资保证金缴费基准不同。有的地区以项目合同价款或工程造价为基准，有的地区以企业为基准。有的地区按照固定金额缴纳，有的地区按照比例金额缴纳。有的地区缴费存在封顶金额，有的地区缴费上不封顶。有的地区缴费存在最低金额，有的地区不存在最低缴费额度。相对项目多、工程规模大的企业而言，项目少、工程规模小的企业更愿意向以合同或工程造价为基准、按照比例金额、不存在最低缴费额度的地区开展业务。

五是不同地区工资保证金缴费方式不同。有的地区必须以现金方式缴纳，有的地区必须以保函的方式缴纳，有的地区既可以以现金方式缴纳保证金，还可以以保函、商业保单、担保等多种形式缴纳。相对于现金流充分的企业而言，面临流动性困难的企业更愿意在允许以保函、商业保单、担保等多种方式缴纳工资保证金的地区开展业务。

三 工资保证金制度需要进一步解决的问题

各地的工资保证金制度改革取得了显著成绩，但也存在一些问题，还有较大的、进一步优化完善的空间。

（一）各地改革进展不一，有些地方企业负担相对较重

各地缴费标准、基准存在很大差异，因此，有些地方企业负担相对较重。为了便于比较，我们以占地面积 8000 平方米、建筑面积 16000 平方米、工程天数 80 周、项目投资总额为 3.3 亿元的社会投资住宅工程建设项目为例。按照各地农民工工资保证金缴费制度和标准计算，有的地区负担较重，需缴纳工资保证金高达 3300 万元（见图 1）。有的地区负担较轻，缴纳工资保证金仅需 80 万元，负担超过 1000 万元的城市将近三成（占比为 29%），负担超过 500 万元的城市超过一半（占比为 55%），最高城市是最低城市的 41 倍。将 31 个城市划分为东部地区、中部地区、西部地区和东北地区四个区域，东部地区（451 万元）、中部地区（483 万元）、西部地区（986 万元）和东北地区（1540 万元）企业缴费负担依次增加。

（二）采用银行保函等方式缴纳并未完全铺开且存在不公平问题

采用银行保函等替代现金缴纳工资保证金是各地普遍实施的降低企业负

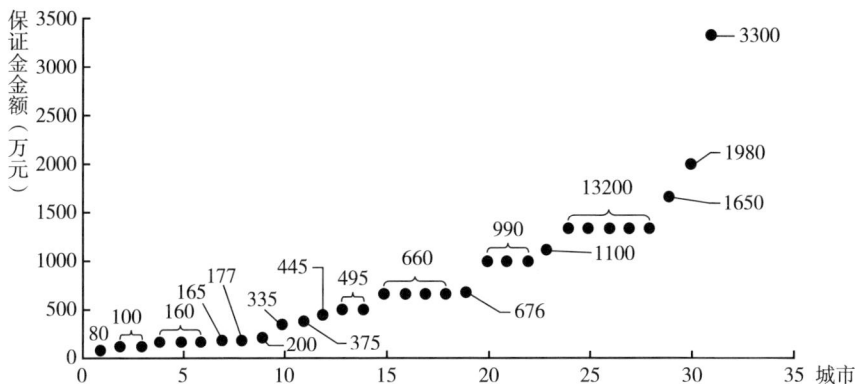

图1　案例农民工工资保证金缴费负担情况

担的缴费方式,但一些地方存在覆盖面不高、不公平等问题。例如,某地企业反映,目前在缴纳农民工工资保证金时,允许大型国有企业以银行保函替代现金,但民营企业仍需使用现金。再如,有的地方银行保函收费区别对待不同所有制企业。有的企业反映,民营企业办理保函业务按 0.6% ~ 0.8%的标准收费;如果是中央企业,则按照 0.2% 收费。再如,有的地方采用银行保函方式缴纳时要求用现金担保。有的企业反映,在采用银行保函方式办理工资保证金过程中,少数银行要求提供最低 50% 的现金担保;还有企业反映,办理银行保函要求 100% 冻结资金,并且手续烦琐,不如直接缴纳现金。

(三)一些地方工资保证金退还制度有待优化

及时和足额退还工资保证金是减轻企业缴费负担、增强企业现金流水平的重要组成方式。调研发现,有的地方工资保证金退还制度依然存在进一步优化的空间。一是一些地方保证金退还效率有待提升。例如,某地要求施工企业在建设工程竣工验收合格 60 天后才能申请退还工资保证金,并且,不少于 20 天的公示时间。二是许多地方退还机制不合理。某地企业反映,当地农民工保证金由施工单位承担,在竣工验收备案完成之后才退还。而建设单位是影响竣工验收备案的重要主体，建设单位对竣工验收备案的延误也会影响施工单位农民工工资保证金的退还。三是有的地方存在工资保证金退还难现象。某地企业反映，该企业2014年承担的工程建设项目由于各种原因没有办理竣工备案，即便在已经完全支付农民工工资的情况下，农民工保证金仍不能退还。

四　完善农民工工资保证金制度的建议

秉承在维护农民工合法权益的同时尽量降低企业缴费负担的原则，遵循优机制、减费率、分类管、广覆盖、快退还的思路，沿着降低缴费负担和减少现金挤压两条途径，持续完善农民工工资保证金制度。

一是建议改革进展较慢地区对标先进地区，加快改革进度，进一步减轻企业缴费负担。以降低企业缴费金额为重点，东北地区、西部地区要同东部地区、中部地区做好对标，缴费负担较高城市要同较轻城市做好对标，进一步加快推进工资保证金制度改革进程。围绕优化缴费机制，推行基于项目规模、项目数量的分段工资保证金缴纳机制，允许不同项目规模、不同项目数量的企业按照不同比例或金额缴纳保证金；引入基于企业的工资保证金缴纳机制，实施以企业为单位、在一定时期内仅需缴纳一次工资保证金的缴纳机制。围绕降低缴纳标准，做好同企业负担较低城市的对标，循序渐进地降低缴费标准；推行信用管理机制，针对信用良好的企业设置更低的缴费标准甚至是免缴；引入封顶管理机制，对相关企业或项目设定工资保证金的最高缴纳额度。

二是针对部分行业、特殊建设项目，允许符合条件的地方分阶段、分类取消由企业缴纳工资保证金。对工程建设项目所属行业进行进一步细分，按照行业"中类"甚至"小类"做好各细分行业农民工工资拖欠情况的研究；针对不存在或存在较少拖欠行为的细分行业，逐步、分阶段取消由企业缴纳工资保证金，进一步缩小需要缴纳工资保证金的行业范围。对工程建设项目所属业主单位进行分类，对于由政府作为单一主体或主要投资主体所投资的文化、教育、卫生等工程建设项目，探索设置统一由当地政府直接缴纳工资保证金的形式，施工单位不再缴纳。

三是进一步完善银行保函等非现金缴费机制，提高非现金缴费方式的覆盖面和公平性。围绕提高非现金缴费方式的覆盖面，引入政府再担保机制，对积极开展工资保证金银行保函、商业保单、第三方担保等服务的机构提供再担保，提高相关机构开展相关业务积极性。以推进对待不同所有制企业一视同仁为重点，建立和畅通投诉渠道，及时纠正对民营企业的歧视行为、不合理收费行为以及强制要求现金担保的行为。加强对提供银行保函、保险公司保单、第三方担保等服务的市场主体的管理和引导，鼓励创新和更好地开展担保业务。

四是持续优化工资保证金退还机制，进一步减轻现金流挤压问题。进一步压缩竣工验收备案之后办理工资保证金退还申请的等待时间、公示时间、政府审查时间，确保及时退还工资保证金。探索多样化退还机制，减少竣工验收备案对工资保证金退还的硬约束，允许保证金承担主体通过提供不存在拖欠的告知承诺、工资完结证明等方式，申请退还工资保证金。

本文附表　全国 31 个城市工资保证金制度情况

编号	城市	适用领域	可否现金	可否银行保函	可否商业保险	其他担保	缴纳/办理模式	建设单位承担比例/金额	总包单位承担比例/金额	分包单位承担比例/金额	劳务分包企业	是否封顶	是否建立差异化管理制度
1	北京	房屋建筑和市政基础设施、交通、水务、轨道交通、园林绿化	○	○			按照企业		100 万元	50 万元	50 万元	○	○
2	天津	建筑业		○	○		按照企业		100 万元	30 万元	30 万元	○	○
3	石家庄	各类房屋建筑、市政基础设施、水利、园林、轨道交通等工程建设领域及各种基础设施建设的土木工程、线路管道、设备安装、装饰装修等各种在建、新建、续建、改建工程项目	○	○	○		按照项目	1%	1%			○	
4	太原	建筑业	○	○			按照项目	2.5%（100 万元以下）、2%（100 万~500 万元）、1.5%（500 万~1000 万元）、1%（1000 万元以上）	2.5%（100 万元以下）、2%（100 万~500 万元）、1.5%（500 万~1000 万元）、1%（1000 万元以上）				○
5	呼和浩特	在建、新建、扩建、改建、维修和技术改造的建设工程项目	○	○	○		按照企业	600 万元	400 万元（特级）;300 万元（一级）;150 万元（二级）;100 万元（三级及以下）	150 万元（一级）;100 万元（二级）;50 万元（三级及以下）	50 万元	○	○

续表

编号	城市	适用领域	可否现金	可否银行保函	可否商业保险	其他担保	缴纳/办理模式	建设单位承担比例/金额	总包单位承担比例/金额	分包单位承担比例/金额	劳务分包企业	是否封顶	是否建立差异化管理制度
6	沈阳	从事土木工程、建筑工程、线路管道设备安装工程、装修工程、通信工程，市政基础设施，以及从事水利工程、交通工程（道桥、铁路、桥梁、机场、地铁）、电力工程、煤气管网、供热管网工程项目等新建、扩建、改建项目的建设单位和施工总承包企业	○	○	○	○	按照项目	2%	2%				○
7	长春	建筑市政、交通运输、水利等工程建设领域	○			○	按照项目	4%					○
8	哈尔滨	各类房屋建筑、市政基础设施和土木工程线路管道设备安装的在建、新建、续建、改建、扩建工程项目	○	○	○		按照项目	3%	3%				○
9	上海	建筑、市政、交通、水务等工程建设领域	○				按照项目		（工程承发包合同价×10%/工程天数）×30				○
10	南京	从事建筑、市政、园林、交通、水务等工程建设	○			○	按照企业		80万元（特级）、60万元（一级）、40万元（二级）、20万元（三级）	40万元（一级）、30万元（二级）、20万元（三级）		○	○

薪酬蓝皮书

编号	城市	适用领域	可否现金	可否银行保函	可否商业保险	其他担保	缴纳办理模式	建设单位承担比例/金额	总包单位承担比例/金额	分包单位承担比例/金额	劳务分包企业	是否封顶	是否建立差异化管理制度
11	杭州	建筑业	○	○	○	○	按照企业		100万元（特级）、80万元（一级）、50万元（二级）、30万元（三级）	60万元（一级）、40万元（二级）、20万元（三级）	20万元	○	○
12	合肥	房屋建筑、市政、交通运输（铁路）、水利（引江济淮）、信息产业及各类基础设施的土木工程，建筑工程、线路管道、设备安装、装饰装修，城市园林绿化等各种新建、扩建、改建工程项目		○	○	○	按照项目	2%	2%				○
13	福州	建筑业	○	○	○	○	按照项目/按照企业		30万元、50万元、80万元/5%（不超过1000万元）			○	○
14	南昌	建筑业	○	○	○	○	按照项目	1%（1000万元以上的）或1.5%（1000万元以下的）	1%（1000万元以上的）或1.5%（1000万元以下的）				○
15	济南	建筑业	○	○	○	○	按照项目	1%	1%			○	○
16	郑州	建筑业	○	○	○	○	按照项目	0.75%	0.75%（在郑企业）/1.5%（外地未郑企业）				○

续表

编号	城市	适用领域	可否现金	可否银行保函	可否商业保险	其他担保	缴纳办理模式	建设单位承担比例/金额	总包单位承担比例/金额	分包单位承担比例/金额	劳务分包企业	是否封顶	是否建立差异化管理制度
17	武汉	房屋建筑及市政基础设施工程项目	○	○			按照项目	0.50%				○	○
18	长沙	建筑业	○	○	○		按照项目	1.50%				○	○
19	广州	房屋建筑、交通、水务等工程建设领域及其附属设施的建造工程,内外装修工程和与其配套的安装的线路、管道,设备的安装等工程,以及市政基础设施施工等施工活动的施工企业以及建设单位	○	○		○	按照项目		2%			○	○
20	南宁	土木工程、房屋建筑、装修装饰、园林、交通、水利、市政公用、铁路、电力等工程建设领域	○	○			按照项目	2%	2%			○	○
21	海口	从事土木工程、建筑工程、通信工程、土地整理、大型成套设备安装、幕墙、园林、消防、室内外建筑装修等项目	○	○			按照项目	2.50%	2.50%				○

续表

编号	城市	适用领域	可否现金	可否银行保函	可否商业保险	其他担保	缴纳/办理模式	建设单位承担比例/金额	总包单位承担比例/金额	分包单位承担比例/金额	劳务分包企业	是否封顶	是否建立差异化管理制度
22	重庆	建设项目	○	○			按照项目/按照企业	2%	2%/2500万元（特级）、1000万元（一级）				○
23	成都	建设项目	○	○	○	○	按照项目	5%	5%				○
24	贵阳	建筑、交通运输、水利、电力、通信、市政、矿山等建设工程项目	○	○			按照项目		2%			○	○
25	昆明	交通、水利、矿山等土木工程建筑业，部分制造业、餐饮服务业	○	○			按照项目	3%					○
26	拉萨	从事建筑、市政、交通、水利、电力、通信、线路管道、设备安装、室内外装修等建设工程的产业工企业，以及从事矿产资源开发、勘探、加工的矿业企业	○	○	○		按照项目/按照工资总额		4%/3%				○

续表

编号	城市	适用领域	可否现金	可否银行保函	可否商业保险	其他担保	缴纳/办理模式	建设单位承担比例/金额	总包单位承担比例/金额	分包单位承担比例/金额	劳务分包企业	是否封顶	是否建立差异化管理制度
27	西安	建筑施工企业,市政,交通,装饰,装修,管道及通信电缆等工程	○	○		○	按照项目		2%(1000万元以下)、1.5%(1000万~5000万元)、1.3%(5000万~1亿元)、1%(1亿元以上)				○
28	兰州	房屋建筑和市政基础设施,交通,水利,矿山,信息产业等工程建设领域	○	○			按照项目	3%					○
29	西宁	建筑,市政交通,水利等工程建设项目,部分制造业,餐饮服务业	○	○	○		按照项目		1%~2%				○
30	银川	建筑业	○	○	○	○	按照项目	2%	2%			○	○
31	乌鲁木齐	房屋建设,市政基础设施,公路,水利,铁路等新建,扩建,改建工程中使用农民工的建筑施工,部分制造业,餐次服务业	○	○	○	○	按照项目		4%(500万元以下);3%(500万~1000万元);2%(1000万~1亿元);1%(1亿元以上)				○

注:"○"表示"是"。

国际借鉴篇

International Reference Reports

B.14
日本提高一线劳动者劳动报酬政策分析

王 宏*

摘　要：　日本近年来出台了一系列政策措施扩大就业、提高一线劳动者工资报酬，包括通过设立就业补助金，引导企业扩大用工、稳定劳动关系；通过非行政手段对工资集体协商施加影响，引导工资合理增长；采用税收和经济补助政策，弥补企业成本，提高一线劳动者待遇；制定参考模板，帮助中小企业完善内部用工分配制度；完善职业能力培训评价体系，促进劳动者凭技能增加工资；等等。这些政策对于促进日本弱势群体就业、保持技术工人队伍稳定和增加一线劳动者工资待遇、缩小分配差距都发挥了积极作用。日本的成功经验提示，在市场经济条件下，我国政府可以以更积极的态度、更灵活的方式手段间接调控企业工资分配，综合采用法律、税

---

* 王宏，中国劳动和社会保障科学研究院研究员，主要研究领域为宏观收入分配、劳动关系与企业工资分配宏观调控、人才评价与激励等。

收、经济、信息引导、技术服务、评优评先等多种手段来影
响企业工资分配行为，保护和提高一线劳动者报酬，缩小工
资收入差距。

关键词： 一线劳动者　工资政策　收入差距　日本

党的十九大四中全会报告提出坚持按劳分配为主体、多种分配方式并存
的基本经济制度，坚持多劳多得，着重保护劳动所得，增加劳动者特别是一
线劳动者劳动报酬，提高劳动报酬在初次分配中的比重。与发达国家相比，
我国劳动报酬占初次分配比重依然偏低，工资差距较大，当前受多方面因素
影响，一线劳动者工资增长进一步放缓甚至下降，劳动关系不稳定因素持续
增加。日本近年来努力应对经济增长乏力、消费需求低迷、劳动力供给不足
以及少子化、老龄化等问题，在促进弱势群体就业，保护和提高一线劳动者
劳动报酬，缩小工资差距、改善工资分配格局方面取得成效，雇员报酬占
GDP 的比重维持在 50% 左右，在 OECD 国家中位居前列[1]，社会保持总体稳
定。政府劳工政策在其中发挥了重要作用。本报告依据日本厚生劳动省官方
网站的第一手资料，归纳整理其主要政策做法（包括新冠肺炎疫情期间），
并就我国借鉴日本经验、提高一线劳动者劳动报酬方面提出政策建议。

一　日本提高一线劳动者劳动报酬的主要政策

2000 年以来，日本经济持续低迷，消费需求不足，少子化、老龄化趋
势明显；全社会劳动力供给不足问题日益严重，灵活就业比例上升，2010

---

[1]　2017 年日本雇员报酬占 GDP 比重为 50.4%，在 33 个有可比数据的 OECD 国家（不包括以色
列、芬兰、智利、新西兰和土耳其）中排名第七。根据联合国数据库数据计算。

年临时用工一度达到雇用劳动者总人数的 13.75%①；一些工作负荷大、环境差、工资低的职业/工种缺工严重；2000～2009 年，日本劳动者月平均工资从 30.22 万日元下降到 29.45 万日元，出现负增长；行业之间，大企业与小企业之间，正式工与非正式工（包括有期限劳动合同工、季节工、劳务派遣工等各类用工形式，下同）之间工资差距明显。为引导和鼓励企业稳定和增加用工、积极采取措施提高生产率，提高一线劳动者和非正式用工待遇，日本政府制（修）定了一系列劳工政策，综合运用多种政策手段对劳动力市场进行间接调节。

（一）稳定和扩大就业，保障劳动者收入之源

日本区分企业不同情况设立多种就业补助金政策，采用经济手段引导企业扩大用工、稳定劳动关系，保障劳动者凭借劳动获得收入。针对新创立企业发放"创业企业扩大雇佣补助金"，企业实际招工人数达到一定标准，一年内雇佣劳动者的离职率低于 50%、新招工人数大于离职人数的，即可向所在地区劳动部门提出申请，政府按其实际支付招录费用的一定比例予以补助。针对正常经营企业发放"中途扩大雇佣补助金"，企业雇用人数增加 20% 以上的，补助 50 万日元；增加 40% 以上的，补助 70 万日元；首次雇用 45 岁以上人员的，补助 60 万～70 万日元。企业不得已裁员，如果能够委托专业机构向被裁减劳动者提供再就业服务或再就业培训的，政府向其发放"再就业培训补助金"；接收单位能够在 3 个月内与被裁减劳动者签订无固定期限劳务合同或者提供职业技能培训的，可向地方劳动部门申请"（早期雇用）再就业补助金"。为帮助那些技能、经验不足的弱势群体（包括高龄劳动者、单亲父母、长期失业者、残疾人、低保人员等）争取更多的就业机会，厚生劳动省还制定"雇佣开发补助金"和"试雇佣补助金"政策，按照企业正式雇用或试雇用上述弱势群体的人数给予补助。

日本设立"雇佣安定补助金"，鼓励经营困难企业通过调整用工制度

---

① 资料来源：《劳动统计要览》之《B-4 劳动力人口》，厚生劳动省官网。

（休业、培训或调职）等来维持员工岗位。按照最新规定：企业暂时休业的，以其实际支付停工津贴额的一定比例予以补助；企业在此期间提供职业技能培训的，在前述停工津贴基础上每人每天另外增加1200日元予以补助。2020年新冠肺炎疫情期间，为鼓励企业稳定用工规模，减少裁员，日本对"雇佣安定补助金"进行了调整，扩大补助人员范围，提高补助金额，延长补助天数。截至2020年7月1日，劳动部门共接受"雇佣安定补助金"申请309226件，通过条件审查、计划支付的有211738件，截至2020年6月26日，计划支付补助金1362.51亿日元①。

除补助金政策外，日本还实行就业促进税制。对于企业本部（或其研发机构、培训机构）由东京都市圈搬迁至"提振活力地区"，或者总部本身设在"提振活力地区"的企业进一步增加用地或扩充厂房，扩大用工规模的，不仅可以在融资、固定资产折旧、缴纳地方税等方面申请一系列优惠政策，还可以按新增加的雇员人数申请企业所得税税前扣除。

（二）完善法律法规，维护劳动者基本工资权益

一是明确最低工资的适用范围。日本目前有47项地区最低工资和200多项特定行业最低工资。《最低工资法》规定最低工资适用于包括劳务派遣人员在内的、提供了正常劳动的各类劳动者，对违法行为制定了严格的处罚条款。为避免出现因无差别地推行最低工资，造成部分群体就业机会减少的问题，法律同时规定，残疾人、试用期人员、职业培训期间人员以及从事极其轻松工作的劳动者这四类情况，经所在地方劳动部门批准，可以根据其实际劳动付出，按一定比例减低适用最低工资，从而帮助这部分群体参与劳动并取得收入。根据日本《劳动基准监督年报（2018）》，2018年日本共接到地区最低工资的特例申请13715件，批准了13600件，涉及人员18202人；接收特定行业最低工资的特例申请58件，批准57件，涉及66人②。

---

① 资料来源：《雇佣安定补助金（常规情况与新冠肺炎疫情期间特例）》，厚生劳动省官网。
② 资料来源：《平成30年劳动基准监督年报》，厚生劳动省官网。

二是明确休业期间停工津贴的支付标准。日本《劳动基准法》第二十六条明确规定，由于用人单位的原因而劳动者停工的，应根据实际停工的工作日天数，按不低于劳动者前 3 个月日平均工资 60% 的标准，向劳动者支付停工津贴。新冠肺炎疫情期间，厚生劳动省又特别针对企业暂时休业、安排带薪休假、劳动者确诊、疑似感染、主动隔离等不同情况下的劳动用工和工资支付标准与程序给出了明确的指导①。

三是建立拖欠工资政府垫付机制。为切实保障劳动者工资权益，日本政府建立了破产企业应付工资垫付制度。破产倒闭企业拖欠劳动者工资和养老金的，经劳动者本人申请或地方劳动部门认定后，由国家劳动者健康安全机构按规定先行垫付，后者以其垫付金额对破产企业享有追偿债务的权利。据统计，自 1976 年该项制度设立到 2019 年 3 月，国家劳动者健康安全机构合计对约 124 万人垫付拖欠工资总额约 5198 亿日元②；2018 年全年垫付人数达到 23554 人，垫付金额约为 8.7 亿日元，实际通过追偿债权只回收了约 2.2 亿日元③。

四是适应社会发展需要，适时修订劳动基准。2010 年修订的《劳动基准法》，将 1 个月内实际工作时间超过 60 小时以上的附加工资率从 25% 提高到了 50%，旨在引导劳资双方减少加班，关注工作、健康和家庭的平衡，同时也有助于提高一些生活服务类行业和职业群体的工资待遇。针对越来越多的劳动者实行弹性工时或综合计算工时的现实情况，2010 年修订的《劳动基准法》，允许劳动者经与用人单位协商后，用"小时"替代"日"来计算带薪年休假，使得落实带薪休假制度更有现实可操作性。

---

① 劳动者感到发热、主动隔离未提供劳动的，适用于病假；因业主要求劳动者隔离导致劳动者未提供劳动的，应支付停工津贴；劳动者确诊感染病毒不得不停工的，企业无需向其支付停工津贴，而是由医疗保险支付伤病补贴；疑似感染的劳动者，应由劳资双方协商确定按带薪休假还是病假处理；企业可以与劳动者协商后制定统一的带薪休假办法；停工补贴和法定带薪年假规定同样适用于学生打工、兼职工、派遣劳动者、有期合同工等正式工以外的各类就业群体。资料来源：《关于新型冠状病毒的 Q&A（面向企业）》，厚生劳动省官网。
② 资料来源：日本劳动者健康安全机构官方网站。
③ 资料来源：《应付工资垫付业务的实施情况》，日本厚生劳动省官网。

（三）通过集体协商机制，引导工资合理增长

日本于每年 4～6 月开展工资集体协商（即"春斗"）确定当年固定工资增长基准，还就夏季奖金、年终奖金另外开展两次协商。由于未被协商覆盖的企业通常选择与集体协商的同时进行调资，加上日本行业工会和行业组织影响力较大，因此大型工会联合会或行业工会每年提出的增资要求和协商主题，不仅能够深度影响企业层面的集体协商，还会对未成立工会或不开展集体协商的中小企业形成引导示范作用，从而影响全社会的工资水平。日本最大的工会联合组织——日本工会总联合会（以下简称"联合会"）在2019 年"春斗"中提出，月度工资增长以 2% 为基准，致力于"提高底部支撑（工资水平最低者的工资）"和"缩小差距"，并就"改善一线劳动者工作条件"、"实现持续健康工作"、"推动平衡工作生活和社会关系"以及"促进减少高龄化和少子化"等内容广泛开展讨论和协商。调查统计结果与"联合"提出的月工资增长 2% 的基准非常接近：2019 年主要大型民营企业①春季集体协商结果的加权平均涨薪率为 2.18%，114 家大中型企业②加权平均涨薪率为 2.43%，2431 家工会组织（包括 299 人以下的中小工会）所覆盖的正规就业者加权涨薪率为 2.07%，非正规就业者加权涨薪率为1.96%，小时工资率则提高了 25.91 日元③。

日本政府虽不直接干预集体协商行动，但会根据社会经济发展需要，就工资集体协商提出期望，施加影响。2017 年 10 月 26 日经济财政咨询会议上，日本内阁总理大臣公开表示，希望 2018 年在切实推进生产性革命的同时，劳资谈判中能够实现 3% 的加薪。此外，厚生劳动省每年及时统计公布"春斗"、夏季补助金和年底奖金三次集体协商结果，向未被集体协议覆盖的企业提供借鉴，引导劳资双方树立合理的工资增长预期。厚生劳动省向社会公布年度分职业劳动力工资价位信息，通过"求职招聘常规报告"逐月

---

① 指资本金 10 亿日元以上，且常态用工在 1000 人以上的大企业。

② 指东证一部上市，且常态用工从业人员 500 人以上的企业。

③ 资料来源：《令和元年版劳动经济分析》第 3 章第 3 节，日本厚生劳动省官网。

发布不同职业的劳动力供求关系信息，帮助企业与劳动者合理确定工资水平，促进劳动力优化流动配置。

（四）采用经济手段，鼓励企业改善一线劳动者待遇

一是设立"业务改善补助金"，推动中小企业全面落实最低工资。实际支付的工资最低水平低于所在地区法定最低工资30日元以内的中小企业，如果能够采取措施（包括机械设备、咨询引进、人才培养、教育训练等）切实提高工资支付的最低水平，且不存在非法解雇、恶意欠薪等违法行为的，政府将以其实际支出的费用为基数，按一定比例予以补助，低工资群体工资增幅越大，受益人数越多，补助标准也越高。如企业符合厚生劳动省提出的"生产率要件"要求（即人均产出一年内提升2%及以上，三年提升6%以上，下同）的，补助标准进一步提高。

二是实行"雇佣管理改善助成金"政策，支持企业改进劳动分配管理制度，提高员工待遇。自2017年开始，厚生劳动省在"人才确保补助金"政策中，专门设立了"雇佣管理改善助成金"专项。按照最新规定，企业提交有关改进人事考核评价制度、完善定期加薪机制、改善劳动者待遇的雇佣管理改善计划，并获得地方劳动部门通过的，即可获得首笔50万日元补助；三年后经评估，能够满足用工总数不下降（用工300人以上的，下降不超过1%）、计划覆盖劳动者月固定工资每年增加2%以及生产率增长超过6%这三项要求的，可另外获得80万日元补助。

三是实行"（非正式工）升职补助金"政策，提高非正规工待遇，缩小企业内部工资差距。企业为非正式工制定向正式工转换办法、岗位等级工资制度、与正式工同等津贴制度、提高其基本工资水平、设立提供更优社会保险制度和额外健康检查或增加小时工劳动时间等任一项措施的，即可申请补助。厚生劳动省根据这些措施的实施效果划分非常详细的补助标准，补助金额与受益人数和增资幅度挂钩，并向中小企业倾斜。满足生产率要件的，补助额度会进一步提高。

四是制定专项补助金政策，完善护理、保育人员工资制度，提高工资待

遇。为解决护理、保育人员供不应求、工作负荷大但工资偏低水平问题，厚生劳动省制定了"人才储备支援补助金（护理/保育人员劳动用工制度）"专项政策，企业针对此类人员制定雇佣管理改善计划，实施包括完善岗位技能工资制度、建立定期加薪机制、引入职业能力评价体系、提高两类人员基本工资标准等在内的某项内容的，即可申请补助。按照最新规定，计划报经地方劳动部门批准的，可获得首笔 50 万日元补助。计划实施一年后员工流失率下降、满足要求的，可获得第二笔补助 57 万日元（满足生产率要件的，增至 72 万日元）。计划实施三年后人员流失率依然满足要求的，可获得第三笔补助 85.5 万日元（满足生产率要件的，增至 108 万日元）。

五是对企业通过引进设备来提高劳动管理水平、增加工资的成本费用予以补助。企业制定"雇佣管理改善计划"并进行相关设备投资，计划实施后确实改善了劳动用工管理水平，提高了生产率和劳动者工资的，政府对其设备投资成本进行补助。具体包括一年期计划和三年期计划两类，按照计划实施周期分两到三次支付补助，企业设备投资支出越大，补助金额也越高。

上述经济政策的主要受益者是企业低工资群体、有期限合同工、劳务派遣工、非全日制劳动者、保育员、护理人员等一线劳动者，对于日本稳定和提高劳动报酬占比、缩小工资差距发挥了重要作用。据统计，2018 年厚生劳动省共接受"业务改善补助金"申请 870 件，支出 12.4 亿日元；接受"完善雇佣管理补助金"申请 1590 件，支出 60.5 亿日元；为企业改进更新设备以完善雇佣管理制度支出 4.2 亿日元；接受"（非正式工）升职补助金"申请 968 件，实际支出 10.1 亿日元[①]。

（五）运用税收政策，鼓励企业增加劳动者工资报酬

相对于上述补助金制度，税收政策更具普惠性。日本对中小企业实行"所得扩大促进税制"。按照 2018 年修订的最新规定，中小企业向持续雇用劳动者支付的工资总额比上年度增加 1.5% 及以上，可按工资总额增加额的

---

① 资料来源：《参考资料　第二届安全委员会提出的补充请求材料》，日本厚生劳动省官网。

15%减免法人税（雇主是个体经营户的，为所得税）；工资支付总额比上年增加2.5%以上，且教育训练费比上年增加10%以上或其经营力提高计划得到认可并实施有效的，可按照工资总额增加额的25%予以减免①。

2018年，日本又设立了"工资提高·生产性提高优惠税制"，规定大企业向持续雇用劳动者支付的工资总额比上年度增加3%以上，且固定资产折旧率达到95%以上的，可在缴纳法人税（雇主是个体经营户的，为所得税）时按工资总额增加额的15%予以免税；在上述条件基础上，如果企业教育培训费用投入比过去两年均值增加20%以上的，可按工资总额增加额的25%予以免税②。

（六）制定参考模板，指导企业内部用工和分配

日本《劳动基准法》规定，经常性用工达到10人以上的用人单位，必须制定就业规则，连同员工代表的意见，向所属地区劳动部门备案。2013年，为帮助和引导企业制定劳动用工管理制度，厚生劳动省劳动基准局监督课制定并公布了一份《模范就业规则》，内容涉及人力资源管理各个环节，并就法律法规和注意事项做出解释。其中第六章"工资薪金"中对常见的工资结构、津补贴项目和发放依据提出了非常详细的参考范本，对加班工资、综合计算工时、停工补贴、缺勤扣发等提供了具体的计算公式，建议基本工资一般根据本人的职务（岗位）内容、技能、工作成绩、年龄等确定，建议根据效益情况按照劳动者业绩表现给予其必要的加薪，或者发放奖金。

同年，厚生劳动省劳动基准局工资薪金课也委托专业研究机构制定并公布了《中小企业模式工资》宣传手册，为中小企业引进岗位工资（代替传统年功序列）、改进基本工资制度提供参考借鉴。该手册内容解释了岗位工

---

① 税收优惠合计不得超过应纳税额的20%。资料来源：《中小企业支持措施》，日本厚生劳动省官网。

② 资料来源：《提高工资及生产率的税收优惠（平成30年设立）指南》，日本经济产业省官网。

资的基本内涵、功能意义，提供开展岗位评价的基本方法和测评要素，并就如何设计岗位工资等级、如何选择基本工资模式进行讲解，指导企业开展新旧工资制度衔接过渡、工资套改测算，完善岗位调整、人才培训和评价考核体系等配套制度。

《模范就业规则》和《中小企业模式工资》在总结企业管理实践的基础上，将劳动法律法规与企业内部用工、分配实践进行有效衔接，内容丰富而详细，形式上虽不具有强制性，但对中小企业完善内部用工和分配制度、对保障和提高劳动者权益都有较好的指导和借鉴作用。

（七）提供专业技术支持，推广先进经验

考虑到企业制定用工管理制度、开展岗位分析和评估、完善内部分配考核制度等多项工作法律熟悉程度要求高、专业性强，技术难度大，厚生劳动省开设"用人单位劳务管理、安全卫生管理线上诊断和支援"网页，为企业制定《就业规则》和《工资规程》提供（电子）模板，企业根据引导可以一步一步自动生成制度；开设"职务分析、职务评价导入支援"网页，详细介绍技术方法、量表工具，甚至提供基于 Excel 软件的"傻瓜式"操作程序，并招募有经验的岗位分析评估专家，向有需要的企业提供指导。

为了更好宣传政府政策，引导和鼓励更多企业改进内部用工分配管理、增加一线劳动者劳动报酬，厚生劳动省每年向公众提供企业申请补助金政策、灵活开展岗位分析评价工具的真实案例。案例以小微企业为主，介绍企业完善内部用工组织和分配考核制度的具体措施，说明改革成效，信息翔实、图文并茂，具有很好的宣传效果。

（八）开展多种调查统计，全面掌握工资动态

日本工资数据统计和调查种类多样。针对工资水平的调查主要包括年度"工资结构基本统计调查"（分产业、年龄、企业规模、用工形式、职务级别、职业/工种开展工资水平调查，对初次入职者工资水平进行单独统计）、

"每月劳动统计调查",以及针对户外劳动者等特殊职业群体的不定期专项调查。针对工资变动情况和企业增资计划,主要有"工资增长实际情况调查"、"最低工资实际情况调查"和"工资情况综合调查"等。这些工资统计调查对象不尽相同,内容相互补充,但基本都按照抽样调查的一般要求进行抽样和统计计算,帮助政府了解工资真实情况,掌握工资波动趋势,为科学决策提供数据支持。

(九)完善职业能力培训评价体系,促进劳动者凭技能增加工资

在政府的支持鼓励下,日本大型企业自一战前就普遍形成自建技术学校培养员工、内部选拔和使用人才的机制。政府大力支持企业开展内部培训,设立"人才开发支援补助金",根据课程内容、培训时长对参加职业培训的劳动者个人和提供培训的企业给予补助。企业内部培训体系与政府开设的"人才培训支援中心"、地方开办的职业开发学校以及民间培训机构和职业能力开发机构(受地方劳动部门委托),共同构成了日本多层次的职业技能培训体系,全方位面向社会各类群体提供多种职业能力培训。

日本实行国家检定和企业自主认定相结合的职业能力评价机制。国家职业能力检定制度从 1959 年开始实施,目前涵盖 130 个具体职业/工种。国家检定证书在社会上有很高的权威性,在行业内受到高度重视,对劳动者的吸引力很大。根据日本 2018 年《技能检定实施状况调查报告》,2018 年报名人数807287 人,合格率40.1%。其中报名人数最多的前 5 个职位中技能操作类占 3 个①,报名参加特级技能检定人数最多的前 5 个职业中技能操作类占了 4 个②,足见技能操作类人才在日本的职业地位。用人单位自主认定制度自1984 年开始实施。2016 年厚生劳动省出台《社内检定认定要领》,对自主职业能力认定的范围、规程、基准和认定证书应用等问题进行规范,进一步明确内部认定与国家检定之间的关系。截至 2020 年 4 月 1 日,有 31 家企业和 8 个企业联合组

---

① 分别为机械保全维修、机械加工和机械检查,报名人数分别比上年增加了 4.5%、10.1% 和 14.3%。

② 分别为机械加工、机械保全维修、电子设备组装和金属热处理。

织通过政府审查，可以对 128 个职种自主开展职业能力等级认定（日产、三菱、资生堂、花王等大型知名企业均在其列），成为日本国家检定的有益补充。

二　政策实施效果

（一）就业总量扩大，失业率下降

2010～2017 年，日本就业总人数增加 273 万人，远远大于人口增长，雇佣劳动者占就业人口比重提高了 1.8 个百分点[1]。2010～2018 年，完全失业率（即完全失业者占 15 岁以上人口比重）则从 5.1% 稳步下降到 2.4%[2]，其中 15～24 岁的青年人失业率则从 9.1% 下降到 3.6%；大中专学生毕业生就业率从 91.0% 提高到 98.0%[3]。这种就业增长明显快于人口增长、失业率下降的积极变化，不仅是劳动力市场供求关系的自发调节结果，更得益于日本一系列稳定和扩大就业的劳工政策。

（二）制造业就业规模和技术工人队伍保持相对稳定

在劳动力市场供求和政府劳工政策双重影响下，在日本就业结构和职业结构持续转型升级过程中，制造业就业人数和技术工人队伍规模保持了相对稳定。2017 年，制造业就业总人数达 1052 万（比 2010 年增加 3 万），占就业总量 16.1%，在 18 个产业中位居第二（仅次于批发零售业）；制造业雇用劳动者达 1006 万（比 2010 年增加 10 万），占 17.3%，位居首位[4]；从事生产工程、运输、机械驾驶以及建设、采掘等职业的技术工人合计 1241 万，比 2013 年仅减少 7 万，在全部雇用劳动者中占 21.6%，仍然是日本最主要的职业群体之一。

---

① 资料来源：《日本劳动统计要览（B 劳动力）》之《劳动力人口》，日本厚生劳动省官网。
② 资料来源：《令和元年版劳动经济分析：劳动力不足下的"工作方法"问题》，第 2 章第 1 节和第 4 节，日本厚生劳动省官网。
③ 资料来源：《青年就业促进政策现状》，日本厚生劳动省官网。
④ 资料来源：《日本劳动统计要览（B 劳动力）》之《分产业就业者数》和《分产业雇佣者数》，厚生劳动省官网。

（三）工资温和增长，一线劳动者和低收入群体增长较快

2010～2019 年，日本劳动者月平均工资从 29.62 万日元提高到 30.77 万日元，虽然 9 年间仅增长了 3.9%，但绝对值已经回到并超过了 2000 年的水平（见图 1）。分用工形式看，劳务派遣、短期合同工等非正式员工（增 6.7%，1.31 万日元/月）和非全日制劳动者（小时工资率增长 6.9%，67 日元/时）工资增幅大于正式员工（增 4.5%）。分企业规模看，小型企业劳动者月工资增长 4.1%，增幅大于大型企业（增 -0.7%）和中型企业（增 2.1%）。分职务级别看，20～24 岁的无职务人员月工资增长 5.8%，增幅大于部长、课长和系长。分产业看，工作负荷大、工资偏低的"苦脏累险"产业——建筑业、交通邮政业、批发零售业、住宿餐饮业、居民生活服务业等工资增幅较大。

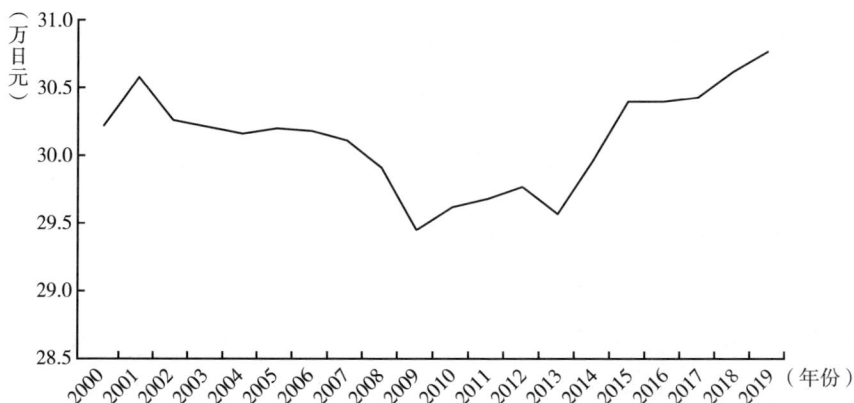

图 1　2010～2019 年日本月平均工资变化

注：根据《2010 年日本工资结构基本调查》和《2019 年日本工资结构基本调查》整理计算，日本厚生劳动省官网。

（四）工资差距缩小，分配格局进一步优化

2010～2019 年，日本月工资最高产业（金融保险业）与最低产业（住宿餐饮业）绝对差距从 19.96 万日元缩小到 18.30 万日元，相对倍数关系从 1.75 倍下降到 1.66 倍；月工资最高地区与最低地区的相对倍数关

系从 1.65 倍下降到 1.58 倍；大型企业与小型企业的月工资绝对差距从 9.76 万日元缩小到 8.32 万日元，大型企业、中型企业、小型企业月工资的倍比关系从 1.28∶1.09∶1 调整为 1.34∶1.10∶1；非正式工工资相当于正式工的 65%，比 2010 年（64%）略有上升。2018 年，男性部长、课长、系长与无职务人员（20~24 岁）的工资倍比关系为 3.08∶2.45∶1.87∶1，比 2010 年（3.13∶2.51∶1.91∶1）有所收缩[1]。从工资报酬分布情况看，日本低工资者比例下降，中高工资者比例上升，分配格局由"金字塔型"逐渐向"橄榄型"转变（见图 2、图 3）。

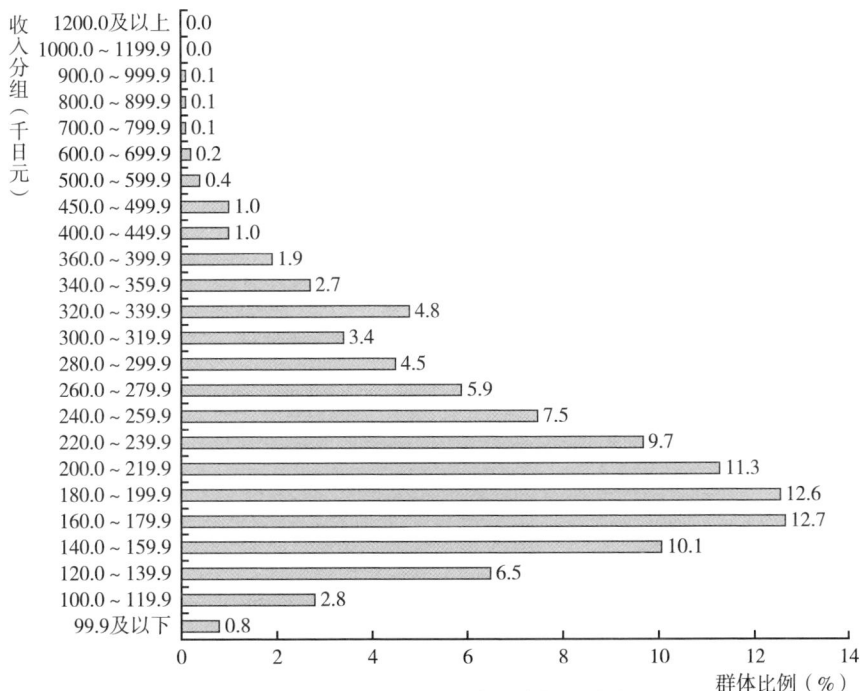

图 2　2010 年日本劳动者工资报酬分布

注：①根据《2010 年日本工资结构基本调查》和《2019 年日本工资结构基本调查》整理计算，日本厚生劳动省官网。
②图中数据只保留小数点后一位。

---

① 根据《2010 年日本工资结构基本调查》和《2019 年日本工资结构基本调查》整理计算，日本厚生劳动省官网。

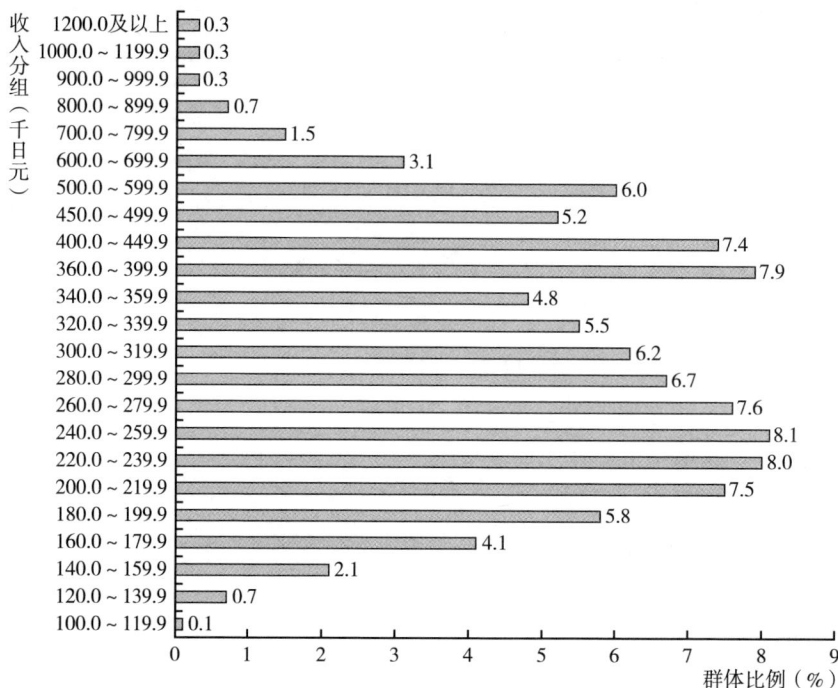

图3　2019年日本劳动者工资报酬分布

注：①根据《2010年日本工资结构基本调查》和《2019年日本工资结构基本调查》整理计算，日本厚生劳动省官网。

②图中数据只保留小数点后一位。

三　对我国的启示和借鉴

日本政府从国内经济和企业效益低增长、劳动力成本高企、部分一线劳动者工作负荷大但工资偏低的实际情况出发，制定了一系列劳工政策，取得了一定成效，为我国提供重要启示：在市场经济条件下，政府可以发挥法律制定者、市场监管者、公共服务提供者甚至是市场主体培育者和辅导者的职能，以更积极的态度、更灵活的方式手段间接调控企业工资分配，在不影响市场机制基础作用和不干预企业微观事务的前提下，综合采用法律、税收、经济、信息引导、技术服务、评优评先等多种手段来影响企业工资分配行为，保护和提高一线劳动者权益、缩小工资差距。具体可以从以下几方面加以借鉴。

（一）加强法律手段与政府托底机制的保障功能

一是选择适当时机，厘清一些关系到劳动者基本工资权益，但口径模糊的条款，如工作日加班工资、休息日和节假日加班工资的计发基数，法定最低工资是否包含五险一金缴费等。

二是根据社会经济发展实际需要，考虑精细化修订完善重要法律条款的可行性必要性。总结本次新冠肺炎疫情经验教训，统一明确（非劳动者原因造成的）企业停工停业期间的工资支付标准、工时假期、劳动关系等条款。借鉴日本、德国等多数国家经验，明确规定不适用最低工资的特殊情况①。

三是加快建立破产企业拖欠工资政府垫付机制，学习日本针对不同情况对劳动债权清偿次序做出不同规定的做法，重新审视我国破产企业工资债权的清偿顺序，在企业破产、清算、整顿、重组等特殊情况下，保障劳动者的合法工资权益。

（二）增强经济手段和税收政策的引导作用

与日本相比，我国针对企业完善工资分配、提高劳动者工资待遇的经济政策明显缺失。建议参考借鉴日本经验，逐步完善表彰奖励、补助补贴和税收优惠政策体系。

第一步，将"工资分配先进"纳入和谐劳动关系企业评选当中，可单设一个奖项，也可做为评选的前提条件之一，引导企业关注改善内部分配制

---

① 目前世界上多数国家都制定了最低工资的豁免或减低适用条款。如德国最低工资法案规定：满18岁的劳动者、未毕业学生、实习生以及失业1年以上的长期失业者再次就业的前6个月不适用最低工资规定。

度、提高技术工人和一线劳动者工资待遇。企业在内部分配中的积极改革，如致力于落实"一线职工工资增长不低于经营管理人员工资增长"要求，探索建立与企业发展和人才特点相适应的职业发展路径或工资分配制度，完善内部考核考勤机制或工时定额标准等方面的好经验好做法，都可申请评奖，并向全国推广。

第二步，着手建立"工资分配先进企业奖励金"制度。初期可以按照增资人数、增资幅度简单制定奖励标准，条件成熟后，可转为按企业投入费用予以补贴的补助金制度。奖励对国有企业和非国有企业有不同的内容和标准：对于民营企业和中小微企业，主要对其提高劳动者工资水平、改善福利待遇的行为予以奖励，引导企业建立工资正常增长机制；对于国有企业，重点对其提高一线劳动者、低工资群体工资待遇、缩小工资差距的做法予以奖励。对于中小企业的奖励标准要高于大型企业，体现对中小企业的政策倾斜。

第三步，考虑与财政、税务部门联合出台"工资就业"类税收优惠政策。对企业连续保持用工规模不下降且平均工资增长的，可以就其工资增长部分的一定比例免于缴纳企业所得税。该项优惠政策应主要针对民营企业和中小企业，以减轻企业负担，发挥引导功能，国有企业和非国有大型企业均不应享受此类优惠。

（三）重视对企业内部分配激励的理论指导

大多数中小企业用工管理不规范，工资制度不科学，一线劳动者岗位价值和技能差别体现不充分，不重视劳动者职业发展。究其原因，很大程度上是由于缺乏科学理论指导和技术支持造成的。建议参考日本做法，从维护劳动者基本权益、培养培育市场主体出发，制订《工资分配指引》《完善企业内部分配制度的建议》等类似的非强制性文件，规范职业技术教育与学历教育毕业生的起点工资水平，指导企业完善体现劳动者岗位价值、技术技能水平和实际贡献挂钩的岗位绩效工资制度，构建与企业人才特点相适应的职业发展通道和人才评价机制，建立健全与企业效益和生产率挂钩的工资增长机制，调整内部分配关系，提高一线劳动者工资报酬水平。

（四）改进统计调查的决策支持和公共信息服务功能

目前，我国工资数据和劳动力供求信息还不能完全满足党和国家把握未来劳动力市场波动趋势的需要，也影响了我国公共信息服务质量。工资数据统计调查仍以年度为主，缺少季度数据和月度数据，调查统计内容主要是往期工资水平信息，缺少对未来调资计划的调查，时效性不强，前瞻性不足。劳动力市场供求信息虽然来源多样（如 102 个定点城市的季度人力资源市场职业供求分析报告，智联招聘、前程无忧和赶集网等大型招聘网站实时更新的招聘求职信息等），但求职群体各有侧重，相互间缺乏职业映射，信息不能有效整合利用。综合考虑紧迫性、必要性、可行性要求，建议做好以下三点。

一是利用好制造业人工成本监测制度。根据我国制造业企业的行业、地区、规模分布情况，扩充调整制造业企业季度人工成本监测样本数量，尝试对工资增长指数进行追踪分析，监测制造业工资波动情况。

二是调整优化企业薪酬调查。适时调整调查周期，从自然年改为上年 4 月到本年 4 月，增强时效性。增加对企业未来调资计划的调查统计分析，增强前瞻性，以便掌握当年工资波动趋势。

三是整合劳动力市场供求类数据来源，建立不同平台的职业映射，综合分析整体供求状况，或者区分传统通用职业、行业代表职业和新兴职业，采用不同的信息来源分析不同职业类别的劳动力供求和价位波动情况。

（五）加大先进经验交流和技术支持服务

建议利用和谐劳动关系企业评选、企业薪酬调查等平台机制，形成企业成功案例定期征集、交流机制，围绕企业内部分配和工资增长机制，建立健全职工发展通道和内部评价机制、提高一线劳动者工资待遇、拓展技能要素参与岗位分红、技术转让成果收益和股权激励等方面内容，分别向国有企业、混合所有制改革企业、高端制造业龙头民营企业、知名外资企业征集成功经验，提炼规律，向全社会企业提供理论指导和经验借鉴。还可以考虑通过问卷调查等方式，了解企业在内部分配中的技术难点和需求，分期分批提供岗位分析、岗位测评、工资分配、绩效考核等方面的基本专业知识手册，开展技术支持服务。

（六）完善以企业为主体的人才培养和评价机制

借鉴发达国家普遍做法，加快推进以企业为主体、以社会实际需要为导向的职业能力培训和评价体系，促进劳动者培养、使用、评价与分配激励紧密结合。培育一批符合要求的行业组织、第三方机构，总结评估职业技能等级由企业自主认定的试点工作经验，适时制定出台《职业技能等级企业自主认定规范》，规范自主评价认定的职业范围、程序、标准、技能等级、周期，进一步明确自主认定证书的效力等关键问题。同时，总结实践经验，修订完善实现高技能人才与工程技术人才职业发展贯通办法。着手推动建立职业资格、职业技能等级与职称比照认定制度，加强评价结果互认。

B.15
新加坡累进式工资模式及启示

杨艳玲*

摘　要：　本报告通过阐述新加坡累进式工资模式产生的背景，实施的机构和程序，以及相关配套政策实施情况，全面介绍了该模式在公共环卫行业方面的应用，并分析了该模式在环卫行业收入分配方面的具体操作。这对我国环卫行业工人工资分配具有实际的参考和借鉴意义，如思考"提低"的落实的渠道、建立配套制度、建立合理的工资决定和增长机制等。

关键词：　环卫工人　累进式工资模式　公共服务　工资决定机制

环境卫生作为一项传统公共事业，一直活在大众的视野当中，也是这种无处不在的工作性质使得这项事业一直都在悄然地变化着。作为公共事业改革的一部分，公共环卫事业在经历了三个阶段的改革后，如今绝大多数的公共环境卫生服务都是由政府购买，企业主导。受客观和主观因素影响环卫队伍和其收入分配也发生了深刻的变化，主要体现在六方面：一是环卫工人身份的转变，从编制内转向合同制员工；二是环卫工人年龄构成的转变，主体构成多为50岁以上城市退休人员或农村劳动者；三是劳动形式从单一的体力劳动转变成了低技能劳动；四是收入分配的主体由政府转向了企业；五是环卫工人的收入问题不仅在水平方面，更多涉及构成和待遇等多方面，例如补贴津贴、安全生产、

＊　杨艳玲，中国劳动和社会保障科学研究院薪酬研究室助理研究员，主要研究领域为工资分配、工资支付等。

工伤保险等；六是随着环卫设施的科技进步，技术要素逐渐参与环卫工人岗位的分配。但无论这些环卫机械如何升级换代，环卫工人年龄构成如何老龄化，那些街区小巷的清洁卫生，垃圾分类后的处理，以及疫情下环卫工人承担的清洗消毒工作等，都表明了公共环卫事业并不会随着技术进步而退出人工主导的领域。环卫工人现在，以及长久的未来，都是维护公共环境卫生的主体，而非机械。

随着公共事业改革的深化，市场化因素对环卫工人的收入产生重大的影响，他们收入的决定因素和增长因素有哪些？那些工资构成要素是否适合他们？随着老龄化社会的来临，环卫行业成为 50 岁以上的远郊或农村老年人出来打工赚取收入的副业，或见世面的途径，工资水平仅仅是增长的诉求么？全国 180 万环卫工人，是一个庞大的群体，但因为所处的城市不同，年龄构成不同，身份背景不同，他们的工资分配形式、水平和构成千差万别。笔者通过对新加坡环卫工人的累进工资制度的介绍和分析来追本溯源两个观点：一是任何事业都应该有一个"职业发展通道"使其作为职业具有可发展性，使其作为岗位具有可评估的要素；二是市场参与公共服务事业是一项不可阻挡的态势，那么政府作为监督主体，如何在事前、事中和事后起到引导、防御和监管的职能？如何为收入分配建立最低防火墙，不至于市场追逐资本的性质侵犯到劳动者的基本收入的权益？这些在新加坡累进工资模式的实践中都给予我们启发。

一　新加坡累进式工资模式

（一）累进式工资模式产生的原因

新加坡在城市环境卫生方面一直走在先进国家的前列，其清洁行业在保持城市环境的清洁宜居方面发挥着重要作用，一支技术熟练、生产力水平高的清洁劳动力队伍才能为所有服务购买者提供优质的清洁服务。但是随着广泛的廉价外包，清洁行业劳动者的薪金停滞不前，单靠市场力量不足以确保清洁工工资的提高，同时单靠生产效率提高不足以转化为清洁工人相应的工资增长，低工资导致清洁行业的高流动率和劳动力短缺。又因为常年清洁行业劳动者缺乏清晰的职业规划，导致低技能在该行业中较为普遍。为了更好地改变这一现象，保障清洁队伍的稳定，使得三方（清洁行业企业、清洁工和清洁服务购买者）受益，新加坡于 2012 年 6 月，通过全国职工总会（NTUC）推出累进式工资模式①（Progressive Wage Model，PWM）。通过对劳动者规划一条清晰的职业道路，使他们的工资能够随着培训和生产力、生产标准的提高而得到增长；雇主可以通过"累进式工资模式"计划的相关制度（如"工作福利培训支持计划""精益企业发展计划""生产力提高项目"）获得培训费用的支持或信贷、捐赠等资助；服务购买者也享受更好的服务标准和质量。

累进式工资模式的目的帮助不同行业的低工资工人实现与其技能和生产力水平相符的可持续的实际工资增长。具体做法是为每个工作部门量身定制具体的工资阶梯，每个工资阶梯由一系列工资点组成，旨在使阶梯的所有级别工人能够提升及进步至各自的下一个工资点。这些工资点由工会、行业组织、相关政府机构和利益相关者（如服务购买者和供应商）协商后确定，考虑的因素包括技能要求、工作质量和标准、部门生产率、一般就业和工资等因素。操作渠道是通过对清洁工实施累进式薪资模式奖金年度加薪政策，经行政令采取清洁行业企业发牌制度，对符合资格的清洁工实行累进式薪资模式奖金。累进工资制具有三个典型特征。一是强制性制度模式，受到新加坡《环境公共卫生法》②的保护，要求只有签订累进式工资模式合同，并满

---

① 累进式工资模式（PWM）即劳动者工资随其技术技能等级、工作质量提升而增长的工资制度。在 2012 年由新加坡清洁行业三方共同制定，全国职工总会（NTUC）推荐，经新加坡人力资源部（MOM）认可，首次应用于清洁行业企业。清洁行业三方制定了明确的清洁工人技能等级标准和培训内容以及对应的基本工资标准，并提供相应培训服务。企业实施累进式薪资模式内嵌于新的行业标准中，政府将优先选择取得新的行业标准的企业承接政府外包的清洁工程，从而推动清洁企业应用累进式薪资模式。

② 该法律于 1987 年 5 月 20 日由国会通过，并于 1987 年 6 月 10 日由总统同意。制定实施该法旨在建立一套标准规范，以管理公共清洁服务、市场、摊贩、食品机构和一般环境的卫生相关事项。它还综合了公共卫生部门的职能，取代了 1963 年《地方政府综合条例》第 4 部分中维持公共卫生的规定。另外，该法是效仿英国的《公共卫生法案》、新西兰的《新西兰公共卫生法案》以及美国的《纽约市健康条例》等类似法规而制定的，在当时的历史背景下具有一定的先进性。但随着时间的推移以及公共卫生环境管理的复杂性，截至 2018 年 1 月，该法已历经 20 余次的修订。这使得该法的规定更加详实、细致，同时也更适应新加坡的环境公共卫生管理的现状。

足其提出的所有条件的企业，才能获得或更新清洁行业企业经营牌照。换句话说，每个签订累进式工资模式合同的清洁行业企业才具备国家颁发的经营许可证，进行市场行为。二是广泛覆盖。累进式工资模式覆盖所有受雇于外包①清洁工作的新加坡公民和永久居民，同时也鼓励雇主对其外籍清洁人员采用累进工资模式。三是设置工资阶梯，建立清晰的工资增长渠道。

（二）累进工资模式的实施情况

1. 以行业细分为基础的"阶梯型"工资增长模式

对清洁行业进行行业细分，根据不同的工作场所分成三个细分行业后，对不同细分行业设定基本工资标准，以年度为单位进行增幅调整。具体操作为以下几点。一是将清洁行业按照工作场所的不同细分为三类细类，从而将清洁人员的工资水平进行三个工资梯度的划分。这三个工资梯度对应了清洁行业的三个细分行业类型，分别为：办公区域和商业建筑的清洁，如办公室、学校、医院和综合诊所；食物及饮品机构的清洁，如小贩中心及美食广场；公共场所的清洁，如市议会、公路、街道和广场等公共场所的清洁。二是对三类清洁细分行业设置基本工资起点：办公区域和餐饮场所的清洁工作的基本工资起始点为1000美元；公共环境卫生领域清洁工作涉及较为艰苦的户外工作，因为处理的废物量会更耗费体力，其基础工资起点较高，为1200美元（见表1）。根据清洁工友事务小组（TCC）的建议从2020年7月1日起，对所有持有牌照的清洁公司及所有居民清洁工2020~2022年将每个细分行业的起点基本工资每年提高3%。

表1　清洁人员基础工资水平

第1类	第2类	第3类
办公区域和商业建筑清洁:如办公室、学校、医院、综合诊所等	食品及饮品机构清洁:如小贩中心、美食广场等	公共场所清洁:如市议会和公路、街道、广场等
主管≥1600美元	主管≥1600美元	卡车司机(C-4/5驾照)≥1700美元

① 这些外包清洁公司属于新加坡国家环境局（NEA）管理的清洁业务牌照计划，公司必须满足累进工资模式的要求，才能获得或更新牌照。

第 1 类	第 2 类	第 3 类
多技能清洁工兼机器操作工 ≥ 1400 美元	多技能清洁工兼机器操作工 ≥ 1400 美元	主管/3 级机械司机 ≥ 1600 美元
室外清洁工/医院住院部清洁工 ≥ 1200 美元	洗碗工/垃圾收集工 ≥ 1200 美元	多技能清洁工/垃圾收集工 ≥ 1400 美元
普通/门诊部/室内清洁工 ≥ 1000 美元	桌面清洁工 ≥ 1100 美元	普通清洁工 ≥ 1200 美元
	普通清洁工 ≥ 1000 美元	

2. 以岗位技能提升为目标的"点、线"结合岗位工资

除细分行业基本工资水平起点外，每个阶梯还包括进阶的工资点数，为清洁工在技能提高、生产率提高或承担更高责任时提高工资水平提供了途径。在三个清洁细分行业中设置具体岗位，对细分行业中的各岗位进行名称规范，并规定各自具体的工作职责，形成岗位工资。岗位划分和工资具体情况是以下几种。（1）办公区域和商业建筑清洁工细分行业有普通清洁工、室内清洁工、室外清洁工、医疗清洁工和其他医疗机构清洁工、多技能清洁工兼机器操作工①、清洁主管等七个岗位。（2）食物及饮品机构清洁细分行业的岗位分为普通清洁工、台面清洁工、洗碗工、垃圾收集工、多技能清洁工兼机器操作工、主管②六个岗位。（3）公共场所清洁行业的岗位划分为：

---

① 多技能清洁工兼机器操作工应能够使用至少 1 种驾驶式机动机械；或使用至少 1 种起重设备；或在工作中使用专门的清洁剂；或使用至少 3 种手持式机器（吸尘器、吹风机和普通家用清洁设备除外）工作职责可包括：室内和室外清洁、地毯清洗、大理石抛光，以及使用机动设备清扫进出通道、草坪区、高处的灰尘和蜘蛛网，以及玻璃窗格或入口高于 2 米的地方，清扫路侧排水沟、地下排水沟、落底式进水口。手持式设备可包括：抛光机、单盘洗涤器、高压清洁器、地毯清洗机、自动扶梯清洁机、迷你自动洗涤器、蒸汽清洁器、手推式自动洗涤器、玻璃清洁系统、喷射泵、休息室清洁器、割草机。驾驶式机动机械可包括：装有垃圾压实机的电动车、全地形真空吸尘器、驾驶式道路清扫车、洗地扫地一体机（驾驶式）、驾驶式洗地机、驾驶式扫地机、无垃圾压实机的电动车、驾驶式割草机、驾驶式真空吸尘器和船只操作员。起重设备可包括：剪刀式升降机、悬臂起重机、蜘蛛式悬臂升降机、人员升降机（用于清洁目的）。

② 指负责监督工作执行和其他工人绩效的人。主管须负责运营和人力规划和部署，负责管理一组工人。

普通清洁工、垃圾收集工①、多技能清洁工兼机器操作工、机械司机②、主管、卡车司机③、组长④七类岗位。

在确定工资阶梯时，考虑到各组别内部和各组别之间的清洁工作相对价值。例如三组中具有多种技能的清洁工兼机器操作工基本工资至少为 1400 美元。同样，三组的主管基本工资至少应为 1600 美元。此外，对于一些官方部门或行业标准要求的特殊技能，例如持有水利部门的垃圾处理卡车司机要求特定技能（例如持有 4 级、5 级驾驶执照），他们较其他部门的清洁工能获得更多的报酬。

3. 以时间规划为基准制定工资增长率

最近一次的增资计划定在 2020 年 7 月到 2023 年 6 月，三年内的每一年三个细分行业的起点基本工资均在上年的基础上（以普通清洁工工资为起点）增长 3%；其次每个细分行业中的"点"——岗位也有不同程度的增幅（参照表 2）。

4. 津补贴的情况

在清洁行业中一些雇主将津贴或报销（如洗衣和膳食）纳入雇员的薪酬待遇。清洁工友事务小组建议，雇主可利用津贴激励雇员达成理想的工作绩效（如出勤或守时），或补偿不理想的工作条件（如轮班工作）。也就是说，累进工资中制定的基本工资是不包括津贴补贴的，同时累进制工资模式每年的基本工资额度是用作计算加班、休息日和公共假日的工资支付的计算基准。

---

① 指被分配到垃圾收集区（比如每栋楼的主垃圾槽或中央垃圾槽）收集垃圾（干垃圾和湿垃圾）的人，可能还需要清理垃圾槽和运输大件垃圾。工作职责可包括清理及移走大块垃圾（干垃圾和湿垃圾）、清扫停车场及清理垃圾槽。使用的设备可包括垃圾收集电动车、全地形真空吸尘器、高压清洁器。

② 指驾驶空载重量不超过 2500kg 的机动车辆清洁道路/人行道的人。工作职责可包括驾驶机动车辆清扫进出通道/人行道。使用的设备可包括空载重量小于 2500kg 的任何类型的道路清扫车。

③ 指持有新加坡 4 级或 5 级驾照，可驾驶空载重量超过 2500kg 以上机动车辆的人。工作职责可包括驾驶机动车辆清扫进出通道/垃圾管理。机动车辆可包括空载重量超过 2500kg 的任何类型的道路清扫车。适用所有类型。

④ 指负责监督工作执行，但不参与清洁工安排、审查、人力调配和绩效评估的人。如工作职责增加，组长应有权获得至少 100 美元的额外津贴。

表 2　增资计划后新加坡清洁行业具体薪金数额

	第 1 类： 办公区域及商业建筑清洁 例如,办公室、学校、医院和诊所、公寓等	第 2 类： 食品及饮品机构清洁 例如,熟食中心、美食街、餐馆等	第 3 类： 公共场所清洁 例如,市议会、公路、街道、广场等
2020 年 7 月 1 日至 2021 年 6 月 30 日清洁工累进式薪资模式计划	主管≥1854 美元	主管≥1854 美元	卡车司机(C－4/5 驾照)≥1957 美元
	多技能清洁工兼机器操作工≥1648 美元	多技能清洁工兼机器操作工≥1648 美元	主管/机械司机 ≥ 1854 美元
	室外清洁工/医疗清洁工≥1442 美元	洗碗工/垃圾收集工 ≥1442 美元	多技能清洁工兼机器操作工/垃圾收集工≥1648 美元
	普通/室内清洁工≥1236 美元	台面清洁工≥1339 美元	普通清洁工≥1442 美元
		普通清洁工≥1236 美元	
2021 年 7 月 1 日至 2022 年 6 月 30 日清洁工累进式薪资模式计划	主管≥1910 美元	主管≥1910 美元	卡车司机(C－4/5 驾照)≥2016 美元
	多技能清洁工兼机器操作工≥1698 美元	多技能清洁工兼机器操作工≥1698 美元	主管/机械司机 ≥ 1910 美元
	室外清洁工/医疗清洁工≥1486 美元	洗碗工/垃圾收集工 ≥1486 美元	多技能清洁工兼机器操作工/垃圾收集工≥1698 美元
	普通/室内清洁工 ≥ 1274 美元	台面清洁工≥1380 美元	普通清洁工≥1486 美元
		普通清洁工≥1274 美元	
2022 年 7 月 1 日至 2023 年 6 月 30 日清洁工累进式薪资模式计划	主管≥1967 美元	主管≥1967 美元	卡车司机(C－4/5 驾照)≥2077 美元
	多技能清洁工兼机器操作工≥1749 美元	多技能清洁工兼机器操作工≥1749 美元	主管/机械司机 ≥ 1967 美元
	室外清洁工/医疗清洁工≥1530 美元	洗碗工/垃圾收集工 ≥1530 美元	多技能清洁工兼机器操作工/垃圾收集工≥1749 美元
	普通/室内清洁工≥1312 美元	台面清洁工≥1421 美元	普通清洁工≥1530 美元
		普通清洁工≥1312 美元	

（三）累进式工资模式的制度保障

1. 建立三方的谈判机制——清洁工友事务小组

清洁工友事务小组是新加坡人力资源部委任的三方组织，其由雇主、工会、政府和清洁行业的其他利益相关方代表共同构成。其主要职责是从审议、评估和监督的角度推进清洁行业累进工资计划，负责具体审议累进工资表时清洁工友事务小组考虑了以下因素：第一，如果清洁工的工资与生产力增长同步，清洁工的工资本应为多少；第二，各种清洁岗位的性质和工作条件；第三，与清洁工教育背景相近职业的工资比较；第四，购买服务、清洁行业企业和清洁工三者间的劳资关系；第五，清洁行业的投入情况。清洁工友事务小组在着重考虑全国工资委员会（NWC）的内年度的指导方针[①]。因此，清洁工友事务小组也协调清洁公司、服务购买者之间合同协议的有效实施，提出相关行业准则，特别是涉及低工资工人的薪酬准则。在清洁行业方面，清洁工友事务小组鼓励清洁工人通过培训提升技能，提高工作效率，从而取得更高附加值。

表3　清洁工友事务小组成员构成情况

	机　构
主　席	新加坡全国职工总会
共同主席	新加坡全国雇主联合会
联　盟	新加坡职总合约工友及散工单位
	新加坡就业和就业能力研究所
雇主/服务提供商	新加坡环境管理协会
	环境设施服务有限公司
	综合物业管理有限公司
服务购买者	凯德商务有限公司
	城市发展有限公司
	新加坡镇议会
政　府	新加坡人力资源部
	新加坡国家环境局

---

① NWC 的指导方针是在国家层面为所有行业制定的，包括清洁行业。

2. 建立培训、资助和信贷等各项相关配套政策

配套制度主要集中在三个方面，一是工作福利培训支援计划。该计划的目的是鼓励清洁行业企业（即服务提供商）参与培训，改进工作流程和运营规划，有效提高人力配置方法，并在技术上进行投资，以提高生产率，达到更高的清洁标准，从而协助清洁工人提升工资。参与该项培训计划的雇主均可获得培训支援计划资金和技术方面的资助，从而降低培训成本和技术投入成本。二是包容性增长计划（IGP）。包容性增长计划通过资助工作和流程的重新设计来提高生产力。作为获得 IGP 资助的回报，雇主必须通过提高工资的方式，与工人分享生产力的提高。三是以提高生产力为目的的创新信贷。清洁行业企业可以通过 IGP 及生产力与创新信贷申请资助资金。在评估清洁工是否符合工资阶梯晋升要求时，可考虑清洁工是否满足建议中的培训要求。其他考虑因素包括工作范围、性质和责任的转变，以及清洁工的工作效率和有效性，包括其承担所需任务所具备的多种技能。

此外对于兼职清洁工，清洁工友事务小组建议雇主应根据兼职清洁工人需工作小时数，与全职工人在同一工作岗位的一般合约工时比较，按比例计算工资。此外，已通过三方合作伙伴实施的各种战略方案，实现了工资累进。上述战略方案包括最佳采购计划同样由新加坡全国职工总会在政府资助下管理，该计划通过支持采购商采用最佳采购做法以补充政府间采购计划的不足。该项尤为重要，因为当采购商放弃廉价采购时，提供外包服务的低薪工人即可获得享受累进工资的更大空间。推动最佳采购的其他举措包括：新加坡全国雇主联合会管理的"最佳采购承诺"及其为雇主举办的研讨会和行业小组会议，新加坡全国雇主联合会和新加坡全国工会联合会开发资源以增强服务买方实施最佳采购的能力，以及 2012 年 1 月更新的"最佳采购做法三方咨询"。

作为清洁行业的领军机构，新加坡国家环境局（NEA）与全国职工总会的 IGP 合作，持续推动生产力，以实现更高的公共卫生和卫生标准。此外，新加坡国家能源局在 2010 年推出了清洁标志认证计划，以实现清

洁行业的专业化。新加坡国家环境局将收紧认证标准，以进一步提高行业标准，并正在考虑制定一项法案，为清洁公司颁发许可证，以便为该行业设定最低标准。

为此，自2010年以来，新加坡国家环境局、新加坡人力资源部、新加坡劳动力发展局和新加坡全国职工总会，一直致力于提高该行业的生产力水平、工资水平、就业条件和服务标准。

具体做法一是对清洁行业进行规范化管理，对涉及劳动者基本工作权利的因素采取强制化约束和刺激。如2010年推行自愿认证计划、2012年推行增强清洁标志认证计划，2014年推行强制性许可制度，这些计划和制度都对清洁行业企业在员工培训、生产力提高和工资提升等方面提出了强制规定，其目的是鼓励更加人性化的雇佣关系、刺激生产力，提高了一般清洁行业的总体标准和专业水平。强制性许可制度通过设置"关键许可要求"，如对清洁工进行强制性培训、推行累进式薪资模式等，来吸引、留住本地清洁人员。在清洁行业企业中强制推行累进式薪酬模式，在这种模式下，保障清洁人员的薪资水平会随着培训程度、生产力及生产标准的提高而提高，从而为清洁人员提供了一条明确的职业发展道路。

3. 发展清洁行业"劳动力技能资格认证体系"

新加坡"劳动力技能资格认证体系"旨在帮助清洁行业的员工提高他们的就业能力和职业发展水平。它的认证由新加坡未来技能公司颁发，并得到新加坡劳动力和行业的认可。该系统框架广泛涵盖两个分行业：商业、私人住宅清洁和公共清洁。环境清洁新加坡"劳动力技能资格认证体系"提供三种累进资格证书——环境清洁证书、高等证书和高级证书。他们迎合不同的工作层次，如清洁人员、团队领导和监管人员。该行业的员工可以通过明确的培训获得有效履行职责和提高工作绩效所需的技能。没有学历的员工可以受益于环境清洁新加坡"劳动力技能资格认证体系"证书下的综合技能培训。员工可以通过环境清洁新加坡"劳动力技能资格认证体系"高等证书进一步提升技能，该证书提供专业清洁的深入培训，以及清洁团队领导所需的软技能。环境清洁新加坡"劳动力技能资格认证体系"高级证书适用于清洁主管等领导职位的清洁专业人员。这个项目使他们具备有效领导和管理团队的必要技能。随着 2016 年技能框架的推出，新加坡"劳动力技能资格认证体系"方案将逐步与为该行业制定的技能框架保持一致。

二 新加坡累进工资给我国的启发

新加坡的累进工资制度将清洁工人的工资水平随着培训和生产力及标准的提高而得到增长，为工人规划了一条明确的职业发展道路，充分调动了行业员工的工作积极性，为新加坡良好的公共卫生环境打下了良好的基础。在这个制度下，完善的政府管理系统和建立明晰的薪金体系都值得借鉴和学习。

（一）思考"提低"的落实的渠道

常说劳动生产率的提高是"提低"的主要动力，但在具体实践中会发现劳动生产率增长不能有效传导到"低收入劳动者"的工资当中，原因主要有四个，一是"低收入劳动者"所在的行业，往往存在多种形式的外包，例如公共环境卫生行业提倡政府购买服务，某些承包组织作为利益集团更多的是重视当前利益、经济效益，其对环卫工人工资待遇保障并不重视，往往都是以最低工资标准进行发放。二是工资收入政策覆盖面较窄，以环卫工人为例，增资计划或补贴仅覆盖事业性质单位或国有企业，对于广泛民营企业的环卫人员并不涉及，因此出现不同身份环卫工人编制问题在工资水平上有更多差异。三是"提低"中"最低工资"不能作为提高低收入劳动者的有效渠道，低收入行业的劳动者多为技能水平低、人力资木水平低且工作形式多样化（临时工、劳务协议或劳动合同），很多劳动者处在特殊行业中，而岗位的特征并没有在工资上体现出来。四是因为缺少系统的培训计划，故而缺少晋升通道，工资缺少增资路径。综上，低收入劳动者的增资不是依靠某一个制度，或者是劳动生产率的传递，它是多项制度的有效结合，单靠市场分配来实现增资并不够，因此系统的增资计划和必要的配套政策才是分配得以公平有效的最佳条件。

（二）建立配套制度

新加坡累进式工资模式依托于多项制度有效结合：一是培训，坚持通过提高劳动生产率从而增加工资的原则；二是职业规划，对低收入行业的劳动者进行职业标准和规划的建设；三是捐赠、信托等资金资助。累进式薪资模式计划详细规定了不同工作类型员工的薪资水平和不同情况的晋升机制，职责划分明确，可以充分提高工人的工作积极性。建立了职工发展基金，可以激励企业加强对员工的培训，提高员工的职业素养。

（三）建立合理的工资决定和增长机制

建立工资增长机制。一是阶梯式的工资增长模式，以提高劳动者技能从而带动工资增长为主要原则，使得劳动者明确了自身的晋升渠道，明确自己的基本工资。二是高于最低工资的"起点基本工资"考虑清洁工人这一群体工作环境的特殊性，清洁工作环境差，面临多种职业伤害，他们的工作也是城市功能运行的基本保障，以我国的一组数据为例，2020年3月，住房和城乡建设部城市建设司发布，疫情发生以来，全国180万环卫工人在岗率达到90%以上。其中，湖北省每天作业环卫工人超过8万人。他们除承担日常环卫工作任务外，还普遍承担了对医疗机构、集中隔离场所等进行消毒杀菌的任务。因此清洁工具备岗位的特殊性，仅仅用最低工资作为基本工资显然不合理。三是以年度为单位的整体增资计划，考虑到清洁工工资绝对值和相对水平偏低，通过固定提高工资增长率，而使清洁工的工资逐步进入合理水平。

因此清洁工人的工资增长决定机制，是对这一行业要进行细分，对具体岗位进行评估，从而制定工资绝对值和相对水平较为合理的基本工资起点。工资增长不能以最低工资增长为原则，而是在评估、监督后提出整体的增资计划。

B.16
国外假期制度及薪酬支付新趋势

贾东岚*

摘　要：　本报告通过整理德国、美国、英国、法国、日本、新西兰、澳
大利亚、新加坡、加拿大9个发达国家当前各类假期制度及薪酬
支付情况，并分析了近年来最新发展态势：一是劳动者假期特
别是产假时长和支付额度在逐步增加；二是假期形式和适用对
象逐步多元化；三是注重市场在劳动者假期实践中的主体作
用；四是假期津贴支付有一定政府、社会和劳动者分担机制。
以期对新时代我国劳动者假期及薪酬支付制度提供经验借鉴。

关键词：　国外假期制度　薪酬支付　带薪假

一　法定节假日

目前，9个发达国家的法定节假日一般从8天至15天不等，大多数国家
设置法定节假日总数在10天左右。其中，日本设置公共假日天数最多，高达
15天，英国仅为8天（见表1）。

根据德国《公共假日和病假工资法》，雇员有权领取当天工作本应获得
的工资。无正当理由不在公休日前、后一日工作的劳动者，无权享受公休日
的补休。在公共假日雇员可以被要求在与星期日工作相同的情况下工作，且
有权享有补休日，雇主必须在8周内给予休息。澳大利亚《公平工作法》

---

* 贾东岚，中国劳动和社会保障科学研究院薪酬研究室副研究员，主要研究领域为工资收入分配。

也规定如果雇员在公共假日缺勤，有权获得其正常工作时间的基本工资率。英国和美国相关法律没有明确法定节假日是否带薪，即这两国企业在公共假日不是必须支付雇员工资。但英国劳动部门官方网站解释，雇主可将雇员的法定年休假安排在公共假日期间。

表1 选定国家法定节假日数量及天数

国　　家	法定节假日数量（个）	法定节假日天数（天）	备注
美　　国	10	10	
英　　国	8	8	
加 拿 大	9	10	圣诞节2天
德　　国	8	9	圣诞节2天
法　　国	11	12	圣诞节3天
日　　本	15	15	
新 加 坡	10	11	国庆节2天
澳大利亚	9	9	
新 西 兰	10	10	

二　带薪年休假

国际劳工组织第132号公约《带薪休假公约》内容规定，每位工作满一年的劳动者有权享受最少3周的带薪休假。截止到2016年，成员国中仅有38个国家批准公约。根据国际劳工组织统计，全球分别约有33%、29%和19%的国家法定年休假天数为20～23天、10～14天和15～19天，不设立最低限制的国家不足5%，超过26天年休假的国家也不足2%。分地区看，欧洲地区和非洲地区分别有71%和36%的国家年休假天数在20～23天，而亚太地区中有29%的国家法定年休假天数少于10天（见图1）。

对于各国年假设置，有超过57%的国家针对年休假资格设定工作时间最低限制，也有21%的国家根据工作时间设置了一定的年假期限，或者二者兼备（占10%）。

1. 美国

美国劳动法没有设立全国性的法定年休假制度，私营企业年休假完全由

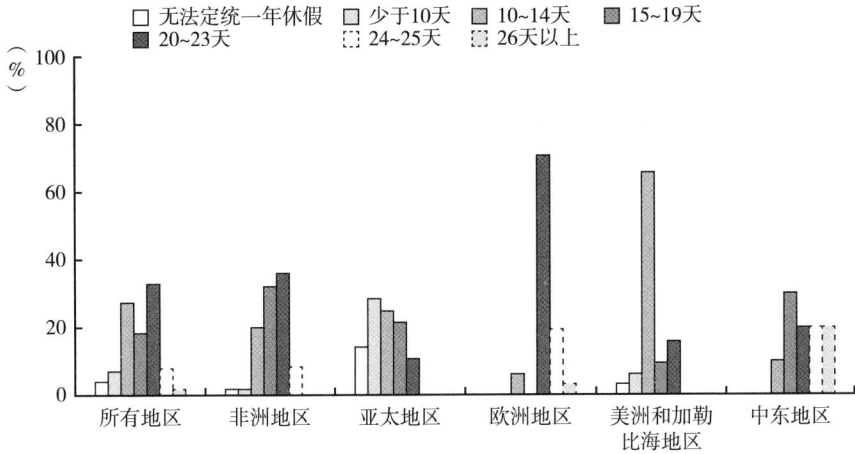

图1　全球各国关于法定年休假规定

市场主体决定，往往也是依据工龄长短确定年休假时长。根据美国人力资源协会 2008 年报告显示，62% 的企业设有带薪年休假制度，而仅有 35% 的雇员享受过年假。该国针对联邦雇员有强制年休假制度，全职雇员按每个发薪周期计算不同工作年限的年休假时间，且限制境内、境外和高级联邦雇员年休假天数最高为 30 天、60 天和 90 天（见表 2）。

表2　美国公务员带薪年休假规定

雇员类别	工作少于 3 年	工作 3 年至 15 年	工作 15 年以上
全职	每个发薪期（2 周）有半天（4 小时）带薪休假	每个发薪期有 $\frac{3}{4}$ 天（6 小时）带薪休假，最后一个发薪期 $1\frac{1}{4}$ 天（10 小时）带薪假除外	每个发薪期（2 周）有 1 天（8 小时）带薪休假
兼职	每工作 20 小时有 1 小时带薪休假	每工作 13 小时有 1 小时带薪休假	每工作 10 小时有 1 小时带薪休假
执行非普通职责人员	平均两周 4 小时休假	平均两周 6 小时休假	平均两周 8 小时休假

带薪年休假上限：在美国境内的联邦雇员是 30 天，驻外联邦雇员为 60 天，高级管理人员和科学专业人员为 90 天

数据来源：美国人事管理局（OPM）网站信息。

2. 加拿大

依据加拿大《劳动法典》第 184 条规定，雇员工作满 1 年有权获得至少 2 周带薪休假，如在同一公司连续工作满 5 年，则获得至少 3 周带薪假期，10 年以上则至少享有 4 周假期。雇主分别支付全部年薪的 4%、6% 和 8% 作为假期工资。休假工资通常在休假开始前 14 天内支付给雇员。但也有企业惯例是休假期间或休假后立即支付给员工假期工资。

3. 德国

德国《工人最低休假法》规定，员工应享有每年不低于 24 个工作日的带薪休假。其中，工作日不含周日和法定节假日。需要注意的是，这项规定是根据每周 6 天工作制的情况来确定的，对于每周 5 天工作制的工作，符合法律规定的带薪休假应当是每年不低于 20 个工作日。工作满 6 个月后，首次获得全额假期。对于未满 6 个月、兼职工作者或者学生打工者，只要工作时间满 1 个月，都有权享受带薪休假，每满一个月有权享有 1/12 的年假。节假日、生病休假日不计入年休假中。上述关于带薪假期的规定只是法定最低标准，在个人劳动合同和集体劳动合同中劳资双方可以商定更多的带薪休假天数。据德国服务行业工会 2015 年的一项调查表示，德国各行业员工年假天数平均高达 29 天。

对于青年就业群体年休假又有不同。其中，未满 16 周岁的年假为 30 个工作日；如果雇员年龄在 16～17 岁，年假则为 27 个工作日，年龄在 17～18 岁，年假则为 25 个工作日。此外，地下采矿的年轻工人有权再额外增加 3 天带薪年假。

对于假期工资支付，《工人最低休假法》明确规定休假津贴应以劳动者在休假开始前的最后 13 周内获得的扣除加班工资后的平均收入为基础计算。

4. 法国

法国《劳动法典》规定所有受雇至少 10 天的雇员都有权享受带薪年假。在同一雇主企业工作满 1 个月有权休 2.5 个工作日的年假，且每年的年假总期限不得超过 30 个工作日。《劳动法典》还规定年休假安排与分期规定具体由集体协议决定；休假日期应在 5 月 1 日至 10 月 31 日。年假少于 12

天必须一次性内休完，且一次性连续休年假最多 24 天。休假期间，雇员有权获得参考期内工资总额的 1/10。

关于特殊群体的规定：21 岁以下的雇员有权休 30 个工作日的年假；农业工人可在 5 月 1 日至 10 月 31 日时间外安排休假；家庭佣工不论工作日程如何，每月有权享有 2.5 个工作日的假期。

5. 英国

英国《工作时间条例》规定雇员根据合同连续受雇 13 周后有资格休带薪年假，工资按照正常工作支付。年假可以在其到期休假年度内分期休，且不得以代偿金代替，除非工人的雇佣关系终止。

《工作时间条例》规定满足条件的雇员有权享受一年 28 天带薪年休假，该权利不适用于以下情况：航空、铁路、公路、海上、内河水路和湖泊运输；海上捕鱼及其他海上工作；医生在培训期，武装部队或警察等某些特定部门，民防部门的某些特定活动，不可避免地与本条例的规定相抵触。

6. 日本

日本《劳动基准法》规定，对企业劳动者出勤率在 80% 以上或者连续工作 6 个月以上，每年都可以享受 10 天的带薪年休假，休假期间支付规定工作时间内正常支付的平均工资①或同等工资。之后假期随着工龄的增加而增加，工龄每增加 1 年，假期也随之增长。当工龄达到 6.5 年后，假期达到上限的 20 天，不再增加。劳动者在指定时节之日获得年假妨碍事业的正常运营之时，雇主有权对休假时间进行变更，且年假权利 2 年内有效（见表 3）。

表3　日本按照连续工作年数明确法定年休假

连续工作年数（年）	0.5	1.5	2.5	3.5	4.5	5.5	6.5 及以上
年休假天数（天）	10	11	12	14	16	18	20

---

① 平均工资根据《劳动基准法》计算方法确定。

211

对于每周工作时间不足 30 小时的劳动者，日本厚生劳动省也根据其工作天数、周数和年数设定具体的年休假时间（见表 4）。

表 4　日本非全日制员工法定年休假规定

每周规定劳动天数（天）	全年规定劳动天数（天）	连续工作年数（年）						
		0.5	1.5	2.5	3.5	4.5	5.5	6.5 及以上
4	169～216	7	8	9	10	12	13	15
3	121～168	5	6	6	8	9	10	11
2	73～120	3	4	4	5	6	6	7
1	48～72	1	2	2	2	3	3	3

日本厚生劳动省进行的"2018 年就业条件综合调查"报告显示，日本每人平均实际休的年假天数为 9.3 天，其中实休天数最少的餐饮住宿业为 5.2 天/年，远低于应享有的平均休假天数。为此，2019 年 4 月 1 日起日本开始实施的《工作方式改革关联法》中对休假进行了较之前的《劳动基准法》更为严格和细致的规定。其中明确规定，普通劳动者除拥有每年 10 天及以上带薪休假的权利外，还增加了每年至少休息 5 天以上年假的义务。

7. 澳大利亚

澳大利亚《公平工作法》规定，除临时雇员外，每一位劳动者拥有带薪年休假权利，每年享有 4 周的带薪年假，休假期间按雇员正常工资率支付。若属于倒班制雇员，则有权享有 5 周的带薪年假。年休假权利可根据适用的现代裁定协议①或企业协议的条款兑现，前提是雇主和雇员之间达成协议，并且雇员将有至少 4 周的剩余年假权利。

8. 新西兰

新西兰《休假法》规定雇员必须连续工作 12 个月才有权享受年假，最低可享受 4 周带薪假期。年假工资以雇员在年假开始时的正常周工资或雇员在年假前最后一个发薪期结束前 12 个月的平均每周收入中选较高标准支付。雇主需在休假前提前支付假期薪酬，除非经雇主和雇员协商同意在假期期间

---

① 澳大利亚 2020 年有 122 个行业或职业发布现代裁定协议。

付薪或劳动合同终止。

9. 新加坡

新加坡《就业法》规定连续工作 3 个月有休假权。雇员在雇主企业连续工作 12 个月可有 7 天带薪年假，之后在同一雇主企业每连续工作 12 个月后，雇员有权再享有 1 天带薪年假，但最多 14 天，薪酬按照每天工作的工资总额水平支付。雇员应该在获得带薪年假权后 12 个月内休假，否则将失效。《就业法》也规定如果雇员未经雇主许可或无合理辩解而缺勤超过其有权享有该假期的月份或年度 20% 以上的工作日，即丧失其年假的权利。此外，《非全日制雇员就业条例》明确非全日制雇员每年享有带薪假期的权利，应与类全职雇员的权利成比例。

三　产假/育儿假/陪产假

自 1919 年以来，共有 66 个国家批准了国际劳工组织成员国通过的三项生育保障公约中的至少一项。其中，2000 年的国际劳工组织第 183 号《生育保障公约》规定妇女应享有不少于 14 周的产假，其中产后应有 6 周强制性产假。在产假的津贴上，公约规定给付的金额不得低于该妇女原收入或是为计算津贴而加以考虑的收入的 2/3。根据国际劳工组织在 2014 年的调查报告显示，1993~2014 年，法定产假时间低于 12 周和 12~13 周的国家占比分别由 18% 和 42% 下降到 12% 和 37%，而法定产假在 14~17 周的比例由 29% 上升到 37%，上升幅度较大。同时，18 周以上产假国家占比也出现上升。说明越来越多国家为生育期劳动者提供的产假时长逐步增加（见图 2）。

1. 美国

美国联邦层面《家庭及医疗假期法案》对产假制度进行了规定。该法案规定，当员工出现需要照顾新生儿或领养的孩子、照顾有严重健康状况的家庭成员（父母、18 岁以下子女、需照顾的成年子女或配偶）；或员工自身有严重健康状况时，满足休假条件的员工有权获得最长 12 个星期的无薪休

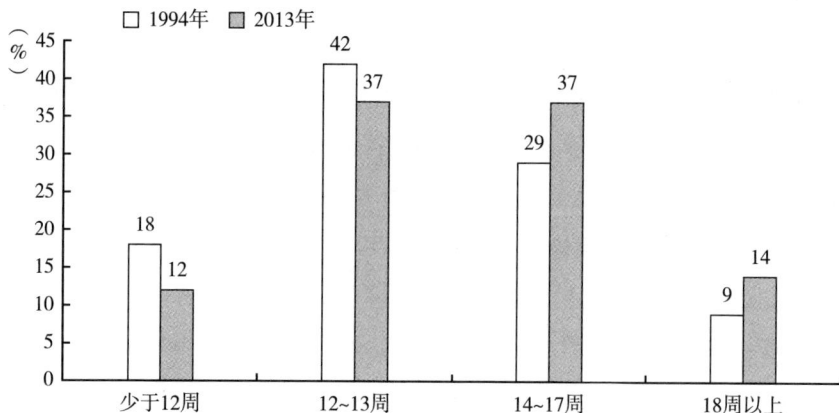

图2 全球 139 个国家 1994~2013 年法定产假时长分布情况

假。因此，该法案包括了雇员有关产假、育儿假、陪产假三类相关假期的规定。而休假条件是指为同一雇主工作满一年、在过去的 12 个月里工作 1250 个小时，且覆盖面仅针对每年雇用人数为 50 人及以上的雇主。据统计，作为少数不为女性提供带薪产假的国家，美国联邦层面的规定颇为苛刻。在州一级层面，也有一些州做出了规模在 10 人以上的公司就必须为女性提供 12 周的无薪产假的强制性规定或覆盖所有雇员。此外，也有部分州有带薪休假规定。如加利福尼亚州基于雇员工资税缴费获取带薪休假，新泽西州也通过雇员工资税征收扩大了现有的临时伤残保险制度，以管理带薪休假。类似的是，纽约也将生育纳入残疾保险。

关于产假薪酬制度。在加利福尼亚州，自 2004 年以来，男女雇员有权享受为期 6 周的可领取 55% 工资的休假，以用于照顾新生儿或领养的儿童。它的资金来源是从雇员工资中增加 0.08% 的州伤残保险费。

2. 加拿大

加拿大《劳动法典》第 206 条规定，所有雇员有权并应被准予最多 17 周的休假。该假期可在不早于其预计分娩日期前 13 个星期开始，最迟在其实际分娩日期后 17 个星期结束。加拿大联邦规定覆盖所有在联邦管辖的行业工作的女性雇员。对于所有其他行业，产假由所在省或地区政府颁布的立法加以管理。如安大略省规定满足工作 13 个月以上才可休假，且有生育后最少 6 周的强制产假。

关于产假薪酬问题。如果参加加拿大的就业保险计划的雇员（包括联邦和省公共和私营部门的雇员），怀孕后或新母亲可以休 15 周的带薪产假。这些福利相当于父母每周平均可参保工资的 55%，最高每周 573 美元。对于低收入家庭，补助率最高可提高到 80%，同样最高每周 573 美元。就业保险福利与工资一样征税。

关于育儿假，就业保险福利除了只适用于母亲的产假外，还适用于父母双方的育儿假。据加拿大政府网站信息，只要符合申请条件（申请产假前 52 周内工作超过 600 小时）的父母，在递交申请时会面临 2 个选择："标准父母福利"，或者"延长父母福利"。"标准父母福利"提供共计 40 周的保险福利，相当于每周工资的 55%，最高不超过 573 加元（2020 年标准）。而"延长父母福利"，可以有 69 周的保险福利，但每周平均福利降低到每周工资的 33%，最高不超过 344 加元（2020 年标准）。在加拿大，基于工资的一定比例缴纳就业保险费不是强制的，且费率每年在变化。如 2020 年雇员缴纳费率为 1.58%，雇主缴纳额为雇员的 1.4 倍。

3. 德国

德国《产妇保护法》规定所有与雇主建立雇佣关系包括从事家庭佣工的妇女有权享有为期 14 周的产假。其中产前有 6 周，产后有 8 周（多胞胎生育或早产的情况下产后 12 周），产前 6 周的休假经雇员同意可工作，但产后休假为强制性休假。

14 周产假中，女性雇员收入由医疗保险和雇主共同支付，标准为其休假前 3 个月的平均税后收入，医疗保险支付一定额度，其余由雇主补齐。

德国没有设置陪产假。《育儿津贴和育儿假法》规定孩子父母双方合计有最长 12 个月的育儿假，规定经雇主同意，部分育儿假最迟可推迟至孩子 8 岁生日之前。育儿假期间，父母可向联邦政府申请最短 2 周最长 12 周的育儿假补贴，等同于税后工资的 67%，2020 年补贴金额的上限为每月 2016 欧元。受新冠肺炎疫情影响，德国推出计划为照顾孩子而失去工作的父母提供长达 20 周的育儿补贴。

4. 法国

法国《劳动法典》规定包括根据雇佣合同受雇于私营和公共部门、自由职业、工会和各种协会的所有人员以及家庭佣工中女性雇员有权拥有 16 天产假，其中分娩前后最少有 8 天强制性产假，且分娩后 6 周需强制休假。如果是双胞胎，产前假延长至 12 周，产后假延长至 22 周。其他多胞胎的产前假延长至 24 周，产后假延长至 22 周。

在法国，所有受薪雇员强制投保疾病与生育保险计划，《社会保障法典》规定产假期间政府支付 16 周的生育津贴〔正常产假为预产期前 6 周和后 10 周（第三个及以后每一个孩子 8 + 18 周，双胞胎 12 + 22 周，其他多胞胎 24 + 22 周），产假可因医疗原因延长，最多在出生前 2 周和产后 4 周〕。津贴等于以前 3 个月工资（扣除社会缴款后）基本日工资的 100% 水平计算，最高不超过社会保障规定的上限。

《劳动法典》还规定父亲有权享有连续 11 天（如果是多胞胎连续 18 天）陪产假期。父亲有权获得相当于基本工资的现金生育津贴，基本日工资通常以前 3 个月工资（扣除社会缴款后）为基础计算最高不超过社会保障规定的上限。

法国规定父母有权享有最多 3 年的无薪育儿假或非全日制工作假期（非全时工作每周不得少于 16 小时）。育儿假或非全日制工作最初为期 1 年，可延长两次，最多到子女 3 岁。

5. 英国

英国《就业权力法》《产假和育儿条例》规定，雇员享有最多 52 周的产假，其中包含子女出生后 2 周的强制性产假。其中，前 6 周的津贴为正常月工资的 90%；第 7 周至第 39 周的津贴为正常月工资的 90% 和统一金额（2020 年 148.68 英镑/周）中的低者；第 40 周起无津贴。津贴的费用由雇主和国家共同负担，雇主可以向国家要求报销其中的 92%。

《陪产假和领养假条例》规定，连续受雇不少于 26 个星期的雇员有权在孩子出生 56 天内休 1 周或 2 周的陪产假。最多 14 天的休假期间，可享有陪产假津贴，标准为正常月工资的90%和统一金额的较低水平。

此外，雇员（子女、父母均可）有权为了任何5岁以下的子女休13周的无薪育儿假。

6. 日本

日本《劳动基准法》规定所有受雇于企业或事务所并从中领取工资的女工，不论其从事何种职业，有权休14周的产假，一般从预产期前6周开始，到分娩后8周结束。其中，雇主不得让妇女在分娩后8周内工作，除非该妇女在6周后要求返回，并提供不会对其健康产生不利影响的可正常工作活动的医疗证明。产假期间生育津贴基本相当于正常工资的66.7%，资金来源构成中，1/8来源于中央财政资助，其余是雇主和雇员共同承担的保险费用。

关于育儿假，日本政府规定父母均有权在子女1岁前休育儿假，育儿假期间雇用单位不发放工资或者发放的工资不超过"育儿休假给付金"金额的情况下，可以拿到之前加入的雇用保险支付的这部分费用。前6个月休假津贴相当于之前平均工资的67%，6个月之后相当于之前平均工资的50%。根据日本厚生劳动省的数据，2018年男性的"育儿假"申请成功率为6.16%，创历史最高纪录。但是，这些年来，女性的"育儿假"申请成功率逐渐达到80%左右，相比之下男性所占比例非常低。从男性申请"育儿假"的具体时长来看，平均假期在5天以内的人数占36%；70%以上的男性申请假期时长都不会超过2周。

7. 澳大利亚

澳大利亚《公平工作法》规定连续为雇主工作12个月以上的怀孕女性有权享受连续12个月（52周）育儿假（含产假）。如果女性雇员被证明不适合工作，则可要求女雇员在预产期前6周内休无薪假。此外澳大利亚联邦政府和指定政府机构的大多数女性雇员还有法定权利享受12周的产假。男性雇员有权在子女出生后享有最长12个月的育儿假。育儿假期间，澳大利亚联邦政府为父母其中一人支付最长18周的联邦最低工资标准（2020年标准749.8澳元/周），如企业支付了育儿假期薪酬，则不可领取联邦津贴。此外，男性雇员也可领取 2 周的联邦最低工资标准作为陪产假津贴。

8. 新西兰

根据新西兰《育儿假和就业保护法》及有关最新规定，自 2020 年 7 月起，预期分娩日期之前的 12 个月或 6 个月内，在同一个雇主那里每周工作至少 10 个小时的怀孕女性雇员有权享有连续 26 周的带薪产假[①]。产假薪酬以休假开始前支付员工每周正常工资的 100% 和政府规定的生育津贴（2020 年为 585.8 新西兰元/周）较低者为准。连续工作 6 个月的男性雇员可以获得 1 周的无薪陪产假；连续工作 12 个月可以获得 2 周的无薪陪产假。此外，孩子父母其中一方有权享有延长产假或育儿假最多到 52 周。

9. 新加坡

根据新加坡人力资源部网站信息，为雇主连续工作 3 个月以上的女性雇员可享受 16 周的带薪产假，由国家和企业各支付 8 周和产前平均工资水平相当的薪酬。在与雇主达成一致意见的情况下，雇员可在子女出生后 12 个月内灵活地休最后 8 周（第 9 周至第 16 周）的产假。可灵活休产假的天数相当于 8 周的工作日，最长不超过 48 天。根据《就业法》规定，雇员有权利享有分娩后 4 周的强制产假。

四　病假、照料假、丧假等假期

1. 美国

美国的事假、病假制度都与产假相同，在《家庭及医疗假期法案》中予以规定。该法案规定，对符合资格的雇员提供 12 周无薪事假或病假。符合资格的员工必须已为雇主工作 12 个月且在过去的 12 个月里工作满 1250 个小时。可请假的事由包括新婴儿的出生和护理，需要照顾有严重健康不佳状况的配偶、子女或父母，本人有严重健康问题无法工作，

---

① 2015 年起，新西兰政府开始逐步提升带薪休假时间，2015 年、2016 年、2019 年、2020 年分别为 16 周、18 周、22 周和 26 周。

因父母、配偶、子女有紧急状况等。雇员有义务提前 30 天通知雇主，说明原因并提供依据。

2. 加拿大

《劳动法典》规定每名雇员有权在其直系亲属死亡的情况下，享有不超过 5 天的休假，可在死亡发生之日起至任何丧葬日后 6 周结束的期间休假，为直系亲属举行葬礼或追悼会；如果保健医生出具一份证明，说明雇员的家庭成员在 26 周内患有严重的疾病并有重大的死亡风险，则雇员应给予最多 28 周的慰问休假，以向雇员的家庭成员提供护理或支持；该法典还规定每名雇员有权利享有在每个日历年最多 5 天的休假，用以应对看病、照顾家庭成员、紧急事务等情况。如果雇员已连续 3 个月受雇于雇主，雇员有权享受前 3 天的带薪假期，按其正常工作时间的正常工资率计算，这种薪酬在任何情况下都应视为工资。

3. 英国

英国《就业权利法》规定，雇员因病或意外无法正常工作时，可获得政府给予的每周 95.85 英镑（2020 年标准），最多支付 28 周的法定病假补贴。

4. 澳大利亚

澳大利亚《公平工作法》规定连续工作一年以上的雇员享有 10 天带薪病假和家庭成员护理假；雇员也可享有 2 天的无薪家庭护理假，但前后两者不可叠加休假。

5. 新西兰

新西兰《休假法》中规定雇员每 12 个月有权享有 5 天的病假或照顾生病或受伤家人的带薪假期。雇员可将任何在假期结束前未休的病假结转到随后的 12 个月的雇用期，且最多延至享有 20 天的病假；对于丧失亲人的雇员可有 3 天带薪休假。

6. 新加坡

根据新加坡《就业法》规定，工作 6 个月以上的雇员有权享受带薪门诊病假（14 天）或带薪住院假（60 天），工作 3～6 个月的新员工按一定比例核减休假天数（见表 5）。

表5 新加坡《就业法》的病假规定

工作月数(月)	门诊病假天数(天)	住院病假天数(天)
3	5	15
4	8	30
5	11	45
6 个月以上	14	60

五 国际假期特点及新趋势

一是劳动者假期特别是产假时长和支付额度在逐步增加。特别是随着不少国家人口结构老龄化和出生率走低,生育类假期逐步增长,工资支付或福利逐步向好。二是假期形式和适用对象逐步多元化。经济不断发展促使假期制度由单一节假日逐步向多种休息休假制度发展,且随着灵活就业形式逐渐增多,一些国家逐步考虑非全日制劳动者的休假制度合理设置。三是注重市场在劳动者假期实践中的主体作用。大部分国家通过立法设定假期基准,而实施过程中留给企业的空间较大,企业会基于自身条件,为提高劳动生产率或雇员福利会自行延长各类假期或支付薪酬。四是假期津贴支付有一定政府、社会和劳动者分担机制。国外很多假期较长,薪酬待遇支付往往不仅由企业负担,有的还通过国家财政、保险基金、个人自愿无薪等多种方式维持较为充裕的假期。

Abstract

The Blue Book of Remuneration: Annual Report on the Remuneration Development in China (2021) mainly collects the latest research findings on salary and income distribution by the research teams from Chinese Academy of Labor and Social Security (CALSS) and other research institutions. This annual report is composed of a general report and four classified paper collection, with a total of 16 research papers. It provides a panoramic display and in-depth analysis of China's wage and income distribution situation.

The general report "Research on China's Wage and Income Distribution at the Intersection of Two Centuries" reviews, examines and looks forward to China's wage and income distribution, observing at the end of the "13th Five-year Plan" and the beginning of the "14th Five-year Plan" and the intersection of two historical centuries. The main research conclusions can be summarized as "three – two-one", that is, three important highlights, two basic synchronizations and one major change. Three important highlights refer to that, in 2020, China is one of the countries with the fastest wage growth among the major economies in the world; the only country that has achieved a significant employment expansion in urban areas and a rapid increase of wage and income in the context of severe pandemic situation; and the only country in the world that has achieved the poverty reduction goal of the United Nations 2030 Agenda for Sustainable Development ten years ahead of schedule. The two basic synchronizations mean that since 2000, the income growth of Chinese residents has basically synchronized with economic growth, and the wage growth of urban employees has basically synchronized with the growth of labour productivity. The important change is that in the new era, China's income distribution pattern, especially the ratio of urban and rural residents' disposable income to GDP, has undergone a positive change of trend. Entering the "14th Five-Year Plan" period, by further keeping the principle of an organic unity of fairness and efficiency, China's wage and income distribution will be further developed in a coordinated and high-quality way, in hope of both "making the cake bigger" and "sharing the cake better". The human-centered governance of wage and income distribution in China will be put into the critical agenda.

The Papers on Planning and Policy reviews the major achievements obtained in the reform of the enterprise wage distribution system during the "13th Five-Year Plan" period, deeply analyzes the situation and challenges faced by China's enterprise wage distribution work during the "14th Five-Year Plan" period and puts forward the following: the market should play its decisive role in wage distribution in the new development stage; the incentive motivation of income distribution policies should be reinforced; the macro-regulation on wage and income distribution shall be strengthened and improved, the relationship between wage and income distribution shall be straightened out; the income distribution pattern shall be optimized; the proportion of labour remuneration and the wage level of employees, in particular the wages of low-income workers, shall be increased by implementing precise and well-targeted policies according to different groups; joint efforts must be made from all perspectives such as organization, management, policy, and informatization technology to effectively improve the wage payment guarantee mechanism for migrant workers. At the same time, the report also analyzes and evaluates the effects of the wage and income distribution policy responding to the pandemic and puts forward proposals on further improving related policies and measures.

The Papers on Regions and Industries focuses on some effective and innovative practices and experiences of some typical regions and enterprises in improving the salary incentive mechanism, including salary incentives for scientific and technological talents, medium and long-term incentives, diversified incentives, and digital incentives. Meanwhile, it conductes empirical studies on the efficiency of labour cost input and output and the effectiveness of technological innovation in some enterprises, evaluated and analyzed the impact of the workers' holiday system on enterprise costs, which provides demonstration and reference for enterprises to deepen the reform of internal wage and income distribution and to strengthen labour cost management.

The Papers on Specific Social Groups analyzes the impact of raising minimum wage on the gender wage gap/differential, evaluates the wage deposit system for migrant workers, and puts forward policy recommendations for improvement.

The Papers on International Experiences focuses on Japan's policy of increasing labour remuneration for front-line workers, Singapore's progressive wage model, and the experiences on holiday systems and salary payment systems in some other countries, in order to provide reference for promoting the improvement of the wage income of low-wage groups and improving holiday wage payment policies.

Keywords: Wage and Income Distribution; Salary Incentive; Labour Cost; Minimum Wage; Wage Determination Mechanism

Contents

I General Report

Abstract: This report analyzes the current situation of China's wage and income distribution, the optimization of China's wage and income distribution pattern since 2000, and the basic development trend of China's wage and income distribution in the future. The main conclusions can be summarized as "three-two-one", that is, three important highlights, two basic synchronizations and one major change. Three important highlights refers to that, in 2020, China is one of the countries with the fastest wage growth among the major economies in the world; the only country that has achieved a significant employment expansion of urban areas and a rapid increase of wage and income in the context of severe pandemic situation; and the only country in the world that has achieved the poverty reduction goal of the United Nations 2030 Agenda for Sustainable Development ten years ahead of schedule. The two basic synchronizations mean that since 2000, the income growth of Chinese residents has basically synchronized with economic growth, and the wage growth of urban employees has basically synchronized with the growth of labour productivity. The important change is that in the "14th Five-Year Plan" period, by further keeping the principle of an organic unity of fairness and efficiency, China's wage and income distribution will be further developed in a coordinated and high-quality way, in hope of both "making the cake bigger" and "sharing the cake better". The human-centered governance of wage and income distribution in China will be put into the critical agenda.

Keywords: The Intersection of Two Centries; China; Wage; Income Distribution

II   Planning and Policy Reports

B.2   Interpretation to the Corporate/Enterprise Wage Distribution Component in the "14th Five-Year Plan" for the Development of Human Resource and Social Security Career

Nie Shengkui / 016

Abstract: The report reviews the major achievements made in the reform of enterprise wage distribution system during the "13th Five-Year Plan" period, which are mainly reflected as follows: continuous improvement of enterprise wage distribution system and mechanism, comprehensive promotion of wage distribution system reform in state-owned enterprises, significant progress in solving the problem of wage arrears for migrant workers, and gradual wage increase of enterprise employees. Meanwhile, the report provides in-depth analysis to the situation and challenges faced by China's enterprise wage distribution work during the "14th Five-Year Plan" period from the perspectives of macroeconomic situation, regional development differences, enterprise economic benefits and workers' capability and quality. Policy measures are put forwards including: enabling the market to play a decisive role in wage distribution in the new development stage, and reinforcing the incentive role of income distribution policies; strengthening and improving the macro-control function of wage and income distribution, straightening out the relationship between wage and income distribution; adhering to principle of precise implementation of policies according to different groups and striving to increase the wages for low-income workers.

Keywords: "14th Five-Year Plan"; Corporate/Enterprise; Wage Distribution; Income Distribution

B.3　Coordinatedly Promote the Reform of Wage Distribution and Steadily Improve the Employee's Wage Level

Liu Junsheng / 022

Abstract: Increasing the employees' wage level is an important strategic task to implement the spirit of the Fifth Plenary Session of the 19th CPC Central Committee. This report points out that despite of the continuous increase of employees' wage, the overall level remains relatively low. This paper analyzes the challenges faced by China in raising employees' wages in the future, such as the slowdown of economic growth, the decline of enterprise economy, and the wage-increase difficulty due to the limited accumulation of human capital of low wage groups. Policy proposals are put forward for reference by relevant departments including: establishing the mechanism of increasing the proportion of labour remuneration; improving macro-regulation mechanism; improving the policy implementation system consisting of raising the wages for low-income groups, expanding the middle-income groups, and limiting the high-income groups; improving wage determination and reasonable re-adjustment mechanism; improving and deepening the guidance system for the reform of internal wage distribution in enterprises; improving the regulation system for an orderly wage distribution; and establishing a coordination and promotion mechanism on wage distribution reform.

Keywords: Wage Distribution Reform; Wage Distribution Regulation; Increasing Employees' Wages

B.4   Report on Improving Wage Payment Guarantee Mechanism—
Based on the Investigation on the Implementation of "the
Regulations on Ensuring the Wage Payment of Migrant
Workers" in Enshi City, Hubei Province in 2020
Liu Junsheng, *Liu Jun and Jia Donglan* / 030

Abstract: The promulgation and implementation of "the Regulations on
Ensuring the Wage Payment of Migrant Workers" unfold the new era to ensure
the wage payment of migrant workers by law. Through the investigation on the
implementation of the Regulations in Enshi City, Hubei Province, it is learned
that Enshi City took the lead in implementing the "4 + 3" mode to ensure the
migrant workers' wage payment in 2015. After the promulgation of the
Regulations, Enshi City has upgraded the management information system for
ensuring the wage payment of migrant workers in the field of project construction,
achieving good implementation effect. This paper analyzes the problems that the
overall effect of the Regulations implementation needs to be further improved, the
reasons why the understanding and awareness on the law of ensuring the wage
payment of migrant workers under the market economy condition needs to be
deepened and the institutional system needs to be improved. The report also puts
forward some countermeasure proposals to improve the mentioned wage payment
guarantee system, including strengthening the organizational foundation,
consolidating the management foundation, intensifying the institutional foundation,
confining power within the institutional cage, and improving the deterrence of the
Regulations, which has an important reference value for revising and improving
the Regulations, as well as for local authorities to formulate the implementation
measures.

Keywords: Wage Payment Guarantee Mechanism; Project Construction;
"the Regulations on Ensuring the Wage Payment of Migrant Workers";
Enshi City

B . 5　Effect Evaluation on Wage and Income Distribution Policy in
Response to the COVID-19

Chang Fenglin , Xiao Tingting , Liu Jun and Liu Junsheng / 045

Abstract：This report analyzes and evaluates the effect of wage and income distribution policies in response to the COVID-19 in seven aspects. While affirming its positive role to the residents' income growth, in narrowing down the income gap and facilitating the sound development of enterprises, it also puts forward proposals on further improving relevant policies and measures, including the following：Appropriately extend the implementation time limit of relevant policies and maintain the continuity of relevant policies；More autonomy should be given to local and grass-roots departments in implementing the wage and income distribution policy formulated during the epidemic period according to their actual situation so as to ensure the policy flexibility ；Further study and formulate macro policy series to increase residents' income by such means as increasing residents' income so as to significantly improve residents' consumption level, and intensify the demand-driven policy supply；Study and introduce income distribution policies to promote the income growth and the scale-up of middle-income groups, which may provide reference for the further optimization of national wage and income distribution policies.

Keywords：Wage and Income Distribution Policy；Special Wages；Wage and Income of Urban and Rural Residents

Ⅲ　Region and Industry Reports

B . 6　Report on Salary Incentive for Scientific and Technological
Talents in Enterprises in Guangdong Province

Xiao Tingting , Chang Fenglin / 066

Abstract：Studying and improving the salary incentive policy for scientific and technological talents in state-owned enterprises is of great significance for deeply implementing the innovation driven development strategy, increasing the incentive to scientific and technological innovation, improving the technological innovation ability of enterprises, and studying and discussing the improvement of the salary distribution policy for scientific and technological talents in state-owned enterprises at the national level. Based on the surveys and visits to relevant departments and 53 science and technology enterprises in Guangdong province, this report studies and analyzes the existing problems and its causes on the salary incentive of state-owned enterprises in Guangdong by means of literature review, policy analysis and field visits. After that, it puts forward countermeasures and proposals to improve the salary incentive for scientific and technological talents in state-owned enterprises. Specifically, it includes the following three points: first, the overall wage strategy of state-owned enterprises should focus on serving the national strategy, shift the focus from distribution scale to distribution quality, and support the "physical fitness" of state-owned enterprises through income distribution reform; second, salary incentives shall focus on serving the country's talents urgently needed or in shortage. For talents engaged in major scientific research, fundamental research and other high-level and advanced talents, their salary management should be more flexible; third, the focus of wage distribution shall be inclined to those outstanding value-creators. Salary incentive should really serve those who have made practical contributions to scientific and technological innovation, realize the transformation from distribution scale to distribution quality, and create an upgraded version of the income distribution incentive mechanism for state-owned enterprises under the new situation.

Keywords: Guangdong Province; State-Owned Enterprises; Scientific and Technological Talents; Salary Incentive

B.7 An Empirical Analysis of the Gross Payroll of State-Owned
Technology Listed Companies and the Effectiveness of
Technological Innovation   *Chang Fenglin* / 078

Abstract: From the perspective of the gross payroll determinants, this report
uses empirical analysis method to explore the quantitative relationship among gross
payroll of listed companies of the Science and Technology Innovation Board
(STAR Market), the major economic efficiency indicators, R&D investment,
patents and other indicators which measure technological innovation. The main
conclusions are as follows: for STAR Market listed companies, the gross payroll of
the enterprises has significant positive correlation with gross revenue, total profit,
and net profit; it also has a significant correlation with the amount of R&D
investment and the total number of patents. These positive correlations indicate that
R&D investment and technological innovation of technology-based enterprises have
a positive effect on the gross payroll of enterprises. Based on the above
conclusions, this report proposes the following policy recommendations: The gross
payroll policy of scientific and technological enterprises should give priority to
encouraging innovative output; scientific and technological enterprises can
implement a wage determination mechanism interlinked with either R&D
investment or the number of patents; The total wage budget management of
scientific and technological enterprises can give priority to encourage the
implementation of the periodic model.

Keywords: State-Owned Technological Listed Companies; Gross Payroll;
Technological Innovation; R&D investment

B.8 Analysis on the Workers' Holiday System and Its Impact on
Enterprise Cost   *Jia Donglan* / 094

Abstract: This report puts forward the factors affecting the holiday system, introduces the current situation of holiday setting and salary payment both at home and abroad and analyzes various problems faced by the current holiday system in China. Based on the surveys and study on the impact of the holiday system on enterprise labour costs, and the comparison of holiday costs between Chinese and foreign enterprises, proposals are made in the report on the setting of holiday system in the new era from the perspectives of top-level design, evaluation and research on holiday system, integration of holiday setting, strengthening a unified legislation and refining salary payment standards.

Keywords: Workers; Holiday System; Enterprise Cost

B.9 Labour Cost Input-Output Efficiency Evaluation of Power Grid Enterprises-Empirical Analysis Based on Labour Cost Input-Output Efficiency of China Southern Power Grid and Its Affiliated Power Grid Enterprises in 2018

Research Team of This Report / 111

Abstract: The new electrical power reform puts forward new requirements for labour cost input-output efficiency evaluation of power grid enterprises. Based on absorbing the reasonable components of the traditional labour cost input-output evaluation system and combining with the requirements of the new electrical power reform, this report creatively constructs the labour cost input-output efficiency evaluation system for power grid enterprises, evaluates five power grid enterprises which are at the same level with such evaluation system, demonstrates its applicability and operability, and comes to two conclusions: the labour cost control efficiency of power grid enterprises should be evaluated by labour cost input-output comprehensive index rather than any single index; strengthening human resource development and increasing talent equivalent are important means to improve labour cost control efficiency.

Keywords: Power Grid Enterprise; Labour Cost; Input-Output Efficiency

B.10 Policy and Practice of Implementing Medium and Long-Term
Incentive in State-Owned Enterprises

Jia Jianqiang, Song Yan / 131

Abstract: In recent years, during the process of deepening the reform of state-owned enterprises, the policy system of medium and long-term incentive for state-owned enterprises has been continuously improved, and a series of medium and long-term incentive policy packages and toolbox have been developed. Although these policies have provided guidance to state-owned enterprises with major operating points in implementing incentive plan from the theoretical perspective, state-owned enterprises still face difficulties in practice, such as the insufficient use of incentive tools and conflicts between management process and incentive target. Therefore, to implement medium and long-term incentives, we must precisely grasp its connotation, look deeper into relevant policies, and carry out medium and long-term incentives in accordance with laws and regulations. Based on policy analysis and taking the practice of medium and long-term incentive in E group as an example, some directive policy proposals are puts forward in this report.

Keywords: State-Owned Enterprises; Medium and Long-Term Incentive; Incentive Mode; Incentive Level; Incentive Mechanism

B.11 Analysis on the Construction of Digital Incentive Mechanism
with Human Capital Labeling as the Main Line

Wei Jiali, Gao Guoqing / 140

Abstract: The above-mentioned analysis is made mainly by identifying human capital, building a panoramic data structure, focusing on value

Contents

management, using data driven method to improve the efficiency of human resource allocation and human capital efficiency. The core is to draw talent profile according to the characteristics in different dimensions, including professional qualification, performance, capacity, and potential, relying on human resource information management system and talent labeling; to make position profile according to the characteristics of job competency and standards; to build a digital human resource ecological platform and realize "talent digitization" by generating task/objective list according to core competence index model needed by the task. Carry out the digital application for talents, enrich the distribution technology of human resources, gradually achieve the goals of talent-post matching, personnel-affairs fitting, giving full scope to the talents and properly placement of every talent, serving the enterprises for digital transformation, and leading the enterprises for strategic transformation and reform.

Keywords: Human Capital; Talent Labeling; Digital Incentive

B. 12 Exploration on the Reform of Income Distribution Mechanism of Henan Investment Group

Hao Guoqing, Zhang Donghong and Wang Yanjuan / 149

Thetoimprove the four abilities of "overall control, enabling operation, service efficiency improvement and organizational management". It has laid a solid foundation for income distribution reform by innovating management ideas and stimulating internal vitality. The Group has taken the following efforts: continue to improve institutional construction, comprehensively upgrade the rights and responsibilities system over management and control issues, explore the hierarchical and classified system, establish and improve the incentive and restraint mechanism;

233

implement the above-mentioned rights and responsibilities level by level, enrich the salary management toolbox, and continuously optimize the payroll budget management; highlight the market-oriented incentive mechanism, carry out pilot projects of professional managers, and explore diversified incentive mechanisms for persons in charge; sort out the current situation of internal salary distribution, establish a diversified talent incentive mechanism, continue to deepen the internal distribution reform, promote the transformation of human resources to human capital, build a team of high-quality talents, and support the high-quality development of the Group.

Keywords: Income Distribution, Gross Payroll, Incentive Mechanism

Ⅳ Income Group Reports

B. 13 Reform Progress and Policy Proposals of Migrant Workers'
Wage Deposit System

Xu Yingjie, Shi Ying and Dou Shengran / 158

Abstract: Migrant workers' wage deposit system has been actively explored and innovated in terms of diversifying payment methods, dispersing payment subjects, optimizing payment mechanism and standards and implementing differentiated management models in different regions by focusing on key industries. These reforms have achieved remarkable results, which are conducive to building a unified market, promoting fair competition, and further reducing the burden on enterprises. Meanwhile, imbalances of the reform still exist. The reform progress varies in different places; the corporate burden is relatively heavy in some regions; bank letter of guarantee and other non-cash payment methods have not been fully launched which resulted in inequality; the refund system of wage deposit needs to be optimized. It is suggested that regions with slow reform progress should consider the advanced areas as a benchmark, to speed up the reform progress, and further reduce the payment burden for enterprises; the eligible localities are allowed to phase out the wage deposit paid by enterprises by categories; further improve non-cash payment mechanisms such as bank letter of guarantee to improve coverage and fairness; continue to optimize the refund mechanism of wage deposit and further relieve cash flow pressure for enterprises.

Keywords: Migrant Workers; Wage Deposit; Wage Arrears

V International Reference Reports

B.14 An Analysis of Japan's Policy on Increasing Labour

Remuneration for Frontline Workers   *Wang Hong* / 176

Abstract: In recent years, Japan has introduced a series of policies and measures to expand employment and increase the wages for front-line workers, including: setting aside employment subsidies to guide enterprises to expand employment and stabilize labour relations; influencing collective bargaining on wages through non-administrative means so as to lead reasonable wage growth; adopting tax and economic subsidy policies to make up the corporate costs and to improve the benefit of front-line workers; developing reference templates to help small and medium-sized enterprises improve their internal labour distribution system; improving the vocational capability building and evaluation system, so as to promote the mechanism of workers' wage increase by virtue of skills, etc. These policies have played a positive role in promoting the employment of disadvantaged groups in Japan, maintaining the stability of the skilled workforce, increasing the wages of front-line workers, and narrowing down the income gap. Japan's successful experience suggests that under the conditions of a market economy, Chinese government can indirectly regulate the distribution of corporate wages in a more active and flexible manner, comprehensively adopt a variety of measures, such as laws, taxation, economic means, information guidance, technical services, appraisal, and incentives to influence the corporate wage distribution, protect and increase the remuneration of front-line workers, and narrow down the wage and/

or income gap.

Keywords: Frontline Workers; Wage Policy; Income Gap; Japan

B.15　Singapore's Progressive Wage Model and Its Revelation to

China　　　　　　　　　　　　　　　*Yang Yanling* / 195

Abstract: This report comprehensively introduces the application of progressive wage model in public sanitation industry in Singapore and analyzes the specific operation of such model in terms of income distribution by elaborating the background of the model, the implementation institutions and procedures, and the implementation of related supporting policies. These information has actual referential significance for improving the Chinese sanitation workers' wage distribution system, such as how to raise the wages for the low-income group (s), how to establish the supporting system, how to develop a reasonable wage determination and growth mechanism for the workers in this sector.

Keywords: Sanitation Workers; Progressive Wage Model; Public Service; Wage Determination Mechanism

B.16　New Trend of Holiday System and Salary Payment Practices

in Foreign Countries

Jia Donglan / 207

Abstract: This report collates the current holiday systems and salary payment practices in 9 developed countries, including Germany, the United States, the United Kingdom, France, Japan, New Zealand, Australia, Singapore and Canada, and also analyzes the latest development trend in recent years: First, gradually increasing of the length of workers' holidays, especially maternity leave and the amount of payment; Second, gradual diversification of the forms of holidays and beneficiaries entitled for; Third, more attention has been paid to the main role of the market in dealing with workers' holiday; Fourth, the vacation allowance sharing mechanism among the government, society and workers. It is expected that these information could provide experience and reference in improving workers' vacation and salary payment system in the new era in China.

Keywords: Holiday System in Foreign Countries; Salary Payment; Paid Leave

社会科学文献出版社

皮 书

智库报告的主要形式
同一主题智库报告的聚合

❖ 皮书定义 ❖

皮书是对中国与世界发展状况和热点问题进行年度监测，以专业的角度、专家的视野和实证研究方法，针对某一领域或区域现状与发展态势展开分析和预测，具备前沿性、原创性、实证性、连续性、时效性等特点的公开出版物，由一系列权威研究报告组成。

❖ 皮书作者 ❖

皮书系列报告作者以国内外一流研究机构、知名高校等重点智库的研究人员为主，多为相关领域一流专家学者，他们的观点代表了当下学界对中国与世界的现实和未来最高水平的解读与分析。截至2021年，皮书研创机构有近千家，报告作者累计超过7万人。

❖ 皮书荣誉 ❖

皮书系列已成为社会科学文献出版社的著名图书品牌和中国社会科学院的知名学术品牌。2016年皮书系列正式列入"十三五"国家重点出版规划项目；2013~2021年，重点皮书列入中国社会科学院承担的国家哲学社会科学创新工程项目。

中国皮书网

（网址：www.pishu.cn）

发布皮书研创资讯，传播皮书精彩内容
引领皮书出版潮流，打造皮书服务平台

栏目设置

◆ **关于皮书**

何谓皮书、皮书分类、皮书大事记、
皮书荣誉、皮书出版第一人、皮书编辑部

◆ **最新资讯**

通知公告、新闻动态、媒体聚焦、
网站专题、视频直播、下载专区

◆ **皮书研创**

皮书规范、皮书选题、皮书出版、
皮书研究、研创团队

◆ **皮书评奖评价**

指标体系、皮书评价、皮书评奖

◆ **皮书研究院理事会**

理事会章程、理事单位、个人理事、高级
研究员、理事会秘书处、入会指南

◆ **互动专区**

皮书说、社科数托邦、皮书微博、留言板

所获荣誉

◆ 2008 年、2011 年、2014 年，中国皮书
网均在全国新闻出版业网站荣誉评选中
获得"最具商业价值网站"称号；

◆ 2012 年，获得"出版业网站百强"称号。

网库合一

2014 年，中国皮书网与皮书数据库端口
合一，实现资源共享。

中国皮书网

权威报告·一手数据·特色资源

皮书数据库
ANNUAL REPORT(YEARBOOK)
DATABASE

分析解读当下中国发展变迁的高端智库平台

所获荣誉

- 2019年，入围国家新闻出版署数字出版精品遴选推荐计划项目
- 2016年，入选"'十三五'国家重点电子出版物出版规划骨干工程"
- 2015年，荣获"搜索中国正能量 点赞2015""创新中国科技创新奖"
- 2013年，荣获"中国出版政府奖·网络出版物奖"提名奖
- 连续多年荣获中国数字出版博览会"数字出版·优秀品牌"奖

成为会员

通过网址www.pishu.com.cn访问皮书数据库网站或下载皮书数据库APP，进行手机号码验证或邮箱验证即可成为皮书数据库会员。

会员福利

- 已注册用户购书后可免费获赠100元皮书数据库充值卡。刮开充值卡涂层获取充值密码，登录并进入"会员中心"—"在线充值"—"充值卡充值"，充值成功即可购买和查看数据库内容。
- 会员福利最终解释权归社会科学文献出版社所有。

社会科学文献出版社 皮书系列
SOCIAL SCIENCES ACADEMIC PRESS (CHINA)

卡号：534374787973
密码：

数据库服务热线：400-008-6695
数据库服务QQ：2475522410
数据库服务邮箱：database@ssap.cn
图书销售热线：010-59367070/7028
图书服务QQ：1265056568
图书服务邮箱：duzhe@ssap.cn

S 基本子库
UB DATABASE

中国社会发展数据库（下设 12 个子库）

整合国内外中国社会发展研究成果，汇聚独家统计数据、深度分析报告，涉及社会、人口、政治、教育、法律等 12 个领域，为了解中国社会发展动态、跟踪社会核心热点、分析社会发展趋势提供一站式资源搜索和数据服务。

中国经济发展数据库（下设 12 个子库）

围绕国内外中国经济发展主题研究报告、学术资讯、基础数据等资料构建，内容涵盖宏观经济、农业经济、工业经济、产业经济等 12 个重点经济领域，为实时掌控经济运行态势、把握经济发展规律、洞察经济形势、进行经济决策提供参考和依据。

中国行业发展数据库（下设 17 个子库）

以中国国民经济行业分类为依据，覆盖金融业、旅游、医疗卫生、交通运输、能源矿产等 100 多个行业，跟踪分析国民经济相关行业市场运行状况和政策导向，汇集行业发展前沿资讯，为投资、从业及各种经济决策提供理论基础和实践指导。

中国区域发展数据库（下设 6 个子库）

对中国特定区域内的经济、社会、文化等领域现状与发展情况进行深度分析和预测，研究层级至县及县以下行政区，涉及省份、区域经济体、城市、农村等不同维度，为地方经济社会宏观态势研究、发展经验研究、案例分析提供数据服务。

中国文化传媒数据库（下设 18 个子库）

汇聚文化传媒领域专家观点、热点资讯，梳理国内外中国文化发展相关学术研究成果、一手统计数据，涵盖文化产业、新闻传播、电影娱乐、文学艺术、群众文化等 18 个重点研究领域。为文化传媒研究提供相关数据、研究报告和综合分析服务。

世界经济与国际关系数据库（下设 6 个子库）

立足"皮书系列"世界经济、国际关系相关学术资源，整合世界经济、国际政治、世界文化与科技、全球性问题、国际组织与国际法、区域研究 6 大领域研究成果，为世界经济与国际关系研究提供全方位数据分析，为决策和形势研判提供参考。

法律声明